金融犯罪刑法适用问题研究

王韬 著

中国社会科学出版社

图书在版编目(CIP)数据

金融犯罪刑法适用问题研究 / 王韬著 .—北京：中国社会科学出版社，2013.8（2018.12 重印）
ISBN 978-7-5161-2712-4

Ⅰ.①金… Ⅱ.①王… Ⅲ.①金融-刑事犯罪-刑法-法律适用-研究-中国　Ⅳ.①D924.334

中国版本图书馆 CIP 数据核字（2013）第 193318 号

出 版 人	赵剑英	
责任编辑	宫京蕾	
责任校对	林福国	
责任印制	李寡寡	

出　　版	中国社会科学出版社	
社　　址	北京鼓楼西大街甲 158 号	
邮　　编	100720	
网　　址	http：//www.csspw.cn	
发 行 部	010-84083685	
门 市 部	010-84029450	
经　　销	新华书店及其他书店	
印刷装订	北京君升印刷有限公司	
版　　次	2013 年 8 月第 1 版	
印　　次	2018 年 12 月第 2 次印刷	
开　　本	710×1000　1/16	
印　　张	14	
插　　页	2	
字　　数	213 千字	
定　　价	78.00 元	

凡购买中国社会科学出版社图书，如有质量问题请与本社营销中心联系调换
电话：010-84083683
版权所有　侵权必究

目　　录

第一章　金融刑法概述 …………………………………………（1）
　第一节　金融犯罪概念 ……………………………………（1）
　　一　金融犯罪的定义 ………………………………………（2）
　　二　金融犯罪的分类 ………………………………………（6）
　第二节　金融刑法的概念 …………………………………（12）
　　一　金融刑法的概念 ………………………………………（12）
　　二　金融刑法的特征 ………………………………………（14）
　第三节　金融刑法的立法史 ………………………………（15）
　　一　我国古代金融刑法立法史 ……………………………（15）
　　二　我国近代金融刑法立法史 ……………………………（20）
　第四节　我国当今金融刑法的渊源和体系 ………………（25）
　　一　当今金融刑法的发展过程 ……………………………（25）
　　二　当今金融刑法的罪名体系 ……………………………（32）
　　三　当今金融刑法的立法模式问题 ………………………（33）

第二章　金融犯罪刑法适用中的一般问题 …………………（42）
　第一节　金融犯罪的共犯问题 ……………………………（42）
　　一　金融共犯与其他犯罪是竞合还是牵连 ………………（43）
　　二　内外勾结型金融共同犯罪 ……………………………（45）
　第二节　金融犯罪中的罪数问题 …………………………（50）
　　一　金融犯罪中的法条竞合与想象竞合 …………………（50）
　　二　金融牵连犯与金融吸收犯 ……………………………（52）
　　三　金融犯罪中的结合犯 …………………………………（54）

第三章　破坏金融市场信用的犯罪 …………………………（58）
　第一节　破坏货币信用的犯罪 ……………………………（58）

一　刑法对货币犯罪的规定 ………………………………（58）
　　二　国外货币犯罪的罪名体系 ……………………………（60）
　　三　我国货币犯罪的行为对象 ……………………………（62）
　　四　我国货币犯罪的行为方式 ……………………………（66）
　　五　货币犯罪的目的问题 …………………………………（69）
　　六　货币犯罪的罪数和竞合问题 …………………………（71）
　第二节　破坏金融凭证信用的犯罪 ……………………………（73）
　　一　概述 ……………………………………………………（73）
　　二　伪造变造金融票证罪 …………………………………（76）
　　三　伪造、变造国家有价证券罪 …………………………（80）
　　四　伪造、变造股票、公司、企业债券罪 ………………（81）
　　五　妨害信用卡管理罪 ……………………………………（82）
　　六　窃取、收买、非法提供信用卡信息罪 ………………（84）
　第三节　破坏外汇市场管理秩序的犯罪 ………………………（85）
　　一　概述 ……………………………………………………（85）
　　二　逃汇罪 …………………………………………………（87）
　　三　骗购外汇罪 ……………………………………………（89）
　第四节　洗钱罪 …………………………………………………（90）
　　一　概述 ……………………………………………………（90）
　　二　洗钱罪的犯罪构成 ……………………………………（91）
第四章　侵害金融市场准入秩序的犯罪 …………………………（98）
　第一节　擅自设立金融机构罪 …………………………………（98）
　　一　概述 ……………………………………………………（98）
　　二　犯罪要件 ………………………………………………（99）
　　三　何谓"擅自设立"？ …………………………………（99）
　　四　本罪中的"金融机构"范围如何界定？ ……………（103）
　　五　本罪的主观方面应该如何认定？ ……………………（113）
　　六　本罪与相邻犯罪的区别与联系 ………………………（114）
　　七　本罪存在的不足与完善 ………………………………（115）
　第二节　非法吸收公众存款罪 …………………………………（117）

一　概述 …………………………………………………… (117)
　　二　非法吸收公众存款罪的立法目的 …………………… (119)
　　三　非法吸收公众存款罪的犯罪主体 …………………… (123)
　　四　非法吸收公众存款罪的主观目的要件 ……………… (125)
第三节　伪造、变造、转让金融机构经营许可证、批准
　　　　文件罪 ……………………………………………… (131)
　　一　概述 …………………………………………………… (131)
　　二　本罪的犯罪客体 ……………………………………… (132)
　　三　本罪的客观方面 ……………………………………… (134)
　　四　本罪的犯罪主体 ……………………………………… (136)
　　五　本罪的主观方面 ……………………………………… (137)
第四节　擅自发行股票、公司、企业债券罪 ………………… (137)
第五章　破坏金融市场经营秩序的犯罪 ……………………… (142)
第一节　破坏资金信贷、信托市场经营秩序的犯罪 ………… (142)
　　一　概述 …………………………………………………… (142)
　　二　高利转贷罪 …………………………………………… (146)
　　三　骗取贷款、票据承兑、金融票证罪 ………………… (149)
　　四　违法发放贷款罪 ……………………………………… (151)
　　五　违规出具金融票证罪 ………………………………… (153)
　　六　对违法票据承兑、付款、保证罪 …………………… (154)
　　七　吸收客户资金不入账罪 ……………………………… (155)
　　八　背信运用受托财产罪 ………………………………… (156)
　　九　违法运用资金罪 ……………………………………… (158)
第二节　扰乱证券、期货市场交易秩序的犯罪 ……………… (159)
　　一　概述 …………………………………………………… (159)
　　二　内幕交易、泄露内幕交易信息罪 …………………… (163)
　　三　利用未公开信息交易罪 ……………………………… (166)
　　四　编造并传播证券、期货交易虚假信息罪 …………… (166)
　　五　诱骗投资者买卖证券、期货合约罪 ………………… (167)
　　六　操纵证券、期货市场罪 ……………………………… (170)

第六章 金融诈骗罪的刑法适用问题 …………………（174）

第一节 概述 ………………………………………（174）
一 刑法典对金融诈骗罪的规定 ………………………（174）
二 金融诈骗罪的客体是"金融秩序"还是"财产权利"？ …………………………………………（178）
三 金融诈骗各罪是否都以"非法占有"为目的？ ……（180）
四 金融诈骗犯罪行为的扩张 …………………………（186）
五 金融诈骗罪中的罪数问题如何界定 ………………（187）

第二节 融资诈骗罪 …………………………………（190）
一 集资诈骗罪 …………………………………………（190）
二 贷款诈骗罪 …………………………………………（194）

第三节 金融工具诈骗罪 ……………………………（198）
一 票据诈骗罪 …………………………………………（198）
二 金融凭证诈骗罪 ……………………………………（201）
三 信用证诈骗罪 ………………………………………（202）
四 信用卡诈骗罪 ………………………………………（205）
五 有价证券诈骗罪 ……………………………………（207）

第四节 保险诈骗罪 …………………………………（208）

参考文献 …………………………………………………（214）

第一章　金融刑法概述

第一节　金融犯罪概念

金融是现代经济的血脉。在市场经济中，人的要素、物的要素、科技的要素，都是通过资金流的引导进行配置，没有完善、发达的金融业，市场就无法实现顺畅、合理的要素配置，无法实现效益的最大化。中国作为发展中的市场经济国家，作为不断扩大对外开放的市场，金融业的发展更是至关重要。

由于金融资产流动性强、金融市场的投机性大、金融产品的创新性强、金融市场的管理相对困难，因而金融业的发展从来都和金融犯罪相伴。近年来，由于我国国内企业经济的不断扩张，通货膨胀的不断增大，民间资金保有量不断增大，民间金融市场愈加活跃，民间金融的发展也伴生着大量的金融犯罪。

金融犯罪是金融市场的毒瘤。从宏观上，它严重危害国家对金融市场的宏观调控，危害国家对金融市场秩序的宏观管理和国家金融安全；从中观上，它严重损害了金融市场的信用，危害了金融企业经营的安全、信用和竞争秩序；从微观上，它严重损害了广大投资者的合法权益。因此，对于各国而言，通过预防和打击金融犯罪来防范和控制金融风险，维护金融市场的信用和安全，都是至关重要的。

近年来，我国刑法日益重视对金融犯罪的打击，金融刑法规范不断增多、不断完善。学术界对金融刑法的研究也是方兴未艾，很多专家学者和学位研究生对此进行了专题研究，产生了大量的研究成果。但是由于金融犯罪的不断发展，新情况、新问题的不断出现，也由于学者研究视角、研究方法的限制，很多重要问题的研究成果并不令人满意。继续结合金融市场的新特点、新情况，探讨我国金融刑法的新问题，同时更加紧密结合金融学、经济学的知识，探讨我国金融刑法中的既有问题，仍然具有重要的价值。这也正是本书的写作目的。

一　金融犯罪的定义

金融犯罪并非刑法中独立的具体罪名，而是某一类犯罪罪名的总称。由于属于新型犯罪，金融犯罪这一概念的内涵、外延尚不明确。作为本书的研究对象，金融犯罪的概念决定着本书的研究范围、研究方法和研究视角，所以必须首先界定金融犯罪的概念，划定金融犯罪的范围。

目前，学术界对金融犯罪的定义纷繁复杂，差别较大。笔者从多个角度，对金融犯罪的定义加以分类，并进而加以评价。

从定义的抽象程度上，学者对金融犯罪的定义呈现出以下区别：

第一，"违法性+危害性+当罚性"三要素定义法。有的学者仅仅高度抽象概括金融犯罪的刑事违法性、社会危害性和刑罚当罚性。例如，认为金融犯罪是"破坏社会主义金融秩序，依法应受刑罚处罚的违法金融行为"。[1] 或者认为金融犯罪是指"具有一定的社会危害性，被刑法规定应受刑罚处罚的各种破坏国家金融秩序的行为"。[2]

第二，"违法性+危害性+当罚性"+"犯罪发生领域"定义法。如认为金融犯罪是指"金融活动中一切侵犯社会主义经济关系，依照法律应当受刑罚处罚的行为"。[3] 认为金融犯罪是指"在货币资金融通过程中，行为人违反国家金融管理法规，破坏国家金融管理秩序，是国家、人民利益遭受严重损害的行为"。[4] 认为金融犯罪是指"自然人或者单位在金融领域中违反国家金融管理法规，破坏国家金融管

---

[1]　薛瑞麟主编：《金融犯罪研究》，中国政法大学出版社2000年版，第8页。
[2]　王亚雄主编：《金融犯罪的认定与处罚》，中国金融出版社1999年版，第5页。
[3]　谭秉学、王储祥主编：《金融犯罪学概论》，中国社会科学出版社1993年版，第9页。
[4]　许成磊：《金融犯罪的惩治与防范》，西苑出版社2000年版，第36页。

理秩序，依照刑法的规定应受刑罚处罚的行为"。①

第三，"违法性+危害性+当罚性"+列举其中某要素定义法。如认为金融犯罪就是"自然人或者组织、单位违反有关货币、贷款、结算、证券、保险、外汇、信托等金融管理法规，侵害金融管理秩序，非法从事金融活动或者相关活动的一类经济犯罪"。②

第四，"违法性+危害性+当罚性"+列举主体、行为、目的等要素定义法。如认为金融犯罪是指"行为人或组织、单位，为了侵占社会公私财产、牟取不法利益，在金融领域内采取非法的金融活动手段，破坏与侵害社会主义市场经济金融秩序并依法应当追究刑事责任的行为"。③ 如认为金融犯罪是指"行为人为了牟取非法利益或者其他目的，在金融活动及其相关活动中，违反有关金融法律、法规，采取隐瞒事实真相，或者捏造、虚构事实，或者对有关事项作虚假的陈述等手段、方法，所实施的各种危害金融管理秩序，触犯刑法，应受刑罚处罚的行为"。④ 认为金融犯罪是指"在金融业务领域，违反有关金融管理法规，破坏金融管理秩序，非法从事货币资金的融通、货币信用的融通及危害上述活动安全等，依照刑法应受刑罚处罚的行为"。⑤

面对如此多样的金融犯罪概念，有学者提出了应该遵循一定的规则给金融犯罪下定义的观点。刘宪权教授认为：金融犯罪的定义首先要符合下定义的一般要求，即符合准确性、合法性、概括性、周延性、一致性五个要求；其次还要符合金融犯罪自身的特点，考虑到金融犯罪的法定性，以及金融犯罪与金融领域发生的财产犯罪的差别；

---

① 李永升主编：《金融犯罪研究》，中国检察出版社2010年版，第9页。
② 陈正云主编：《金融犯罪透视》，中国法制出版社1995年版，第28页。
③ 李晓勇：《金融犯罪及其防范》杭州大学出版社1998年版，第12页。
④ 陈正云、俞善长：《危害金融管理秩序罪的认定与处理》，中国检察出版社1998年版，第2页。
⑤ 周振想主编：《金融犯罪的理论与实务》，中国人民公安大学出版社1998年版，第53页。

再次还要考虑不同的视角，不能混淆犯罪学的视角和刑法学的视角。①也有学者提出，金融犯罪的定义方法，应该遵循相关性、抽象性和可罚性三个原则。②

笔者认为，金融犯罪概念的定义方法，应该遵循科学性和功能性两个方面的原则。

所谓科学性原则是指，定义从方法上要符合下定义的逻辑要求，即符合准确性、合法性、概括性、周延性、一致性五个要求，同时也应该符合金融犯罪的实质内容。在这一方面，本书同意前述刘宪权教授的观点。

所谓功能性原则是指，对金融犯罪的定义，应该便于展开研究，便于总结相关罪名和法律规则的适用规律，便于指导司法适用。功能性原则，要求对金融犯罪的定义，能够尽量明确区分金融犯罪的典型情况和非金融犯罪的情况，从而能够准确总结金融犯罪在找法、法律解释等方面的共同规律。

科学性原则和功能性原则，都要求金融犯罪的概念穷尽所应描述对象的特征，具备一定的概括性和周延性。正如台湾学者黄茂荣教授指出的："概念之意义设定为：概念所欲描述之对象的特征，已经被穷尽地列举。所谓'穷尽地列举'，事实上，其本身即系基于一个概念性的设定。该设定假设，概念所包含之特征已经被穷尽地列举，而且它所列举的特征属于在该概念之涵摄上所不可缺少、不可替代的特征。"③ 同时，概念又不应概括过度，以至于使概念过度抽象化，从而出现漏洞，因此在界定概念时对描述对象特征的舍弃不应过度。④

本书认为，就金融犯罪概念而言，由于金融犯罪和财产犯罪在本罪上极其相近，因此金融犯罪概念界定中最应该注意划清金融犯罪和金融领域中的财产犯罪的界限。本书认为，上述第一种抽象界定金融

---

① 刘宪权、卢勤忠：《金融犯罪理论专题研究》，复旦大学出版社2002年版，第6页
② 李永升主编：《金融犯罪研究》，中国检察出版社2010年版，第7页。
③ 黄茂荣：《法学方法与现代民法》，中国政法大学出版社2001年版，第39页。
④ 陈金钊：《论法律概念》，《学习与探索》1995年第4期。

犯罪社会危害性、刑事违法性、刑罚当罚性三个基本要素的方法过于简约，无法实现划清金融犯罪与相关犯罪界限的作用。上述第二种定义方法虽然增添了犯罪发生领域这一特征，但是仍然不能划清金融领域中的金融犯罪和普通财产犯罪之间的关系。而上述第四种定义方法，又由于过度列举金融犯罪的目的、手段等，导致概念的概括性不足，从而导致金融犯罪概念被人为缩小，不能"穷尽"包含该概念所有对象。本书因此主张第三种定义方式。

从内容上看，上述关于金融犯罪的定义存在如下疑点：

第一，是否应区分金融犯罪与金融领域中发生的职务犯罪、财产犯罪？学术界通说认为，应区分金融犯罪与金融领域中发生的职务犯罪、普通财产犯罪。如马克昌教授认为，"新刑法第183—185条规定的金融机构工作人员利用职权侵占、受贿、挪用资金等行为，规定根据情况依照业务侵占罪、商业受贿罪、挪用单位资金罪或者依照贪污罪、受贿罪、挪用公款罪论处。……不是破坏金融管理秩序罪……"[1] 刘远教授认为，不宜将金融机构内部的贪污、挪用等行为也归为金融犯罪，否则"侵犯金融秩序的行为与侵犯其他法益的行为的概念性竞合，不仅不利于对金融犯罪进行总体性评价，也不利于对其他犯罪进行总体性评价"、"如果不对金融秩序进行一定的学科性限制，就会导致金融刑法学将金融系统中的职务犯罪甚至财产犯罪、人身犯罪等，都纳入金融刑法学的研究范围"、"金融犯罪这个名词与刑法学上的其他犯罪类型名词重合度越高，其标识意义越小"。[2] 本书同意通说的观点，认为金融犯罪定义应具备区分破坏金融管理秩序犯罪与金融领域中的财产犯罪、职务犯罪等相关犯罪的功能。在这一点上，本书认为，金融犯罪的定义应明确金融犯罪是以破坏金融管理秩序为客体要件这一特征。

第二，金融犯罪是否"在金融业务活动领域中"发生？有学者认

---

[1] 马克昌主编：《经济犯罪新论》，武汉大学出版社1998年版，第230页。
[2] 刘远、赵玮：《论金融犯罪和金融刑法的概念与地位》，载张智辉、刘远主编《金融犯罪与金融刑法新论》，山东大学出版社2006年版，第5页。

为,"金融犯罪不一定发生在金融业务活动领域中,如变造货币罪",并且该种定义方式"只突出了金融管理而没有强调金融交易",因此"在金融业务活动领域中"不是金融犯罪的特征。本书认为,"金融业务活动领域"突出了发生金融犯罪的社会关系场合,在金融活动领域中既存在金融管理关系又存在金融交易关系,因此既可能出现破坏金融管理秩序的犯罪,也可能出现破坏金融交易秩序的犯罪。金融活动既包括自然人和金融企业的活动,也包括国家的金融活动,因此既包括银行业务、证券业务、期货业务、基金业务等,也包括国家货币发行和外汇管理等活动,所以金融活动领域并非不包括变造货币罪的情况。但是由于"金融业务活动领域"仅仅划定了金融犯罪发生的空间,而在这一空间中既可能出现金融犯罪,也可能出现普通职务犯罪和普通财产犯罪,因而并不具有区分功能,金融犯罪中保留该表述没有必要。

第三,金融犯罪是否以"牟取非法利益"的目的作为构成要件?本书认为,从犯罪学角度看,金融犯罪多以牟取非法利益为目的,但是在刑法学中,从规范意义上讲,金融犯罪诸罪名并未明文规定以"牟取非法利益"为构成要件,在金融犯罪定义中增加"牟取非法利益""混淆了金融犯罪的事实形态和规范形态"。①

因此,本书对所探讨的金融犯罪,作如下定义:金融犯罪是指违反国家有关货币、银行、信贷、票据、外汇、保险、证券、期货、信托等金融管理制度,破坏金融管理秩序和金融交易秩序,应受刑罚处罚的行为。刑法典中,对应金融犯罪的条文是刑法分则第三章第四节和第五节,即"破坏社会主义市场经济秩序罪中的破坏金融管理秩序罪和金融诈骗罪"。

二 金融犯罪的分类

(一)金融犯罪的法定分类

刑法典中,将金融犯罪分为两节加以规定:

---

① 刘远、赵玮:《论金融犯罪和金融刑法的概念与地位》,载张智辉、刘远主编《金融犯罪与金融刑法新论》,山东大学出版社2006年版,第5页。

一是破坏金融管理秩序罪，从刑法典第170条到第191条（除第183、184、185条之外），包括：伪造货币罪，出售、购买、运输假币罪，金融工作人员购买假币、以假币换去货币罪，变造货币罪，擅自设立金融机构罪，伪造、变造、转让金融机构经营许可证、批准文件罪，高利转贷罪，骗取贷款、票据承兑、金融票证罪，非法吸收公众存款罪，伪造、变造金融票证罪，妨害信用卡管理罪，窃取、收买、非法提供信用卡信息罪，伪造、变造国家有价证券罪，伪造、变造股票、公司、企业债券罪，擅自发行股票、公司、企业债券罪，内幕交易、泄露内幕信息罪，利用未公开信息交易罪，编造并传播证券、期货交易虚假信息罪，诱骗投资者买卖证券、期货合约罪，操纵证券、期货市场罪，背信运用受托财产罪，违法运用资金罪，违法发放贷款罪，吸收客户资金不入账罪，违规出具金融票证罪，对违法票据承兑、付款、保证罪，逃汇罪，骗购外汇罪，洗钱罪，共27个罪名。其中第183—185条非国家人员受贿罪、受贿罪、挪用资金罪、挪用公款罪，虽然在金融领域发生，但不属于金融犯罪。

二是金融诈骗罪。包括集资诈骗罪，贷款诈骗罪，票据诈骗罪，金融凭证诈骗罪，信用证诈骗罪，信用卡诈骗罪，有价证券诈骗罪，保险诈骗罪，共8个罪名。

（二）金融犯罪的理论分类

学者著述中，对金融犯罪的分类多样多种。

第一，以立法分类为基础的传统分类观点。

薛瑞麟教授沿用了立法分类方法，将金融犯罪区分为破坏金融管理秩序罪和金融诈骗罪两类，破坏金融管理秩序罪又区分为违法设立、运营金融机构的犯罪，违法发行、流通货币的犯罪，违法经营货币的犯罪，违法出具金融票证及结算的犯罪，违法流通外汇的犯罪，违法交易证券的犯罪。① 马克昌教授将金融犯罪区分为破坏货币管理秩序的犯罪、破坏金融机构管理秩序的犯罪、破坏金融票证管理秩序的犯罪，破坏证券交易管理秩序的犯罪，破坏信贷资金管理秩序的犯

---

① 薛瑞麟主编：《金融犯罪研究》，中国政法大学出版社2000年版，第9页。

罪，破坏外汇管理秩序或多种金融管理秩序的犯罪，诈骗破坏金融管理秩序的犯罪。① 刘宪权教授将金融犯罪具体区分为危害货币管理制度的犯罪、危害金融机构设立管理的犯罪、危害金融机构存贷管理制度的犯罪、危害金融票证、有价证券管理制度的犯罪、危害证券、期货管理制度的犯罪、危害客户、公众资金管理制度犯罪、危害外汇管理制度犯罪、危害金融业务经营管理制度犯罪、金融诈骗犯罪。②

第二，合并破坏金融管理秩序罪和金融诈骗罪的观点。

有学者批评了我国刑法典对金融犯罪的分类，认为我国刑法将金融犯罪分设为破坏金融管理秩序罪和金融诈骗罪并不妥当。如刘宪权教授认为：其一，以诈骗手段作为归类标准将金融诈骗罪独立设节，与现行刑法的通常以客体作为分类标准体例结构不协调；其二，金融诈骗罪虽然是复杂客体的犯罪，但是将之归入破坏金融管理秩序罪一节中，并不会冲淡对其中次要客体的保护，因此单独设节并无必要；其三，单独设节暴露了我国金融犯罪立法思路的不一致，且与国际潮流不符。因此，应该将金融诈骗罪一节归入破坏金融管理秩序罪一节中，取消两节设置。③ 卢勤忠教授甚至提出将两节合并，并从第三章中提取出来单独设立一章的观点。④

第三，破坏金融管理秩序罪+破坏金融交易秩序罪的观点。

也有学者批评上述第二种观点，认为金融秩序包括金融管理秩序、金融交易秩序这两个有机统一的方面，金融交易秩序是其中的本质；金融管理秩序是为金融交易秩序服务的。所以，立法者在观念上应当以破坏金融交易秩序罪为立法重点和建金融刑法的罪名体系。认为"论者的观点对金融秩序外延作了片面理解，而对其内涵则作了完全相反理解"。⑤ 该学者认为"应该将金融刑法罪名体系的基本框架搭建为'破

---

① 马克昌主编：《经济犯罪新论》，武汉大学出版社1998年版，第4页。
② 刘宪权：《金融犯罪刑法理论与实践》，北京大学出版社2008年版，第19页。
③ 同上书，第16页。
④ 卢勤忠：《中国金融刑法国际化研究》，中国人民公安大学出版社2004年版，第197页。
⑤ 刘远、赵玮：论我国金融刑法的罪名体系，载《政治与法律》2005年第5期。

坏金融管理秩序'和'破坏金融交易秩序'两大部分，以体现金融刑法维护金融秩序的立法主旨。……在上述两大基本框架中，按金融领域的不同，分别设置银行、证券、信托、保险四大犯罪板块"。①

第四，破坏金融一般管理秩序罪+破坏金融专业管理秩序罪的观点。

有的学者将金融犯罪区分为破坏金融一般管理秩序的犯罪、破坏金融专业管理秩序的犯罪和金融诈骗罪三类。其中，破坏金融一般管理秩序的犯罪又区分为危害货币与外汇管理的犯罪、危害金融票证管理的犯罪和危害金融机构管理的犯罪。破坏金融专业管理秩序犯罪又包括危害信贷管理犯罪、危害证券管理犯罪、危害期货交易管理犯罪。金融诈骗罪又分为金融票证诈骗犯罪和其他金融诈骗犯罪。②

本书首先支持第一种分类方式，即按照金融犯罪所处的市场类型的不同，区分金融犯罪的种类。理由在于：

第一，与金融市场的基本类型相吻合。在货币银行学中，按照不同的标准，可以将金融市场进行不同的分类，但最基本的分类是按照交易对象不同，将金融市场可以分为信贷市场、证券市场、票据市场、外汇市场、黄金（金银）市场、信托市场、保险市场、同业拆借市场、存单市场等。

第二，与金融市场管理机构的职能划分方式相一致。在我国，对金融市场的管理，首先是按照金融市场交易对象的不同区分不同的管理职能，然后分设不同的管理机构的。如金融市场管理罪基本的金融三会——银监会、保监会、证监会，即以其监管的金融市场领域不同而区分其职责。银监会管理信贷与银行业、非银行间接融资金融机构、信托业等，保监会监管保险业，证监会监管证券业与期货业。而人民币管理、外汇、黄金管理、国库管理、反洗钱则属于与金融三会相分离的人民银行的职责范围。按照四个管理机构的管辖范围的不同，金融犯罪可以区分为与人民银行相关的人民币、外汇、洗钱犯

---

① 刘远、赵玮论：《我国刑法的罪名体系》，载《政治与法律》，第79页。
② 胡启忠：《金融刑法适用论》，中国检察出版社2003年版，第15页。

罪、与银监会相关的资金信贷犯罪、与证监会相关的证券期货犯罪、与保监会相关的保险犯罪。

第三，与金融业按照行业不同进行立法的立法方式相一致。由于金融业的管理按照金融市场类型的不同划分其职权，金融业的立法因而也按照市场类型的不同而分别立法。在我国，金融市场立法有《人民银行法》、《人民币管理条例》、《商业银行法》、《银行业监督管理法》、《金融机构管理规定》、《境外金融机构管理办法》、《外资银行管理条例》、《城市合作银行管理规定》、《储蓄管理条例》、《证券法》、《证券公司监督管理条例》、《证券投资基金法》、《期货交易管理条例》、《期货交易所管理办法》、《保险法》、《保险公司管理规定》等，分别由人民银行、银监会、证监会、保监会主持制定，分别规定人民币、外汇、商业银行业务、证券业务、期货业务、保险业务中的问题。而在其中，分别规定了相关的金融犯罪。

第四，与金融刑法属于附属刑法的特征相一致。与我国不同，绝大多数国家，包括欧洲和美洲的主要国家，其法律对金融犯罪的规定都是采取附属刑法的形式，而不是采用在刑法典中集中规定的方式。[①] 即使在我国，金融犯罪也是首先在金融相关法律中通过附属刑法的形式存在，而后才被刑法典加以集中、统一规定的。如上所述，金融法律都是由特定职责主体根据特定市场领域加以规定，所以，金融犯罪天生就是根据其所存在的市场领域而加以区分的。

综上所述，金融市场的不同类型，决定了管理特定金融市场的国家机构的不同，决定了规范特定市场行为的金融法律法规的不同，最后决定了与之相对应的金融犯罪的不同种类。

同时，本书还认为，金融市场的不同类型，决定特定金融市场业务分属不同的国家机构管理，这也决定了不同国家机构对金融市场的管理目标不同。如人民银行的管理目标在于维护人民币币值稳定，维护国际金融安全，维护人民币汇率，建立和维护金融市场的信用体系（参见《人民银行法》第1、2、3条）；中国银监会的管理目标在于

---

① 王文华：《欧洲金融犯罪比较研究》，外语教学与研究出版社2006年版，第89页。

对银行业、信托业金融机构及其业务进行具体的监督、管理,保障其依法、合规、稳健经营(参见《银行业监督管理法》第3、15、16、17、18、20条);中国保监会的管理目标在于通过对保险公司偿付能力和市场行为的监督管理来保护被保险人的合法权益;中国证监会的管理目标在于统一监督管理全国证券期货市场,维护证券期货市场秩序,保障其合法运行(《证券法》第178条)。这些不同的管理目标,正是金融犯罪所侵害的法益本身。

上述第一种分类中,作为区分标准的货币管理秩序、金融机构管理秩序、金融票证管理秩序、证券交易管理秩序、信贷资金管理秩序、外汇管理秩序或多种金融管理秩序等,其实并非该类金融犯罪所侵害的法益,只不过是该类犯罪发生的领域。如果贯彻以法益作为犯罪类型区分标准的原则,应该将金融犯罪区分为:

(一)侵害金融市场信用与金融资产安全的犯罪。包括破坏货币信用的犯罪和破坏金融票证信用的犯罪、破坏外汇管理的犯罪、洗钱罪、金融诈骗罪。

(二)破坏银行信贷业务经营秩序的犯罪。

(三)破坏证券期货业务经营秩序的犯罪。

(四)破坏保险业务经营秩序的犯罪。

上述四个部分的分类,分别对应了中国人民银行、中国银监会、中国证监会、中国保监会的职责范围,因此,该种分类不仅与相关机构的管理职权相一致,而且与相关机构的立法区分相一致,便于总结相关犯罪的同类法益,便于找法。

本书为保持各章节之间的篇幅的平衡,同时考虑到金融诈骗犯罪在我国刑法中的独立地位,将第一部分侵害金融市场信用与金融资产安全的犯罪区分为破坏金融市场信用的犯罪和侵害金融资产安全的犯罪,将第(二)、(三)、(四)三个部分提炼并合并为破坏金融市场准入秩序的犯罪和破坏金融市场经营秩序的犯罪两个部分。

上述第二种分类法,所主张的合并金融诈骗罪和破坏金融管理秩序罪的观点,本书支持其结论。但是,本书认为,合并两节罪名的依据并非因为两节篇幅差别问题,仅仅因为篇幅的大小拆分或者合并章节，与找法与法解释的实质问题并不相关。本书认为，合并二者的根本原因在于，金融诈骗罪的主要客体在于该类犯罪侵害了金融资产安全，因而与侵害货币信用、侵害外汇管理秩序等犯罪相同，共属于侵害金融安全与金融信用的犯罪，制定、解释相关法规、规章以及相应犯罪预防政策的部门应同属于中国人民银行。

本书不赞同上述第三种将金融犯罪区分为破坏金融管理秩序罪和破坏金融交易秩序罪的观点。金融市场中存在金融管理行为和金融交易行为，这两种行为是明确可分的。但是，"金融交易秩序"和"金融管理秩序"却极难分别，因为二者都是"秩序"。所谓秩序是指"次序，有条理，不混乱"，① 都是和管理相关，都是管理的结果，很难找出哪种"交易秩序"不是"管理秩序"。而且从刑法与其他法的关系来看，刑法属于金融法的保障法，金融犯罪首先是违反了金融法的行为，或者说首先是破坏了金融管理的行为，然后才能够进入刑法的视野。所以即使在金融法中区分金融管理和金融交易，在刑法的视野中并不存在金融管理秩序之外的金融交易秩序。

本书也不同意上述第四种将金融犯罪区分为破坏金融一般管理秩序罪和破坏金融专业管理秩序罪的观点，理由在于：第一，所谓一般管理秩序和专业管理秩序，并不存在法律上的界限，基本上属于纯粹学术的总结，比如货币管理和外汇管理为什么属于一般管理而不属于特殊管理？学者不能提供答案；第二，并不存在规定一般管理秩序的一般法和规定专业管理秩序的特别法；第三，也不存在专门负责维护一般管理秩序的国家机关，金融管理机构之间并不存在一般与特殊的关系。

第二节　金融刑法的概念

一　金融刑法的概念

金融刑法是刑法学中的一个新概念，由于对金融犯罪的界定存在

---

① 《新华词典》修订版，商务印书馆1989年版，第1153页。

一定的困难，更由于我国市场经济发育较晚，打击金融犯罪、研究金融犯罪的历史较晚，学术界目前还没有形成对金融刑法的一致的定义。中国台湾学者林山田教授认为金融刑法"系指规定于银行法、证券交易法、妨害国币惩治条例、管理外汇条例、票据法等法规而与金融经济有关之经济刑法"。① 我国学者胡启忠教授认为，"金融刑法应当是指规定金融犯罪及其刑事责任和刑事处罚的法律"。②刘远教授认为，金融刑法是指"作为金融法后盾的，以刑法典、单行刑法或附属刑法为单一载体或多元载体规制金融犯罪的刑罚法规体系"。③

我国大陆金融刑法，主要统一规定在刑法典中，上述第一种观点，不符合我国大陆金融立法的现状。刑事处罚是刑事责任的承担方式，上述第二种观点，将刑事责任和刑事处罚并列，也无必要。在我国刑法中，承担刑事责任的方式有刑罚还有非刑罚处理方法。上述第三种观点，将金融刑法界定为刑罚法规体系，缩小了金融刑法的范围。本书认为，简单来讲，金融刑法是指规定金融犯罪及其刑事责任的法律规范的总称。

金融刑法的地位如何？学界通说认为，金融刑法是经济刑法的一个分支，因此，对于经济刑法的诸多规则，适用于金融刑法，并无异议。金融刑法从属于金融法，还是属于金融法的保障法？有学者提出，仅仅强调金融刑法从属于金融法是偏颇的，因为"刑法规制不仅具有手段价值，更具有目的价值。具体说，金融刑法的立法历年有异于金融法之处，最大不同是金融刑法无论如何必须坚持公正优先兼顾效益的价值标准，而金融法在很大程度上是以'效率优先兼顾公平'为其立法理念的。如果过分强调金融刑法的从属性，则可能导致金融刑法偏离其应有的立法理念，而转入金融法的立法思想轨道"。本书同意该观点。此外，在我国，金融刑法主要存在于刑法典及其单行刑法中，附属刑法虽然规定了金融犯罪应追究刑事责任，但确实并未规

---

① 林山田：《经济犯罪与经济刑法》，台湾三民书局1981年版，第149页。
② 胡启忠：《金融刑法适用论》，中国检察出版社2003年版，第6页。
③ 刘远、赵玮：《论金融犯罪和金融刑法的概念与地位》，载《政治与法律》，第9页。

定其法定刑。因此，认为金融刑法也从属于金融法，不符合我国的立法实际。因此，在我国，可以认为金融刑法属于金融法的保障法，而不完全从属于金融法。

二　金融刑法的特征

1. 金融刑法具有法定性，金融犯罪属于行政犯，不是传统犯罪。从来源上，金融犯罪以违反金融法为前提，它首先是金融法规定的违法行为，而后才被规定为犯罪行为。从语言上，金融刑法中的很多术语来源于金融法，对该类术语的解释，应该以其在金融法中的含义为标准。从价值上，金融刑法规范所承载的价值，不能偏离作为其来源的金融法的相关规定，因此，对金融刑法规范的解释，应该注重从其刑法的立法目的乃至从相关金融法的立法目的进行实质解释。总之，金融刑法的历史解释，应该结合其金融法的立法规定；金融刑法的体系解释和文理解释，应该注重与金融法的协调；金融刑法的论理解释，应该注重金融法的立法目的，突出目的解释的作用。

2. 金融刑法，涉及广泛而复杂的金融生活事实和金融经济活动，其罪与非罪的界限模糊性强。金融行为的参与主体多元，不仅有普通民众，普通企业，还有金融机构、金融中介机构，以及国家管理机构。在市场经济条件下，民众和企业参与金融行为既广泛又复杂，例如，很难有企业或个人不借贷的，也很少企业或个人不存款的，民众和企业的投资行为更是花样翻新，丰富多元。而民众之间、企业之间的投资、融资行为和集资类犯罪之间的界限很难明朗。对于金融企业来讲，金融工具的创新是金融企业不断发展的推动力，而金融创新往往以突破现有金融法、金融刑法的樊篱为目标，有的难免具有犯罪色彩。

3. 金融刑法涉及私法和公法领域，承载了公法价值和私法价值；金融市场中，有平等主体之间的交易行为，在该行为中的犯罪，主要侵害私法益；作为金融市场存在基础的，是整个金融市场的经营秩序、信用和金融资本的安全，侵害金融市场经营秩序、信用和金融安全的行为，主要侵害公法益。侵害金融资本安全的行为，既侵害私法益，也侵害公法益。金融刑法既保护私法益，也保护公法益。金融刑法对私法益的保护，首先要求保障金融市场的自由，因而金融刑法不能过度干预金融市场行为。金融刑法对公法益的保护，又会在一定程度上限制金融市场的自由。两种价值之间的冲突与调和，贯彻金融刑法立法和适用的始终。

4. 金融刑法跨越以个人为主要保护对象的传统财产犯罪，还有以保护超个人法益为主的新型刑事立法。金融犯罪中的金融诈骗犯罪，为复杂客体的犯罪，其一类客体为公私财产所有权，一类客体为金融资产安全。另外，诱骗投资者买卖证券、期货合约罪、背信运用受托财产罪、违法发放贷款罪、吸收客户资金不入账罪、违规出具金融票证罪、对违法票据承兑、付款、保证罪等，都是典型的以财产权为主要客体的犯罪；而货币类犯罪、外汇类犯罪、洗钱罪以及本节其他犯罪，都是以保护超越个人法益的社会法益为主的新型刑事犯罪。

第三节 金融刑法的立法史

一 我国古代金融刑法立法史

我国古代，商品经济不发达，金融行为形式简单，主要表现为铸币和借贷。金融犯罪因而表现为铸币犯罪和借贷犯罪。因此，历代统治者对于金融犯罪的立法，也就基本围绕铸币和借贷进行。

有据可考的规定铸币犯罪的法律是秦代的《金布律》。按照《睡虎地秦墓竹简》第 55 简的记载，秦代《金布律》规定了统一的货币种类、规格和比价。如货币有金（黄金）、钱（铜钱）、布（布帛）三种，又规定，民间私自铸钱（即盗铸钱）是犯罪。① 汉文帝时，允许民间铸铜钱，但"敢杂以铅铁为它巧者"被视为犯罪，处以黥刑。

---

① 值得注意的是，秦代不仅规定了非法铸币的犯罪，还规定了危害货币流通的犯罪。如《金布律》规定，不得"择行钱、布"，亦即不论钱、布，商品出售人皆不得拒收，否则"皆有罪"，而且管理市肆的"列伍长弗告"也要受到惩罚。

景帝时期将造币权收归中央,并颁布了《铸钱伪黄金弃市律》①,重禁私家铸钱。武帝时,规定"盗铸诸金钱,罪皆死"②。公元前113—前118年五年时间,"吏民之坐盗铸金钱死者数十万人"。汉朝以后唐朝以前的各代各国,对盗铸金钱犯罪打击甚严。如吴国特设"盗铸之科",惩治盗铸金钱犯罪;宋孝武帝孝建初年,下令"盗铸者处死";萧梁时,禁私铸,若"有犯,男子谪运,女子质作,并同三年";北周时,"私铸者绞,从者远配为户"。隋朝见到非官方铸钱一律销毁,其铜入官,若在京师用私铸钱交易的,"为吏所执,有死者"。③ 唐朝时,《唐律》明文规定私自铸造货币是一种犯罪行为,并将这种行为的处罚分为已铸成、作案工具齐备而未铸和作案工具未齐备三种情况,同时规定,以大改小、以重改轻行为(即现代的变造货币行为)亦为犯罪行为。《杂律》规定:"诸私铸钱者,流三千里;作具已备,未铸者,徒二年;作具未备者,杖一百。若磨错成钱令薄小,取铜以求利者,徒一年。"《唐律疏仪》还对此作了补充说明:"若私铸金银等钱,不通时用者,不坐。"在唐代,由于金银等钱不是国家法定货币,因而私铸之者不构成犯罪。

北宋时期,出现了纸币"交子",还流行着大量的有价证券,如便钱券、盐荣矾香钞引、告牒等,在商品交换中起到一定作用。但主要使用的货币仍然是铜钱和铁钱。《宋刑统》中规定:"诸私铸钱者,流三千里。作具已备,未铸者,徒二年;作具未备者,杖一百。若磨错成钱,令薄小,取铜以求利者,徒一年。"宋代违法铸钱的现象并不严重。宋承唐律,故宋代法律关于"私铸钱"的法律规定,基本规则、基本精神与唐律规定一致。

元朝实行纯纸币制,禁止金银和铜钱流通,因而货币立法发达。元朝制定了世界上最早的币制条例《至元宝钞通行条画》14款,以

---

① 《汉书·景帝纪》。

② 《汉书·食货志》。

③ 胡启忠:《中国古代金融犯罪考》,载《西南民族学院学报》(哲学社会科学版)1999年第5期。

法律形式确定了纸币的单位名称、发行准备、法偿能力、发行倒换等一整套纸币流通组织管理原则，直到元朝灭亡才丧失效力。

由于纸币制作成本低，仿造现象非常多见。为了保证经济秩序，元统治者通过立法规定了伪造钞币罪、买使伪钞罪、收藏伪钞罪、改钞补钞罪伪钞罪、阻滞钞法罪、奉法不虔罪、不昏为昏罪等多种罪名，罪名体系严密，处罚严厉，甚至连坐。如据《元史·刑法志·诈伪》记载："诸伪造宝钞，首谋起意，并雕板抄纸，收买颜料，书填字号窝藏印造，但同情者皆处死，仍没其家产。两邻知而不首者，杖七十七。坊（里）正、主首、社长失觉察，并巡捕军兵，各管四十七。捕盗官及镇守巡捕军官各三十七，未获贼徒，依强盗立限缉捕。""买使伪钞者，初犯杖一百七，再犯加徒一年，三犯科断流远。诸捕获的伪钞者，赏银五锭，给银不给钞。""诸父子同造伪钞者，皆处死。诸父造伪钞，子听给使，不与父同坐；子造伪钞，父不同造，不与子同坐。诸夫伪造宝钞者，妻不坐。诸伪造宝钞，印板不全者，杖一百七。诸伪造定钞，没其家产，不及其妻子。""诸赦前收藏伪钞，赦后行使者，杖一百七，不曾行使而不首者，减一等。诸伪造钞罪应死者，虽亲老无兼丁，不听上请。诸捕获伪造宝钞之人，虽已身故，其应得赏钱，仍给其亲司。诸奴婢买使伪钞，其主陈首者，不在理赏之例。诸挑剜裨辏宝钞者，不分首从，杖一百七，徒一年，再犯流远。年七十以上者，呈禀定夺，毋辄听赎。买使者减一等。"

元朝法律还规定，钞币微有破损，也不得拒绝使用，否则要"严行治罪"。持破损钞币到钞库倒换，"库官人等不得回倒，如违，定将官典断罪"。①

为促使民众知晓、遵守刑法，元钞有的在票面印有刑法规定。如至元二十四年（1287年）发行的至元宝钞，票面印有："伪造钞者处死，首告者赏钞五锭，仍以犯人家产给之"。

明代实行钱钞并用，明初"洪武通宝钱制"规定，私铸铜钱者绞，匠人同罪；为首者依律问罪，胁从者与知情者枷示一月，家属戍

---

① 《通制条格·仓库·倒挨昏钞》。

边。如将时用铜钱剪错薄小，取铜以求利者，杖一百。《大明律·户律》规定："伪造金银者，杖一百，徒三千；为从及知情买使者，各减一等。"《大明律·刑律》规定："凡伪造宝钞，不分首从及窝主，若知情行使者，皆斩。财产并入官。告捕者，官给赏银二百五十两。""若将宝钞剜补凑，描改以真作伪者，杖一百，流三千里；为从及知情行使者，杖一百，徒一年。"明朝还规定违律不使用宝钞的犯罪。《大明律》明确规定："凡印造宝钞与洪武大中通宝及历代铜钱相兼行使，其民间买卖诸物及茶盐商税诸色课程，并听收受，违者杖一百。""凡钱法设立宝源等局，鼓铸洪武通宝铜钱与大中通宝及历代铜钱相兼行使……若阻滞不即行者，杖六十。"明朝也像元朝一样，在纸币表面上印有伪造大明宝钞处罚的条文"大明宝钞与铜钱通行使用，伪造者斩，告捕者赏银二百五十两，仍给犯人财产"。

鸦片战争之前的清代，货币主要是铸币，很少使用纸币，只在顺治八年（1651年）发行一次纸币，行使不足十年。清代也严谨私自铸钱，其刑罚随私铸行为的严重程度轻重不同。清初，"定伪造金银者，杖一百，徒三年；为从及知怀买使者，减一等"。[①] 后来，"更定私铸律，为首及匠人罪斩决，财产没官；为人及知情买使，总甲十家长知情不首，地方官知情，分别坐斩、绞；告奸赏银十两"。[②] 康熙时多次申定"私铸律"及《各官失察私铸处分之例》、《旗人私销私铸禁例》，对旗人、民人及各级官员违禁与失察的行为，分别用法律与行政的手段加以惩处。到乾隆七年，又定《私铸铅钱禁例》，规定："凡私铸铅钱，为首及匠人皆拟绞监候，为从及知情买使者，各减一等。"[③] 比清初立法大为加重。

除了有关私铸货币的犯罪外，我国古代刑法还规定了有关借贷的犯罪。例如，秦在管理货币的经济法规《金布律》中规定，"百姓市用钱，美恶杂之，勿敢异。"如不遵守法律规定而"择行钱布"，"皆

---

① 《清朝文献·通政·钱币考一》。
② 《清史稿·食货志五·钱法》。
③ 《清朝文献通考·钱币钱币》。

有罪"。① 在地方，货币由县少内集中保管，并承担借贷业务。但是这种借贷必须依法经过批准，私人的非法借贷为法律所禁止。汉代还规定，放贷钱谷，可收取一定的利息，但若超过一定的利息率，便要处以赃罪。②

《大明律·户律》规定，无论私债或典当财物，每月取利不得过三分，年日虽多，不过一本一利，违者笞四十，以余利计赃，重者坐赃论，罪止杖一百。又如借款人违约不还犯罪，《大明律·户律》规定，凡"负欠私债违约不还者，五两以上，违三月笞十，每一月加一等，罪止笞四十。五十两以上，违三月笞二十，每一月加一等，罪止笞五十，并追本利给主"。再如出借人的违法索债犯罪，《大明律·户律》规定："若豪势之人，不告官司，以私债强夺去人孳畜、产生者，杖八十。若估计，过本利者，计多余之物坐赃论，依多余之数追还。若准折人妾、子女者，杖一百。强占者，加二等，因而奸占妇女者，绞。"③

清代，努尔哈赤和皇太极都禁止民间高利贷盘剥，规定当时"当铺每银一两，一月到利一钱，三月不取，即没变卖"。④因此国家颁令："凡人不许开当铺，不许借银。借粮的上许一年有利，若年多许本粮有利，不许利上加利。"（见《清太宗实录稿本》卷十四，第12页⑤）

综上，我国古代金融刑法的主要内容是妨害货币犯罪，其中多数朝代主要流通物为铸币，因此金融犯罪主要是妨害铸币犯罪。值得一提的是元代，由于纸币大量流通，其妨害纸币犯罪罪名体系完整详细，几乎具备了现代刑法中全部货币犯罪的罪名。从立法形式上，我国从古代起，金融刑法就在刑法典中加以规定，因此可以说，我国现

---

① 见《睡虎地秦墓竹简》，第55页。
② 麦天骥：中国古代的金融犯罪与立法，载《法学评论》1997年第4期。
③ 胡启忠：《中国古代金融犯罪考》，载《西南民族学院学报》（哲学社会科学版）1999年第5期。
④ 见《天聪朝臣之奏仪》卷上，第13页。
⑤ 麦天骥上引文。

代在刑法典中系统规定金融犯罪，是有着历史渊源的。

二　我国近代金融刑法立法史

1897年，上海成立了第一家由中国人自己创建的银行——中国通商银行，并发行新式纸币。1905年，清政府设立了我国历史上第一家官办银行——大清户部银行，该行享有国家授权的铸造货币、代理国库、发行货币等特权，并办理普通商业银行业务。1908年7月，清政府将户部银行改称"大清商业银行"，并同时发布《大清银行则例》，这是我国历史上第一部银行法规。

而清末系统规定金融犯罪的立法则是在1910年12月25日清政府颁布的《大清新刑律》中，该法典虽然因辛亥革命清政府结束而未及实行。但该法典中专章规定了"伪造通用货币之罪"，包括私铸银元罪、知情购买假币罪、知情使用假币罪等。《大清新刑律》有总则、分则两篇，在分则中专章系统地规定了金融犯罪，其体例和内容均接近近代刑法典，因此屈学武教授认为"从某种意义上看，可以说，《大清新刑律》对金融犯罪的专章设置，标志着中国近代刑法已由单纯的金融犯罪设置，向金融刑法的规制迈出了具有萌芽意义的一大步"。[①]

民国初年，使用北洋政府时期根据《大清新刑律》稍作修改而成的《暂行新刑律》。1928年正式公布《中华民国刑法》，同年又公布《中华民国刑法施行条例》。1935年国民党政府重新制定《中华民国刑法》，并于同年公布《刑法施行法》，第二次世界大战以后，该法典虽多次修改，但大多数条文均未变动，目前仍然在中国台湾地区适用。1935年《中华民国刑法》实际以《大清新刑律》和《暂行新刑律》为蓝本，同时吸取德国、意大利、日本等国家立法经验而成。它较为详细系统地规定了金融犯罪，"从而较为完整地形成了近代意义上金融犯罪的范围和概念"。[②] 该法典对金融犯罪的主要规定有7种

[①] 屈学武：《金融刑法学研究》，中国检察出版社2004年版，第10页。

[②] 刘宪权：《金融犯罪刑法理论与实践》，北京大学出版社2008年版，第55页。

伪造变造货币罪和 11 种伪造有价证券罪。具体罪名为：

1. 伪造变造通用货币罪。该法第 195 条规定：行为人意图供行使之用，而伪造、变造通用之货币、纸币、银行券的，构成本罪，处五年以上有期徒刑，得并科五千元以下罚金。前项之未遂犯罚之。

2. 行使伪造变造货币罪。第 196 条第 1 项规定：行使伪造、变造之通用货币、纸币、银行券，或意图供行使之用而收集或交付于人者，处三年以上十年以下有期徒刑，得并科五千元以下罚金。该项处罚未遂犯。

3. 收集或交付伪造变造货币罪。第 196 条第 2 项规定：收受后方知为伪造、变造之通用货币、纸币、银行券而仍行使，或意图供行使之用而交付于人者，处五百元以下罚金。

4. 减损通用货币罪。第 197 条规定：意图供行使之用而减损通用货币之分量者，处五年以下有期徒刑，得并科三千元以下罚金。该项处罚未遂犯。

5. 6. 行使减损通用货币罪、收集或支付减损通用货币罪。第 198 条规定：行使减损分量之通用货币，或意图供行使之用而收集或交付于人者，处三年以下有期徒刑，得并科一千元以下罚金。收受后方知为减损分量之通用货币而仍行使，或意图供行使之用而交付于人者，处一百元以下罚金。

7. 制造支付收受伪造变造货币之器械原料罪。第 199 条规定：意图供伪造、变造通用之货币、纸币、银行券或意图供减损通用货币分量之用，而制造、交付或收受各项器械、原料者处五年以下有期徒刑，得并科一千元以下罚金。

8. 伪造变造有价证券罪。第 201 条第 1 项规定：意图供行使之用，而伪造、变造公债票、公司股票或其他有价证券者，处三年以上十年以下有期徒刑，得并科三千元以下罚金。

9. 10. 行使伪造变造有价证券罪、收集或交付伪造变造有价证券罪。第 201 条第 2 项规定：行使伪造、变造之公债票、公司股票或其他有价证券，或意图供行使之用，而收集或交付于人者，处一年以上七年以下有期徒刑，得并科三千元以下罚金。

11. 伪造变造邮票或印花税票罪。第 202 条第 1 项规定：意图供行使之用，而伪造、变造邮票或印花税票者，处六个月以上五年以下有期徒刑，得并科一千元以下罚金。

12. 13. 行使伪造变造邮票或印花税票罪、收集或交付伪造变造邮票或印花税票罪。第 202 条第 2 项规定：行使伪造、变造之邮票或印花税票，或意图供行使之用而收集或交付于人者，处三年以下有期徒刑，得并科一千元以下罚金。

14. 15. 涂抹邮票或印花税票之注销符号罪、行使涂抹之邮票或印花税票罪。第 202 条第 3 项规定：意图供行使之用，而涂抹邮票或印花税票上之注销符号者，处一年以下有期徒刑、拘役或三百元以下罚金；其行使之者亦同。

16. 17. 伪造变造交通客票罪、行使伪造变造交通客票罪。第 203 条规定：意图供行使之用，而伪造、变造船票、火车、电车票或其他往来客票者，处一年以下有期徒刑、拘役或三百元以下罚金。其行使之者亦同。

18. 制造交付收受伪造变造有价证券之器械原料罪。第 204 条规定：意图供伪造、变造有价证券、邮票、印花税票、信用卡、金融卡、储值卡或其他相类作为签账、提款、转账或支付工具之电磁记录物之用，而制造、交付或收受各项器械、原料或电磁记录者，处二年以下有期徒刑，得并科五千元以下罚金。

此外，民国政府还制定了一系列金融法规，其中有的也规定有金融犯罪的罪名。如 1931 年《银行法》中规定了违反专业经营罪、违反承诺罪、收受不当利益罪等；1929 年《交易新法》规定了交易所职员受贿罪、伪造公布市价罪、制造或散布虚假币价之文书罪、擅自设立交易所罪等；1930 年颁布的《保险业》也规定对未经核准而营业、非保险业者营业等有关保险的犯罪。

民国刑法关于金融犯罪的规定，具有以下特点：

第一，采用刑法典系统规定+单行刑法+附属刑法的立法体例。《中华民国刑法典》中，自第 195 条至第 205 条共 11 个条文专门系统规定金融犯罪，这与日本、法国等国立法不同，颇为类似德国刑法典的立法体例，同时又与我国历史上在法典中系统规定金融犯罪的传统相一致。

第二，罪名基本完备。罪名涵盖了货币犯罪、商业银行犯罪、证券犯罪、保险犯罪等内容，与现代金融刑法的内容差别不大。其原因在于，民国政府占领了商业发达的城市，其商品流通、公司企业、银行证券市场均比较发达。

第三，刑罚轻重合理。从上述刑罚法规来看，对相应犯罪的处罚与现代刑法中各国对金融犯罪的处罚轻重基本一致，且广泛规定了罚金刑。

第四，将邮票、印花税票、交通客票一体规定在金融犯罪中。除在刑法典中系统规定金融犯罪外，民国刑法典在伪造票证类犯罪中包含了伪造印花税票，这一点，民国刑法也和德国刑法典类似，这似乎可以作为民国刑法学习德国刑法典的又一证据。但是，将邮票、交通客票与伪造金融票证犯罪放置一处，为民国刑法典所独创，但是本书认为，采取这种立法归类方式，并非将邮票、交通客票作为金融票证，而仅仅是从编排体例考虑的缘故。

此外，在共产党领导的革命根据地，共产党政府制定了一系列刑事规范，这些规范虽然具有临时性、多样性、地域性、时间性等特点，而且立法技术相对落后。但是其中不乏类似暂行刑法典的系统性刑法文件，也不乏单独规定金融犯罪的单行法规和附属性刑法规定。

根据地政府制定的系统性刑法文件有：

1. 《赣东北特区苏维埃暂行刑律》，是赣东北特区政府在1931年制定得最早的刑事法典，它规定了除反革命罪、贪污罪等之外的多种普通刑事犯罪，是革命根据地刑事立法中条文最多的一个法律文献。[①] 其中第6章（第60—62条）为"伪造货币罪"，其第60条规定："伪造通用货币者，处死刑或一等有期徒刑，行使自己伪造之通用货币或意图行使而交付于人者，亦同。"第61条规定："意图行使而收受他人伪造之通用货币者处死刑，其受后行使或意图行使而交付于人

---

① 张希坡：《中华人民共和国刑法史》，中国人民公安大学出版社1998年版，第7页。

或自苏区外贩运者,亦同。"第 62 条规定:"犯本章之罪者,褫夺公权。"

2. 1945 年 12 月《苏皖边区惩治叛国罪犯(汉奸)暂定条例》规定"与地位勾结,伪造抗币票券,扰乱金融者,处死刑、无期徒刑或五年以上有期徒刑"。

3. 1947 年 1 月《苏皖边区第一行政区破坏解放区革命秩序治罪办法》,也是一个比较系统的刑事法典性文件。其中也规定"扰乱金融者,处死刑或无期徒刑,并得没收其财产之全部或一部"。

根据地政府制定的规定金融犯罪的单行刑事法规有:

1. 1930 年闽西苏维埃政府颁布的《禁止私人收买金银首饰的布告》,规定"如有私人在赤色区域收买金银首饰者处罚款。如将首饰送到白色区域贩卖,或在赤区私铸银币者,则处以死刑"。

2. 1939 年陕甘宁边区颁布的《陕甘宁边区禁止仇货取缔伪币条例》,规定:"(1)凡属敌国或伪政府发行的货币,不得在边区境内使用。(2)边区人民不得以任何物资、硬币或法币向敌人或伪政府做任何交换。违反以上规定者,得按其情节轻重,处以有期徒刑或死刑,或科以罚金。"

3. 1941 年 12 月陕甘宁边区政府制定的《陕甘宁边区破坏金融法令惩罚条例》规定:"(1)凡在边区境内买卖,不以边币交换作价者,以破坏金融罪论罪,其钱货没收。(2)在边区境内故意据用边币者,按其情节轻重处以一个月以上六个月以下之劳役,或科以一千元以上一万元以下之罚金。(3)意图破坏边区金融,进行货币投机事业以牟利者,其货币全部没收,处以一年以上二年以下有期徒刑,并科以五千元以上十万元以下罚金。(4)如持强迫兑换法币或以不正当手续借以没收法币及故意提高法币者,一经告发,除依法赔偿被害人损失外,得视其情节,处三个月以上一年以下有期徒刑。"

此外,还有 1941 年 5 月《晋冀鲁豫边区禁止敌伪钞票暂行办法》,1941 年 11 月《晋西北修正扰乱金融惩治暂行条例》,1942 年 2 月《晋绥边区修正扰乱金融惩治暂行条例补充办法》,1943 年 5 月《晋冀鲁豫边区冀鲁豫行署查禁假鲁钞暂行办法》等,都属当时根据地政府制定的打击金融犯罪的单行刑法。

根据地政府还制定了大量金融法规，在这些金融法规中，存在有关金融犯罪的规则，如北平军事管制委员会在1949年4月发布的《华北区金银业管理暂行办法》中规定：凡以金银进行投机倒把者，除没收其金银外，并以扰乱金融罪论处。还规定：除经华北人民政府批准特许出境者外，严禁一切金银带出解放区，如证实确系走私资敌者，全部没收，其情节重大并在口岸缉私线上查获者，以走私论处。但并未直接规定刑罚处罚措施。

根据地的金融刑法表现出如下特征：

第一，采用刑法典系统规定+单行刑法、附属刑法的立法体例。

第二，临时性、地域性特征。因当时没有统一的中央政府，大量刑事法规都是在当时党中央政策指导下，由各革命根据地边区政府根据当时当地需要制定。

第三，单一性。由于当时革命根据地主要建立在经济不发达的农村，商品经济不繁荣，极少存在商业银行借贷、证券市场行为等市场行为，因此不存在此种类型的犯罪，当时刑法仅规定了货币犯罪，保障货币信用。

第四，严厉性，根据地刑法对金融犯罪往往规定以死刑论处，刑罚措施极其严厉，这种犯罪类型多为货币犯罪，动辄危害重大社会利益有关，也和当时敌我斗争激烈、刑法中敌我思维明显有关。

第四节　我国当今金融刑法的渊源和体系

一　当今金融刑法的发展过程

新中国成立后，到1979年刑法典制定的30年间。我国法律体系极不完备，但是国家仍然制定了若干法律法规打击金融犯罪，由于当时市场经济不发达，金融犯罪主要类型是货币犯罪。1951年4月政务院公布《妨害国家货币治罪暂行条例》，这是新中国第一个金融刑事法律，它主要规定了伪造、变造国家货币，贩运或者使用伪造、变造的国家货币,以及用散布流言或其他方法破坏国家货币信用等犯罪。此外,其他法律文件中也有涉及惩治危害金融犯罪的规定,如1956年12月全国人大常委会通过的《1957年国家建设公债条例》规定:"伪造本公债或破坏本公债的信用者,依法惩处。"1958年6月国务院《关于处理走私等六十项原则》,1964年外贸部《海关查私工作试行规定》等都对货币、金银、有价证券犯罪有所规定。在地方,一些地方性法规也规定了金融犯罪,如1950年1月西南军政委员会制定的《西南区金银业管理暂行办法》规定,投机操作金银买卖致市场物价波动、影响民生者,除没收其全部财产外,并按情节轻重,处三年以上十五年以下有期徒刑。

1979年刑法典,详细系统地规定了当时严重侵害社会的犯罪行为。但是,由于制定的社会经济基础是当时的计划经济体制,金融市场不发达,而且在"宜粗不宜细"的立法方针指导下,刑法典中明确规定的金融犯罪很少,只有第122条伪造和贩运伪造的国家货币罪(该条规定:伪造国家货币或者贩运伪造的国家货币的,处三年以上七年以下有期徒刑,可以并处罚金或者没收财产。犯前款罪的首要分子或者情节特别严重的,处七年以上有期徒刑或者无期徒刑,可以并处没收财产)和第123条伪造有价证券罪(该条规定:伪造支票、股票或者其他有价证券的,处七年以下有期徒刑,可以并处罚金)另外,刑法典规定的其他罪名也包括了一些金融犯罪的情况,如金融诈骗犯罪可以依照第151条诈骗罪处理,金融机构工作人员违法发放贷款造成较大损失的,可以依照玩忽职守罪处理。再有,该法典第三章第117条投机倒把罪规定:"违反金融、外汇、金银、工商管理法规,投机倒把,情节严重的,处三年以下有期徒刑或者拘役,可以并处、单处罚金或者没收财产。"该罪作为口袋罪名,几乎可以包括其他任何严重违反金融管理秩序的情形。

80年代初,改革开放刚刚开始,国家对外经济急需大量外汇,而走私、套汇、逃汇等行为猖獗。为适应社会主义商品经济发展和对外开放的需要,全国人大常委会于1982年颁布的《关于严惩严重破坏经济的罪犯的决定》,提升了走私、套汇、投机倒把罪的法定刑,规定"情节特别严重的,处十年以上有期徒刑、无期徒刑或者死刑,可以并处没收财产"。1988年全国人大常委会又颁布了《关于惩治走私罪的补充规定》,规定了走私假币、黄金、白银或其他贵重金属的犯罪行为,并且最高刑为死刑;此外,还新设了逃汇罪,规定"全民所有制、集体所有制企业事业单位、机关、团体违反外汇管理法规,在境外取得的外汇,应该调回境内而不调回,或者不存入国家指定的银行,或者把境内的外汇非法转移到境外,或者把国家拨给的外汇非法出售牟利的,由外汇管理机关依照外汇管理法规强制收兑外汇、没收违法所得,可以并处罚款,并对其直接负责的主管人员和其他直接责任人员,由其所在单位或者上级主管机关酌情给予行政处分;情节严重的,除依照外汇管理法规强制收兑外汇、没收违法所得外,判处罚金,并对其直接负责的主管人员和其他直接责任人员,处五年以下有期徒刑或者拘役"。

随着市场经济的不断发展,金融业务的不断扩大,计划经济体制下的金融体制不适应市场经济的需要,1993年底国务院颁布了《关于金融体制改革的决定》,启动金融体制改革,活跃金融市场。1995年,为了适应金融体制改革发展的需要,打击日趋猖獗的金融犯罪,维护金融和经济秩序,全国人大及其常委会连番出台了一系列法律,规定金融犯罪,包括:

1. 全国人大常委会在1995年2月通过《关于惩治违反公司法的犯罪的决定》,增设了擅自发行股票、公司企业债券罪。

2. 全国人大于1995年3月通过《中国人民银行法》,明确规定对于出售伪造的人民币的,依法追究刑事责任。

3. 1995年5月,全国人大常委会通过《商业银行法》,也明确规定了对于擅自设立商业银行,非法吸收公众存款,伪造、变造、转让商业银行经营许可证等行为,依法追究刑事责任。

4. 1995年5月全国人大常委会通过《票据法》,规定对于票据欺诈(包括伪造、变造票据和票据诈骗),依法追究刑事责任,对金融机构工作人员违法对票据付款、承兑、保证依法追究刑事责任。

5. 1995年6月,全国人大常委会通过《保险法》,规定对于保险公司工作人员的骗取保险金的行为，对擅自设立保险公司或非法从事商业保险业务的行为，依法追究刑事责任；对于投保人或被保险人实施保险诈骗行为追究刑事责任，对于保险公司及其工作人员、保险代理人、保险经纪人欺骗投保人、被保险人或受益人，构成犯罪的，依法追究刑事责任。

6. 全国人大在同年6月通过了《关于惩治破坏金融秩序犯罪的决定》，以单行刑法的方式比较系统完整地规定了金融犯罪。该《决定》修正了1979年刑法典中的相关金融犯罪。并具体地规定了19个金融犯罪罪名，分别是：伪造货币罪；出售、购买、运输伪造的货币罪；金融机构工作人员购买或以伪造的货币换取货币罪；持有、使用伪造的货币罪；变造货币罪，擅自设立金融机构罪，伪造、变造、转让金融机构经营许可证罪，非法吸收公众存款罪，集资诈骗罪，违法向关系人发放贷款罪，违法发放贷款罪，贷款诈骗罪，伪造、变造金融票证罪，票据诈骗罪，金融凭证诈骗罪，信用证诈骗罪，信用卡诈骗罪，违法出具金融票证罪，保险诈骗罪等。该决定同时扩大了金融犯罪中单位犯罪的范围，规定单位可以成为以下犯罪的主体：擅自设立金融机构罪、非法吸收公众存款罪、伪造、变造、转让金融机构经营许可证罪，违法出具金融票证罪，违法向关系人发放贷款罪，违法发放贷款罪，伪造、变造金融票证罪，集资诈骗罪，信用证诈骗罪，保险诈骗罪等。该《决定》对金融犯罪系统有详细的规定，基本划定了新中国刑法中金融犯罪的范围，至此，金融刑法体系初步形成。该《决定》代替了1979年刑法对金融犯罪的规定，其大多数规定在后来被1997年刑法所吸纳，因此在新中国金融刑法立法史上具有承前启后的里程碑意义。

1997年修订刑法典（下文中，对1997年修订后的刑法典简称"97刑法"，对1979年刑法简称为"79刑法"）时，立法者曾考虑为加大对金融犯罪的打击力度而把金融犯罪等特殊犯罪单独列于刑法典之外，但考虑到刑法的统一和执行，立法者最终还是把原有刑法典、单行刑法和附属刑法中规定的金融犯罪统一规定于刑法典，并且集中规定于刑法典第三章的第四节和第五节。

同时，总结我国打击金融犯罪的实践需要，吸收国外立法经验，又新增了高利转贷罪，用账外客户资金非法拆借、发放贷款罪，对违法票据承兑、付款、保证罪，内幕交易、泄露内幕信息罪，诱骗投资者买卖证券罪和操纵证券交易价格罪，洗钱罪，有价证券诈骗罪等，进一步完善了金融刑法体系。

在罪名排序上，"97刑法"主要根据犯罪的社会危害性程度，从重到轻依次排列，同时也照顾到各罪之间的内在联系，将金融犯罪分为破坏金融管理秩序罪和金融诈骗罪两节，破坏金融管理秩序罪从前到后排列为：（1）破坏货币管理制度的犯罪，包括伪造货币罪，出售、购买、运输伪造的货币罪，金融工作人员购买假币、以假币换取货币罪，持有、使用假币罪，变造货币罪；（2）妨害金融机构的犯罪，包括擅自设立金融机构罪，伪造、变造、转让金融机构经营许可证罪，非法吸收公众存款罪；（3）破坏有价证券管理制度的犯罪，包括伪造、变造金融票证罪，伪造、变造国家有价证券罪，伪造、变造股票、公司、企业债券罪，擅自发行股票、公司、企业债券罪；（4）扰乱证券市场交易秩序的犯罪，包括内幕交易、泄露内幕信息罪，编造并传播证券交易虚假信息罪，诱骗投资者买卖证券罪，操作证券交易价格罪；（5）破坏金融机构管理制度的犯罪，包括违法向关系人发放贷款罪，违法发放贷款罪，用账外客户资金非法拆借、发放贷款罪，非法出具金融票证罪，对违法票据承兑、付款、保证罪；（6）破坏外汇管理制度的犯罪，主要是逃汇罪；（7）特殊扰乱金融秩序的犯罪，即洗钱罪。

金融诈骗罪从前到后排列为：（1）破坏资金市场秩序的诈骗犯罪，包括集资诈骗罪和贷款诈骗罪；（2）破坏金融信用制度的照片犯罪，包括票据诈骗罪、金融凭证诈骗罪、信用证诈骗罪、信用卡诈骗罪，有价证券诈骗罪；（3）破坏社会保险秩序的诈骗犯罪，即保险诈骗罪。

另外，"97刑法"还对擅自发行股票、公司、企业债券罪、违法发放贷款罪、金融机构工作人员受贿犯罪、金融机构工作人员挪用资金犯罪等罪状做了修改，还增加了伪造货币罪、出售购买运输伪造的货币罪、持有使用伪造的货币罪、伪造变造金融票证罪、集资诈骗罪、贷款诈骗罪、票据诈骗罪、信用证诈骗罪、信用卡诈骗罪等，增加了罚金刑的规定。

"97刑法"规定的金融犯罪，涵盖了货币业务、外汇业务、商业银行业务、证券业务、保险业务等主要的金融业务领域的犯罪，贯彻了金融安全保护、金融市场信用保护、金融市场秩序维护等多种价值目标，共有32个罪名，罪名相对完善，体系相对合理，罪状、法定刑比较得当，基本满足了当时打击金融犯罪的需要。

1997年之后，随着金融市场的需要和金融犯罪形式的变换，以及金融体制改革的深入，1997年刑法典修订之后全国人大常委会又通过一系列的单行刑法和刑法修正案对金融犯罪作出补充规定，修订了一些金融犯罪并设置了新的金融违法犯罪行为，有：

1. 1998年12月全国人大常务委员会通过《关于惩治骗购外汇、逃汇和非法买卖外汇犯罪的决定》，规定了骗购外汇罪和非法买卖外汇等犯罪行为，并扩大了逃汇罪的主体范围，修改了其法定刑。

2. 1998年12月全国人大常务委员会通过的《证券法》，增加了证券公司承销、代理买卖、擅自发行证券，擅自设立证券交易所、证券公司等证券违法犯罪行为，并对其他证券犯罪的罪状作出补充完善的规定，规定对这些违法行为"构成犯罪的，依法追究刑事责任"。之后，2005年修订证券法时又对相应的证券犯罪行为作了相应调整。

3. 1999年12月通过第一个刑法修正案，对期货犯罪等作了规定，并与证券犯罪相并列；另外，根据金融体制改革的要求，对刑法第174条擅自设立金融机构罪和伪造、变造、转让金融机构经营许可证、批准文件罪的罪状作出相应修改，增加了对擅自设立证券、期货、保险机构和伪造、变造、转让其经营许可证或者批准文件行为追究刑事责任的规定，与《证券法》的规定相协调。

4. 2001年12月通过的《刑法修正案（三）》，在"9·11"之后的国际大环境下，履行我国所承担的反恐国际义务，适应打击恐怖组织犯罪的需要，扩大洗钱罪的外延，把"恐怖活动犯罪"也列为洗钱罪的上游犯罪。

5. 2004 年 12 月全国人大常委会通过《关于〈中华人民共和国刑法〉有关信用卡规定的解释》，规定了信用卡的含义。

6. 2005 年 2 月通过《刑法修正案（五）》，对信用卡犯罪作出补充修改，规定了妨害信用卡管理罪，并增加了信用卡诈骗罪的行为方式。

7. 2006 年 6 月通过《刑法修正案（六）》，对操纵证券、期货交易市场罪，违反国家规定发放贷款罪，欺骗取得贷款、票据承兑、信用证、保函罪，吸收客户资金不入账罪，洗钱罪等金融犯罪作出补充修订。

8. 2009 年 2 月通过《刑法修正案（七）》，对内幕交易、泄露内幕信息罪做了修订，增加处罚期货内幕交易、泄露期货内幕信息，并增加处罚"明示、暗示他人从事上述交易活动"的规定，另外增加利用未公开信息交易罪，在非法经营罪中增加了未经主管部门批准非法经营期货业务的规定。

9. 2011 年 2 月通过《刑法修正案（八）》，取消了票据诈骗罪、金融凭证诈骗罪、信用证诈骗罪的死刑，并对集资诈骗罪、票据诈骗罪、金融凭证诈骗罪、信用证诈骗罪增加了单位犯罪的规定。

另外，随着上述单行刑法和修正案的出台，最高人民法院和最高人民检察院、公安部还出台了大量司法解释，有：

1. 1998 年 11 月最高检《关于保险诈骗未遂能否按犯罪处理问题的答复》；

2. 1999 年 6 月最高法、最高检、公安部《关于印发〈办理骗汇、逃汇犯罪案件联席会议纪要〉的通知》；

3. 2000 年 9 月最高人民法院《关于审理伪造货币等案件具体应用法律若干问题的解释》；

4. 2001 年 1 月最高人民法院《全国法院审理金融犯罪案件工作座谈会纪要》；

5. 2008 年 1 月最高法、最高检、公安部、证监会《关于整治非法证券活动有关问题的通知》；

6. 2008年4月最高检《关于拾得他人信用卡并在自动柜员机（ATM机）上使用的行为如何定性问题的批复》；

7. 2009年9月最高人民法院、最高人民检察院、公安部《关于严厉打击假币犯罪活动的通知》；

8. 2009年11月最高法《关于审理洗钱等刑事案件具体应用法律若干问题的解释》；

9. 2009年12月最高法、最高检《关于办理妨害信用卡管理刑事案件具体应用法律若干问题的解释》；

10. 2010年5月最高人民检察院、公安部《关于公安机关管辖的刑事案件立案追诉标准的规定（二）》；

11. 2010年10月最高人民法院《关于审理伪造货币等案件具体应用法律若干问题的解释（二）》；

12. 2010年12月最高法《关于审理非法集资刑事案件具体应用法律若干问题的解释》，等等。

此外，我国《人民银行法》、《商业银行法》、《证券法》、《保险法》等金融法律中，还存在大量关于金融犯罪的规定，但该附属刑法均未规定相应金融犯罪的刑罚措施，而且刑法典对该类规则均制定了相应罪名加以呼应，故本处不再列举，后文研析相关罪名时需要的话，再行引用。

二　当今金融刑法的罪名体系

当前我国刑法典中用两个节的篇幅，共35个条文规定了39个金融犯罪罪名，其中破坏金融管理秩序罪26条，31个金融犯罪罪名，金融诈骗罪9条，8个金融犯罪罪名。这些罪名主要可以分为以下类型。

（一）侵害金融市场信用的犯罪

包括破坏货币信用的犯罪和破坏金融票证信用的犯罪、破坏外汇管理的犯罪、洗钱罪。具体罪名有：第170条伪造货币罪，第171条第一款出售、购买、运输假币罪，第171条第二款金融工作人员购买假币、以假币换取货币罪，第172条持有、使用假币罪，第173条变造货币罪，第 177 条伪造、变造金融票证罪，第 177 条之一第一款妨害信用卡管理罪，第 177 条之一第二款窃取、收买、非法提供信用卡信息罪，第 178 条第一款伪造、变造国家有价证券罪，第 178 条第二款伪造、变造股票、公司企业债券罪。第 190 条逃汇罪，第 190 条之一骗购外汇罪，第 191 条洗钱罪。

（二）破坏金融市场准入秩序的犯罪

第 174 条第一款擅自设立金融机构罪，第 174 条第二款伪造、变造、转让金融机构经营许可证、批准文件罪，第 176 条非法吸收公众存款罪，第 179 条擅自发行股票、公司、企业债券罪。

（三）破坏金融市场经营秩序的犯罪

包括单纯破坏信贷经营秩序的犯罪，第 175 条高利转贷罪，第 175 条之一骗取贷款、票据承兑、金融票证罪，第 186 条违法发放贷款罪，第 188 条违规出具金融票证罪，第 189 条对违法票据承兑、付款、保证罪。

破坏证券、期货交易秩序的犯罪，第 180 条第一款内幕交易、泄露内幕交易信息罪，第 180 条第二款利用未公开信息交易罪，第 181 条第一款编造并传播证券、期货交易虚假信息罪，第 181 条第二款诱骗投资中买卖证券、期货合约罪，第 182 条操纵证券、期货市场罪，

破坏金融市场综合经营秩序的犯罪，有地 185 条之一第一款背信运用受托财产罪，第 185 条之一第二款违法运用资金罪，第 187 条吸收客户资金不入账罪。

（四）侵害金融资产安全的犯罪

包括第 192 条集资诈骗罪，第 193 条贷款诈骗罪，第 194 条第一款票据诈骗罪，第 194 条第二款金融凭证诈骗罪，第 195 条信用证诈骗罪，第 196 条信用卡诈骗罪第 197 条有价证券诈骗罪，第 198 条保险诈骗罪。

三 当今金融刑法的立法模式问题

如上文所述，我国目前的金融刑法主要规定在刑法典中，在金融法律中也存在一部分刑事规则，但往往仅规定了罪状而没有规定法定

刑，或者仅仅规定"构成犯罪的，依法追究刑事责任"这样的威吓性语句。所以学者一般认为我国金融刑法是刑法典+单行刑法+附属刑法的立法模式。但是由于单行刑法的立法方式不利于刑法法条的引用和系统化，我国自1998年12月29日全国人大常委会《关于惩治骗购外汇、逃汇和非法买卖外汇犯罪的决定》（以下称《决定》）之后，并未采以单行刑法的立法方式，而是采用刑法修正案的立法方式补充、修改刑法典之不足，到目前为止，单行刑法仅有该《决定》而已。由于目前不再采用单行刑法的立法方式，所以本书认为，目前我国金融刑法的立法方式，乃是刑法典+附属刑法立法方式。有学者认为，《决定》和修正案均是对刑法条文的修正和补充，二者性质相同，它们都属于刑法典的一个部分。① 本书不同意该观点，《决定》属于单行刑法，这一点是刑法学界的通说，它和刑法典相比，无论从制定的主体，规定的内容还有法律文件的名称方面都不一样，刑法典的制定主体是全国人大，而《决定》的制定主体是全国人大常委会，刑法典系统规定了刑法中的总则性问题和各种类型的犯罪，而《决定》作为单行刑法仅仅规定某种类型的犯罪，而且仅仅规定分则问题不规定总则问题。因此，《决定》并非刑法典的一个部分。从立法技术上来讲，由于《决定》所确定的罪名在司法实践中不容易标号和引用，因此，自此之后，采用修正案的方式修改刑法，以维护刑法中各个条文标号的稳定性，使得刑法典无论如何修订，都不会导致以前的法律文献和司法判决对法条标号的引用发生变动和混乱。② 在立法技术上，这和《决定》完全不同，而且正是由于存在这样的不同，刑法典才采用修正案的方式修改、补充而不再采用单行刑法的立法方式。

目前国外金融刑法往往以单行刑法或附属刑法为主，刑法典规定为辅的立法方式。这在英美法系和大陆法系又有所不同。英美法系各国由于没有统一的刑法典，只有法规编纂形式的法律和法令的汇编，

---

① 刘宪权：《金融犯罪刑法理论与实践》，北京大学出版社2008年版，第73页。
② 黄京平、彭辅顺：《刑法修正案的若干思考》，载《政法论丛》2004年第3期。

因此，金融领域的犯罪与刑事责任都规制于由立法机关颁布的有关证券、期货、保险、信贷等金融法和部分单行刑法中，即在有关的金融法规中，既有其金融犯罪的罪状，同时也设置了确定的法定刑。如美国1913年《联邦储备法》、1933年《证券法》，1934年《证券交易法》、1982年《货币和金融法》中均存在犯罪与刑事责任的规定，属于附属刑法。而1984年《内幕交易制裁法》、1986年《洗钱犯罪控制法》、1988年《内幕交易与证券欺诈实施法》均属专门规定犯罪与刑罚的单行刑法。英国1944年《投资业务管理法》、1973年《公正交易法》、1986年《金融服务法》等均规定了金融犯罪及其处罚规则。而其1958年《防止（投资）诈骗法》、1994年《控制洗钱的规则》也是有关金融犯罪的单行刑法。这种单行刑法+附属刑法的立法方式，能够充分根据金融市场的特点规定金融犯罪，针对性强，易于操作，便于修改，不需要协调刑法典与单行刑法、附属刑法之间的关系，因此具有灵活性的优势。但是，由于刑法条文散见于各部门法和单行性法律文件中，不利于民众系统知晓刑法规则，不利于刑法的传播和遵守。

大陆法系国家的刑法以其刑法典为构成基础，综合其他单行刑事法、附属刑法一起有机结合成其刑法体系，不像英美法中现有的刑事法令那样相互重复、散乱且无序。但是，尽管各国都有统一的刑法典，但也只是一些传统的少数的金融犯罪被直接规制于刑法典或单行刑法中，如货币犯罪、洗钱罪、贷款诈骗罪等，其余都附随规制于各金融法律中。如《德国刑法典》第八章规定了伪造货币和有价证券的犯罪，如伪造货币、使用伪币、伪造印花税票、伪造支付证卡和欧洲支票罪等，其第二十二章规定了诈骗投资、诈骗保险金、信贷诈骗、背信、滥用支票和信用卡犯罪。而其《控制非法贩运毒品即其他有组织犯罪法》规定了洗钱犯罪，《有价证券交易法》、《有价证券保管法》、《交易所法》等也规定了金融犯罪及其处罚措施。《法国刑法典》第三卷第二编中规定有洗钱罪，第四卷第四编中规定有伪造货币罪、伪造公共机关发行的证券或其他有价信用证券罪等。而其《统一票据法》、《社会保险法典》、《证券交易所法》、《期货交易法》、《商事公司法》等经济法律中也规定了有关金融犯罪及其处罚的条文。《日本刑法典》第16章规定了伪造货币罪,第18章规定了伪造有价证券罪,而日本现行的《证券交易法》、《抵押证券管理法》、《金融期货交易法》、《商品交易法》等金融法律中,专章规定金融犯罪及其处罚。

针对我国现行金融立法以刑法典为主的立法模式,不少学者提出了改革的主张。有的学者主张改变我国目前以刑法典为主的金融刑法立法模式,学习西方以特别刑法(附属刑法)为主的立法模式。① 有的学者主张先采用单行刑法为主的立法模式,最终过渡到以附属金融刑事立法为主的立法模式。② 有的学者认为我国金融刑法立法方式需要改革,但金融刑事条款保持多元法律形式(即刑法典、单行刑法、附属金融刑事条款三者并存)是必要的,仅仅改革我国附属刑法,在附属刑法中明确规定金融犯罪的罪状和法定刑即可。③ 也有学者指出,选择刑法典作为规定金融犯罪的基本立法模式并无不当,目前我国刑法典为主附属刑法为辅规定金融犯罪的立法模式符合我国实际需要。④

本书同意上述刘宪权教授的观点,不主张变更我国金融刑法的立法模式。理由如下:

第一,本书认为,我国金融刑法采用刑法典+附属刑法的立法方式,源于我国金融刑法立法史形成的习惯。如前文所述,我国金融刑法自秦汉以来,到清末、民国,均在法典或刑法典中系统规定。"我国传统的刑事法律形式主要是集中统一的立法形式,这便于维护刑法的统一性。"⑤

---

① 刘远、赵玮:《论金融犯罪和金融刑法的概念与地位》,载张智辉、刘远主编《金融犯罪与金融刑法新论》,山东大学出版社2006年版,第56页;屈学武:《金融刑事立法改革构想》,《人民检察》2005年第8期(上)。

② 屈学武:《关于金融刑事立法改革的法律构想》,载张智辉、刘远主编《金融犯罪与金融刑法新论》,山东大学出版社2006年版,第97页。

③ 胡启忠:《论金融犯罪的立法模式——金融犯罪立法研究(三)》,载《西南民族学院学报》(哲学社会科学版)2002年第5期。

④ 刘宪权:《金融犯罪刑法理论与实践》,北京大学出版社2008年版,第77页。

⑤ 胡启忠:《金融刑法适用论》,中国检察出版社2003年版,第24页。

第二，立法模式的选择，不仅仅基于立法文化的考量，更重要的是，它取决于公民找法、学习法律的能力，也取决于国家相关机构将既定的法律通知民众的能力。有学者认为，"就刑法立法模式而言，应当以'使人们以最便捷的途径了解他们最需要的刑法信息'为原则来决定刑事立法的模式"。但该学者认为，由于对金融刑法而言，最需要了解的人是金融从业人员、金融监督人员以及企图通过金融行为进行犯罪的人，他们了解金融刑法信息最便捷的途径是与金融法联系在一起的特别刑法。[①] 本书同意该学者立法应以便捷知晓为途径的观点。但是，正如我国台湾学者林东茂所言："对于大量增加的附属刑法，不要说是一般民众，或是一般的职业从业者，即使是专门研究刑法的人也无法尽窥全貌。换句话说，附属刑法的规范，对于大多数人来讲，是相当陌生的。"[②] 显然，不管对普通民众还是金融从业人员，集中系统规定金融犯罪的刑法典，要比散乱的附属刑法更容易查明和知晓，因为即使金融从业人员，也不可能仅仅需要知道一两个金融法律中的特殊条文，也需要从整体上知晓金融刑法。而且随着金融业的不断发展，参与金融行业的不可能仅仅是金融从业人员，广大民众会越来越多地参与到金融业中去，当然都应知晓金融刑法。再有，金融刑法虽然是法定犯，但是绝大多数犯罪乃是适用于专业和非专业人员，并非只有专业人员才会触犯，更不是只有专业人员才需要知晓金融刑法。我国幅员辽阔，人口众多，而且公民知识水平差别较大，法律意识普遍较低，知法能力差别较大，政府将法律通知民众的能力较低，这是我国目前法律公开、刑法公开、金融刑法公开所面对的基本国情。因此，选取刑法典立法这种集中统一的立法方式，有利于法律的传播和通知，从而便于公民知晓法律、遵守法律。

第三，刑法典比附属刑法更具吓阻经济犯罪的效力，更具一般预防功能。我国台湾学者林山田教授指出："将经济犯罪规定于刑法典

---

① 刘远、赵玮：《论金融刑法的立法模式》，载张智辉、刘远主编《金融犯罪与金融刑法新论》，山东大学出版社2006年版，第56页。

② 林东茂：《危险犯与经济刑法》，五南图书出版公司1996年版，第87页。

之中，使经济刑法具有刑法之外形，自然较易产生一般预防作用而且具有吓阻经济犯罪之功能，惟将经济刑法规定于刑法以外之其他法规中，就刑事立法政策与社会心理学的观点而言，具有不可避免的缺失……另一方面则因此种规定虽具有刑法的实质，但不具有刑法的形式。在此情形下易于隐蔽刑罚的威吓性，而且其立法意旨及刑罚构成要件以及对于经济犯罪行为的'社会非价判断'，易为社会大众与刑事司法人员忽视。"① 有学者认为，现代政体要求从威权政体向民主政体过渡，而随着我国金融犯罪预防体系的建立，金融犯罪控制将逐渐从以惩罚为主过渡到以预防为主，"如果将金融犯罪及其处罚规定在昭示惩罚性的刑法典中，显然不相适宜，而规定在惩罚性被弱化的特别刑法中也就水到渠成"。② 本书不同意该观点，金融犯罪控制当然要从以惩罚为主向以预防为主过渡，但和金融刑法的立法方式之间并没有关系。认为采用刑法典立法的方式就是威权政体的、以惩罚为主的，而采用附属刑法立法的方式就是民主政体的、以预防为主的，没有根据。事实上，由于刑法典的制定、修改比金融法律的制定修改需要更加严格的程序，因此刑法典中规定犯罪与刑罚比金融法律中规定犯罪与刑罚更加慎重而严肃，更有利于表达刑法对民众权利的关切，为什么偏偏刑法典更加显示了威权政体呢？而且从刑法规范制定的速度来看，一般认为刑法典的修改不如金融法律的修改容易，所以通过刑法典制定金融刑法显然不如通过金融法律制定金融刑法方便，推论的结果当然是，通过刑法典制定金融刑法更加需要加强金融犯罪预防工作，而通过金融法律制定金融刑法则更侧重对金融犯罪的惩罚性。结论恰恰与上述学者的观点相反。

第四，所谓法的稳定性，是指法律规则体系的稳定性，而不仅仅指法典的稳定性。在我国，即使刑法典不作变动，假如附属刑法、单行刑法不断变动，同样会损害法的权威性。认为刑法典不断修正损害

---

① 林山田：《经济犯罪与经济刑法》（修订三版），台湾三民书局1981年版，第99—100页。

② 刘远、赵玮：《论金融刑法的立法模式》，载张智辉、刘远主编《金融犯罪与金融刑法新论》，山东大学出版社2006年版，第56页。

法的权威性，而附属刑法、单行刑法不断变动却不损害法的权威性，这样的观点没有根据。相反，假如法律必须修改，通过刑法典修改更容易让民众知晓，对法的权威性的损害更小。如果附属刑法既规定罪状又规定法定刑，附属刑法不断变动，而民众又很难知晓，必然损害罪刑法定原则对法的先定性的要求。

再有，即使是大陆法系立法发达国家，其刑法典的修订频率并不低，如现行德国刑法典源于1871年德意志帝国刑法典，该法典从制定到现在，历经多次修改，以1949年之后为例：1953年8月4日修改，引进了缓刑和假释；1953年8月25日颁布，使用了"刑法典"名称；1969年7月4日彻底修改刑法总则；1975年1月2日新颁布刑法典；1987年3月颁布新版本刑法典；1989年6月9日修改；1990年6月13日修改；1990年8月20日修改；1992年7月14日修改；1993年7月23日修改；1993年10月25日洗钱法对刑法典的修改；1994年修改。再以日本刑法典为例：日本刑法典1908年10月1日施行，1921年修改，1941年修改，1947年修改，1953年修改，1954年修改，1958年修改，1960年修改，1964年修改，1968年修改，1980年修改，1987年修改，1991年修改，1995年修改等。日本刑法典也经多次修改，其中有的年代平均三年多修改一次，也并未影响其权威性。

从上述国外刑法典修订情况来看，所谓经常修改刑法典就会影响刑法典权威性的观点，并无根据。

第五，金融刑法的频繁修正，根源于我国金融市场的不断发展和金融刑法立法预见能力有限之间的矛盾，在金融市场制度不断改革的情况下，无论采用哪种立法模式，都无法避免金融刑法的不断修改、变动。而从我国目前的立法权限来看，规定附属刑法的金融法律和刑法修正案，二者的颁布机关均是全国人大常委会，因此，无论采用金融附属刑法的形式还是采用刑法修正案的形式，法律改变的程序相同，难度相同，并非采用附属刑法就更容易修改刑法规范。

第六，即使不因为金融刑法变动而修改刑法典，基于其他原因也会修改刑法典。我国到目前为止的八个刑法修正案，既涉及金融犯罪，也涉及传统犯罪，甚至涉及大量总则性规定。刑法典的修改，是由于我国目前刑法典本身全面不成熟所致，并非仅仅金融刑法不成熟，金融刑法即使采用附属刑法的立法方式，也不一定会减少刑法典的修改频次。

第七，放开附属刑法中对法定刑的规定，导致大量金融法律中规定罪刑规则，所造成的后果是，金融刑法散见于各金融法律中，不仅找法困难，而且在引用时也不方便，会产生和单行刑法同样的问题，即附属刑法中的罪行规范假如和刑法典完全一致，则其无存在的必要，如果同一罪名和刑法典有所出入，必然产生适用效力上的矛盾，法律由于其自相矛盾而损坏其权威，如果增设新罪名那么必然会出现像单行刑法一样新罪名标号困难，司法文书中不便表述。为解决此问题，仍然要定期改动刑法典，虽然修改频率可以降低，但是修正案的方式仍然存在。

有学者指出，我国刑法包括金融刑法的修改过于频繁，其原因之一是我国金融刑法的立法模式存在问题。认为在金融刑法的立法模式上，刑法典占据着绝对主导地位，而在罪状的表述上，我国刑法典中金融犯罪大多采用叙明罪状的方式，较为详细地规定了相关犯罪的表现形式，而有关金融犯罪的表现形式又往往依赖于相关金融法律的规定，于是在金融法律作出修改时，为了维系法律之间的协调，刑法典也不得不随之一而再，再而三地进行修改。该学者认为，根据我国的实际，宜采取刑法典和相关金融法律相结合的形式，分别规定相关罪名的罪状和法定刑。即金融法律明确规定罪状但不规定法定刑，刑法典则只规定法定刑，对金融犯罪采用空白罪状的表述方式，仅指明其罪状参考的金融法律即可。[①]

本书不同意该学者的观点，金融法律中规定金融犯罪的罪状、刑法典规定法定刑仍然不能解决金融刑法的及时修改问题，因为根据罪刑相适应原则，罪状发生变化的，法定刑亦应相应调整。增加新的罪

---

① 桂亚胜：《我国金融刑法的立法进程与检讨》，《山东工商学院学报》2012年第6期。

状，需要增加新的法定刑；修改罪状的构成条件，需要相应调整法定刑的种类、轻重和幅度。罪状和法定刑的分离规定，不仅不能解决金融犯罪的变动性问题，反而会给法的修改增加新的麻烦：增设新罪或者对现有犯罪的罪状和法定刑都要变动时，按照现有的立法方式，仅仅修改刑法典就可以了，但是，如果罪状和法定刑分离规定，不但要修改刑法典，还要修改相关金融法律，问题反而更加麻烦。

第二章　金融犯罪刑法适用中的一般问题

第一节　金融犯罪的共犯问题

共同犯罪指二人以上共同故意犯罪。共同犯罪的成立条件是：（1）共同犯罪主体是二人以上。二人，可以是两个以上自然人，两个以上自然人和单位，或者两个以上单位；（2）客观上二人都参与了犯罪行为，并且对犯罪结果的发生起到一定的作用；（3）各共犯人具有共同的故意。即要求各共犯人均存在犯罪故意，并且相互之间存在意思联络。

共同犯罪制度的存在，在客观上扩大了犯罪中行为的类型，弱化了刑法分则罪状的类型化效果。即使行为人没有实施某种犯罪刑法分则罪状中规定的正犯行为，而仅实施了帮助行为，在单独犯的情况下，帮助行为完全不符合该罪的罪状，但是由于共同犯罪的存在，该行为人可以被认定为构成该罪。

共同犯罪制度的存在，客观上也扩大了犯罪主体的范围，对于构成要件要求具备特定身份的犯罪而言，在共同犯罪的情况下，共犯人（狭义共犯人）即使不具备该特定身份，也可以成立该罪。

在金融犯罪中，存在传统的共同犯罪认定的难题，如单位犯罪共犯问题，单位中员工的共犯问题，共犯人犯罪数额问题。同时，由于共同犯罪制度所产生的犯罪行为扩大效应和犯罪主体范围扩大效应，造成了一系列新的认定难题，如中介机构参与共同犯罪的性质认定问题，等等。

一　金融共犯与其他犯罪是竞合还是牵连

金融犯罪中，由于共犯人参与共同犯罪，导致金融犯罪共犯与其他犯罪竞合的现象非常多见。常见的如：保险事故的鉴定人、证明人、财产评估人与投保人、被保险人、收益人勾结起来共同诈骗保险金的；贷款诈骗罪，集资诈骗罪，信用证诈骗罪、骗取贷款、票据承兑、金融票证罪、高利转贷罪中，资产评估机构、会计师事务所、律师事务所或者其他机构、个人出具虚假的评估报告或者虚假的产权证明、法律文件、提单、金融票证等，行为人使用虚假的产权证明或者资产评估报告等，诈骗取得贷款、集资、信用证，或者骗取银行贷款、票据承兑或金融票证的，等等。此类情况非常常见。

在这种情况下，共犯人有可能还构成其他犯罪，如提供虚假证明文件罪、出具证明文件重大失实罪、违法出具金融票证罪等。

这种情况如何处理，有的刑法有明文规定。《刑法》第 198 条第 4 款规定，保险事故的鉴定人、证明人、财产评估人故意提供虚假的证明文件，为他人诈骗提供条件的，以保险诈骗的共犯论处。该款明确规定了保险诈骗罪的处理方式。但是，刑法这一规定的理论根据是什么？其他金融犯罪共犯与他罪竞合的情况下，依据什么理论加以处理？

有学者认为，如果保险事故鉴定人、证明人、财产评估人与保险诈骗行为人事先有诈骗保险金的通谋，这是中介人员提供虚假证明文件的行为，是保险诈骗行为的一部分，应该认定为保险诈骗罪的共犯，而与提供虚假证明文件罪构成法条竞合关系。① 也有学者认为这种情况下成立想象竞合犯。②

本书不同意上述观点。刑法典第 198 条第 4 款的情况，成立提供虚假文件罪和保险诈骗罪的牵连犯，属于牵连犯与共同犯罪的重合。刑法第 198 条规定的保险诈骗罪的五种行为，除第四种和第五种情况

---

① 薛瑞麟主编：《金融犯罪再研究》，中国政法大学出版社 2007 年版，第 415 页。
② 刘士心：《保险诈骗罪新探》，载《当代法学》2002 年第 3 期。

包含两种行为外（即投保人、被保险人故意造成财产损失的保险事故，并实行骗取保险金行为；行为人故意造成被保险人伤亡或疾病，并实施骗取保险金的行为），第一种、第二种、第三种均为单行为犯。如第一种情况，法律并没有要求单独存在虚构保险标的行为的存在，而仅仅要求行为人在骗取保险金时才有虚构保险标的的说辞或方法，如果该方法独立成立某种犯罪的，该犯罪和保险诈骗罪之间应该成立手段行为和目的行为的牵连关系。这一点和普通诈骗罪并无不同，普通诈骗罪的行为是以虚构事实、隐瞒真相的方法诈骗他人财物，该虚构事实、隐瞒真相的方法并未被刑法要求为独立的行为，而是一种方法，假如该方法本身又构成犯罪时，成立方法行为和诈骗罪的牵连犯。比如伪造公文用来诈骗的，成立伪造公文罪和诈骗罪的牵连犯。

而刑法198条第1款规定的第四种、第五种情况，刑法显然并未将其作为竞合犯处理，因为198条第2款随之规定"有前款第四项、第五项所列行为，同时构成其他犯罪的，依照数罪并罚的规定处罚"。该项显然是明确规定将牵连犯按照数罪处理。

认为第198条第4款所规定的情况属于牵连犯的理由还有：牵连犯本质上是数行为同时充分数罪的犯罪构成，而无论想象竞合犯或者法条竞合均为一行为，只能充分一罪的犯罪构成。以第三种情况为例，诈骗行为人编造未曾发生的保险事故，可以经中介机构鉴定，也可以不经中介机构鉴定，直接向保险机构理赔。诈骗人与中介机构提前勾结，中介机构提供虚假鉴定报告，用以向保险机构理赔的，显然存在可以单独评价的两个行为，即提供虚假文件行为和保险诈骗行为。这显然不符合竞合犯仅有一行为的理论。

上面是对保险诈骗罪的探讨。对其他犯罪如贷款诈骗罪、信用证诈骗罪、集资诈骗罪、骗取贷款、票据承兑、金融票证罪、高利转贷罪而言，由于不存在刑法第198条第4款那样的法律拟制，问题更简单些。以贷款诈骗罪为例，刑法第193条贷款诈骗罪第三项规定"使用虚假的证明文件"，该项仅规定了"使用"虚假证明文件，而未规定"制造"虚假证明文件，因此，本罪仍然属于单一行为犯，使用虚假证明文件仅仅是实行贷款诈骗行为的方式，行为人为了实行贷款诈骗，制造虚假证明文件的，可以成立伪造公文、证件、印章罪和贷款诈骗罪的牵连犯。行为人为二人以上的，二人共同伪造公文，并用来实行贷款诈骗的，二人的行为均属于伪造公文罪和贷款诈骗罪的牵连犯，依照其中较重的罪从重处罚即可。如果二人有分工，其中一人负责伪造公文，另外一人负责用来进行贷款诈骗的，而人对对方实施的行为存在相通的故意的，二人仍然同样都构成伪造公务罪和贷款诈骗罪的牵连犯，均按较重的罪从重处罚。这里的一个特殊的复杂点是，由于贷款诈骗罪为自然人犯罪，单位不构成本罪，当一个自然人和一个单位的决策者勾结，为了实施贷款诈骗，单位出具虚假证明文件，自然人实施贷款诈骗行为的，如何处理？本书认为，出具虚假证明文件的单位可以依照单位犯罪成立提供虚假证明文件罪，也可以以自然人犯罪成立提供虚假证明文件罪，①而其决策人与实施贷款诈骗者共同成立贷款诈骗罪。决策人成立提供虚假证明文件罪和贷款诈骗罪的牵连犯，按照其中较重的罪从重处罚。

在认定中，还应注意的是，行为人必须具有与正犯人共同实行相关金融犯罪的故意，基于该故意实行共犯行为的，才构成金融犯罪的共犯。行为人不存在共同实施金融犯罪的故意，仅仅是违规提供虚假证明文件或票证的，不构成该金融犯罪的共犯。

二 内外勾结型金融共同犯罪

金融犯罪中，大量存在内部人员（身份犯）与外部人员（非身份犯）共同勾结实施金融犯罪的行为。如保险诈骗罪中，保险公司的工作人员与投保人、受益人、被保险人内外勾结诈骗保险金的；贷款诈骗罪中，金融机构内部人员与外部人员勾结，使用伪造的票据诈骗贷款的；信用证诈骗罪中，金融机构内部人员与外部人员勾结，使外部人员骗取得到金融机构开立的信用证的；洗钱罪中，金融机构内部人员和外部人员勾结，共同洗钱的；操纵证券、期货市场罪中，证券、期货从业人员利用信息优势，外部人员利用资金、持股优势或持

---

① 张明楷：《刑法学》（第四版），法律出版社2011年版，第707页。

仓优势，共同操纵证券、期货市场价格或交易量的，等等。

对于这种内外勾结型的金融犯罪，如何处理？理论上存在争议。主要有以下观点：（1）分别定罪说，该说认为，在此情形下，此行为人与彼行为人的身份所蕴含的职权不同，行为人不可能利用共同职务上的便利，因此不能构成共同实行犯，应当分别定罪。①（2）正犯性质决定说，认为在上述行为中，共犯的性质决定于实行犯的实行行为的性质，②因此，如果机构内部人员是实行犯，则全体犯罪人以贪污罪或职务侵占罪等定罪处罚，如果外部人员是实行犯，责任全体犯罪人以保险诈骗罪、信用证诈骗罪、贷款诈骗罪等来定罪。（3）主犯性质决定说。认为内外勾结或两种以上身份者勾结实施的共同犯罪的性质，应以主犯实施的行为性质予以确定。保险公司的工作人员与投标人、被保险人、受益人等勾结共同犯罪的，如何定罪依照他们在共同犯罪中谁是主犯来确定。（4）职务利用说。认为应依行为人的行为是否利用有身份者的职务之便来定罪，如果利用了有身份者的职务之便，对行为人都应定有身份者的犯罪，否则，应该分别定罪。③（5）特殊身份实行说。认为如果有特定身份者实施了实行行为时，一般情况下应以该特定身份者才能构成的金融犯罪定性；如果有特定身份者未实施实行行为时，则应以无特定身份者的金融犯罪性质定罪。例如，无特定身份者与证券交易所、期货交易所、证券公司、期货经纪公司的从业人员，证券业协会、期货业协会或者证券监督管理部门的工作人员勾结诱骗投资者买卖证券、期货合约，是以编造并传播证券、期货交易虚假信息罪定罪，还是以诱骗投资者买卖证券、期货合约罪定罪？该学者认为，对这一问题必须分情况对待。假如无特定身份者与特定身份券业协会、期货业协会或者证券监督管理部门的工作人员故意实施了提供虚假信息或者伪造、变造、销毁交易记录行为的，对于无特定身份者也应以诱骗投资者买卖证券、期货合约罪定

---

① 陈兴良：《共同犯罪论》，中国社会科学出版社 1992 年版，第 354 页。
② 马克昌主编：《犯罪通论》，武汉大学出版社 1999 年版，第 583—584 页。
③ 薛瑞麟主编：《金融犯罪再研究》，中国政法大学出版社 2007 年版，第 416 页。

罪。这一精神在最高人民法院《关于审理贪污、职务侵占案件如何认定共同犯罪几个问题的解释》中已有体现："行为人与国家工作人员勾结，利用国家工作人员的职务便利，共同侵吞、窃取、骗取或者以其他手段非法占有公共财物的，以贪污罪共犯论处。"而如果证券交易所、期货交易所、证券公司、期货经纪公司的从业人员，证券业协会、期货业协会或者证券监督管理部门的工作人员没有实施提供虚假信息或者伪造、变造、销毁交易记录行为，则对有关行为人只能以编造并传播证券、期货交易虚假信息罪认定。① （6）区分内部人员的决定权限分别认定说。如有学者指出："内外勾结使用伪造、变造的票据的，需要根据诈骗罪的构造得出结论。票据诈骗罪的成立要求有受骗者，受骗者要么是占有财产的人，要么是虽然没有占有财产却对财产具有处分权限或地位的人。如果一个案件中根本没有受骗者，就不可能成立票据诈骗罪。因此，一般公民与银行内部具有财产处分权限的人相勾结，使用伪造的票据从银行取得财产的，由于没有受骗者，不能认定为票据诈骗罪，而应认定为贪污罪或职务侵占罪的共同犯罪。一般公民与银行内部不具有财产处分权限的人相勾结，使用伪造的票据从银行取得财产的，由于存在受骗者，成立票据诈骗罪；但该行为同时成立贪污罪或者职务侵占罪的共同犯罪时，应以重罪的共同犯罪论处。"② 认为：一般公民与金融机构负责贷款的全部人员串通，以非法占有为目的获取贷款的，不成立贷款诈骗罪，应认定为贪污、职务侵占等罪的共同犯罪。一般公民与金融机构的贷款最终决定着串通，虽然可能欺骗了信贷员与部门审核人员，但作为处分行为的人并没有陷入认识错误，故不成立贷款诈骗罪，应视有无非法占有目的与行为性质，认定为贪污、职务侵占、违法发放贷款等罪的共同犯罪。一般公民与金融机构的信贷员或者部门审核人员串通，以非法占有为目的，共同欺骗分管领导等具有处分决定权的人员，使后者产生认识

---

① 刘宪权：《共同金融犯罪若干理论问题研究》，《华东政法大学学报》2007年第3期。

② 张明楷：《刑法学》（第四版），法律出版社2011年版，第710页。

错误并核准贷款的,触犯了贪污罪(或职务侵占罪)与贷款诈骗罪,应以重罪的共同犯罪论处。①

本书认为:

第一种分别定罪说,不符合刑法的平等性原则。我国刑法中,无身份者可以和有身份者共同构成有身份者的职务犯罪,因此承认职务行为的廉洁等义务对无身份共犯人的约束性。在这种情况下,无身份者与有身份者实施相同的行为,负有相同的义务,二者分别定罪,显然不符合刑法的平等性。

第二种正犯行为决定说,在司法认定中具有不可克服的困难。由于实践中存在共同正犯,尤其当无法区别共同正犯人行为主次时,正犯决定说无法解决定罪问题。而且在实践中,当存在身份犯实施的行为和非身份犯实施的行为不同,而二者都对对方行为存在共同故意,并且二者行为存在牵连关系时,按照身份者行为定罪,身份者就是正犯;按照非身份者行为定罪,非身份者就是正犯,此时逻辑正好相反,不是根据正犯定罪,而是根据所定罪名确定正犯,显然正犯行为决定说存在困难。

第三种主犯性质决定说,也存在司法认定的困难。当多人共同犯罪,存在两个以上主犯,但两个主犯身份不同时,该说无法定罪。

第四种职务利用说也存在矛盾。身份犯和非身份犯都有职务时,无法认定。如国有企业中国家工作人员和非国家工作人员,各自利用职务之便共同侵吞企业财产,按照该说无法认定。

第五种特殊身份实行说的观点无法区分以下情况,如银行工作人员和投保人勾结诈骗方法,银行工作人员明知投保人意欲进行保险诈骗而违反规定为其出具保函、票据等金融票证,投保人以此虚构的保险标的骗取保险金的。二人行为都属于身份犯,都实施了某罪的实行行为,这种情况,按照特殊身份实行说,无法区分。而且该说所认为的最高人民法院《关于审理贪污、职务侵占案件如何认定共同犯罪几

---

① 张明楷:《诈骗罪与金融诈骗罪研究》,清华大学出版社2006年版,第435页以下。

个问题的解释》中已有体现:"行为人与国家工作人员勾结,利用国家工作人员的职务便利,共同侵吞、窃取、骗取或者以其他手段非法占有公共财物的,以贪污罪共犯论处。"这一规则体现了特殊身份实行说的立场,该判断依据不足。该规则同样可以用来作为职务利用说的依据。而且也可以用来作为本书立场的根据。

第六种区分内部人员的决定权限分别认定说的立场也存在不足。首先,依据该立场,在司法实践中判断内外勾结问题,会陷入烦琐的涉案人员职权范围判断的泥潭,司法实践中,很多公司、企业尤其国有企业中行为人的职权并不十分明确,依据其职权范围情况判断犯罪的性质,司法实践很难操作。而且由于管理实践中越权现象和互相推诿现象多见,内部人员一旦超越职权实施参与犯罪的行为,且该越权行为被单位内部所认同,该行为人的行为性质以及实施的犯罪的性质,根据该说无法确定。其次,该说混淆了单位意志和单位中的自然人意志。认为"一般公民与银行内部具有财产处分权限的人相勾结,使用伪造的票据从银行取得财产的,由于没有受骗者,不能认定为票据诈骗罪",显然是将银行内部具有处分权的人与单位意志相混淆。按照这种逻辑,如果内部职员意志即可认定为单位意志,那么单位有决策权的人员共同实施贪污罪或职务侵占罪即可认为是单位赠与行为,因而不构成犯罪。国有公司全部决策人员共同决定私分国有资产的,岂不是按照公司意志实施的结果,岂不是国有公司对该私分者的赠与,从而无罪?这显然不成立。所以单位意志不同于自然人意志。单位内部决策者的同意也可以认为违反单位意志,所以内外勾结可以成立共同对单位诈骗罪,同时又成立职务犯罪,两罪想象竞合。贷款诈骗罪即是,保险诈骗罪也是。

本书因而主张想象竞合说,内外勾结型金融犯罪,实际上是共犯人想象地竞合了内部人员犯罪和外部人员犯罪两个罪名。依照从一重处罚原则,双方应按照较重罪名的共同犯罪处理。本书的观点,与最高人民法院《关于审理贪污、职务侵占案件如何认定共同犯罪几个问题的解释》中关于该问题的立场是一致的。

第二节　金融犯罪中的罪数问题

金融犯罪的罪数理论，成为实践中重要而疑难的问题。在罪数理论上，根据犯罪构成标准说，将罪数不典型的情况区分为多种类型，包括想象竞合犯、法条竞合犯、加重犯、继续犯、结合犯、连续犯、牵连犯、吸收犯等。本节主要探讨在金融犯罪认定中的几种常见、易混的类型。

一　金融犯罪中的法条竞合与想象竞合

法条竞合是指一个行为同时符合了数个法条规定的犯罪构成，但从数个法条之间的逻辑关系来看，只能适用一个法条，当然排除适用其他法条的情况。① 法条竞合产生的原因是由刑法错综复杂的规定所致，而不是犯罪的竞合，不存在两个犯罪事实。在金融犯罪中，由于法益之间的包容性或交叉性，或者由于对同一法益有不同的侵害行为，刑法因而从不同行为角度立法，因此存在较多的法条竞合。法条竞合有包容竞合和交叉竞合之别，二者处理方式不同。

如诈骗罪与集资诈骗罪，后者侵犯的法益被前者包容，集资行为也被诈骗行为包容，因此成立包容竞合关系，集资诈骗罪为诈骗罪所包容。如某甲实施集资诈骗行为，虽然只实施一罪，但符合上述两个罪的犯罪构成，根据包容竞合的处理方式，即特别法条优于普通法条，某甲按照集资诈骗罪处理。

又如刑法第171条第1款的购买假币罪与该条第2款的金融工作人员购买假币罪之间也存在包容的关系，是基于犯罪主体的包容性而形成的法条竞合，金融工作人员购买假币的，按照特殊法条即金融工作人员购买假币罪处理。

而在合同诈骗罪与票据诈骗罪之间则存在交叉竞合关系。刑法第224条规定的合同诈骗罪中，包括"以伪造、变造、作废的票据或者

---

① 张明楷：《刑法学》（第四版），法律出版社2011年版，第418页。

其他虚假的产权证明作担保"的行为,这与票据诈骗罪中的"明知是伪造、变造的汇票、本票、支票而使用的"以及"明知是作废的汇票、本票、支票而使用的"的行为方式存在交叉。当行为人在签订、履行合同过程中使用伪造、变造、作废的票据,骗取对方当事人财物的,同时触犯了合同诈骗罪与票据诈骗罪。

在票据诈骗罪与贷款诈骗罪之间也存在交叉关系。当行为人是伪造、变造、作废的汇票、本票、支票作为证明文件诈骗贷款时,构成票据诈骗罪,同时构成刑法第193条规定"使用虚假的证明文件"诈骗贷款的行为。另外,保险诈骗罪与职务侵占罪之间、保险诈骗罪与贪污罪之间也存在法条竞合。刑法第183条第1款"保险公司的工作人员利用职务上的便利,故意编造未曾发生的保险事故进行虚假理赔,骗取保险金归自己所有的,依照本法第271条的规定定罪处罚"。第2款"国有保险公司工作人员和国有保险公司委派到非国有保险公司从事公务的人员有前款行为的,依照本法第382条、第383条的规定定罪处罚"。这两款的规定,不仅承认了再保险诈骗罪与职务侵占罪、保险诈骗罪与贪污罪之间的法条竞合关系,而且规定了处理方式。

实践中,应注意区分法条竞合犯和想象竞合犯,二者量刑规则不同,严格区分二者具有实质意义。法条竞合犯因为行为人仅仅实施了一行为,竞合是由于刑法规定本身而非行为人行为导致,所以仅仅按照其中一罪依法处理——一般按照特殊法由于一般法原则处理,例外情况下优先适用重法。而想象竞合犯由于存在数个危害结果甚至数个罪过,因此应当按照其中处罚重的罪定罪并且从重处理。想象竞合犯是理论上的不典型情况,在我国立法中并没用实际规定,金融犯罪中的想象竞合犯较少见。常见的有刑法第196条第3款规定的"盗窃信用卡并使用的,依照本法第264条规定定罪处罚"。此处,行为人貌似有两个罪过,出现两个结果,但是,行为人的行为实际上仅仅一次侵害了一个法益,因此只能认定为一个行为,虽貌似符合两个罪名,其实仅仅构成一罪,这就是想象竞合犯的情况。有学者认为,非法获取证券交易内幕信息的行为人,又与他人通谋,以事先约定的时间、价格和方式进行交易,从而操纵证券交易价格,其行为成立泄露内幕信息罪与操纵证券交易价格罪的想象竞合犯。① 该观点有待商榷,想象竞合犯是一行为犯,而此处行为人显然实施了泄露内幕信息和操纵证券市场两个独立的行为,实际上属于牵连犯的情况,不是想象竞合犯。

二 金融牵连犯与金融吸收犯

牵连犯与吸收犯关系复杂,容易混淆。如刑法第171条第3款规定:"伪造货币并出售或者运输伪造货币的,依照本法第170条的规定定罪从重处罚。"对于此处,到底是吸收犯、结合犯还是牵连犯,争论颇多。有学者认为此处属于结合犯,认为"此乃伪造货币罪与出售、运输假币罪的结合,公式示意:伪造货币罪+出售、运输假币罪=伪造货币罪从重处罚"。② 也有观点认为,此种情形属于吸收犯,认为"行为人伪造货币后,又出售、运输、使用的,属于吸收犯,按照伪造货币罪从重处罚"。③ 还有观点认为此处属于牵连犯,认为本款"是针对行为人伪造货币后,又出售或运输该伪造的货币而言的,这体现了对牵连犯从一重处罚的原则"。④ 笔者认为,该款属于吸收犯的情况,不属于牵连关系,更不是结合犯。

从犯罪构成上来讲,牵连犯和吸收犯都是实质的数罪而按一罪处理的情况,但二者数罪之间关系不同。牵连犯的数罪之间存在目的行为和手段行为或原因行为与结果行为的牵连关系,牵连犯的处罚原则是从一重处罚,或者从一重从重处罚,在实际案件中,可能选择按照目的行为或结果行为定罪,也可能按照手段行为或原因行为定罪,选择的根据并非牵连罪之间在行为之前的本质联系,而是基于行为人的

---

① 杨月斌:《金融犯罪之罪数认定及其处罚原则刍议》,《现代财经》2006年第11期。

② 同上。

③ 王作富主编:《刑法分则实务研究》(第三版),中国方正出版社2007年版,第446页。

④ 同上。

行为所产生的牵连罪之间的孰轻孰重。比如为了偷鱼而将整个鱼塘的鱼炸死的情况，此处盗窃行为和破坏生产经营行为并不存在先天的必然联系和轻重比较，而是行为人的行为将二者联系在一起，而且由于行为人的具体行为，产生了在具体案件中的轻重比较，根据案件的实际情况，可能按照盗窃罪处罚，也可能按照破坏生产经营罪处罚。吸收犯则不同，吸收犯的数罪，存在天生的特殊关系，比如盗窃枪支和非法持有枪支两个犯罪之间，天生存在特殊联系，对同一枪支而言，非法持有枪支行为必然被盗窃枪支所吸收。这是由于，后者并没用单独侵害另一法益，而与前行为侵害了同一法益，此种情况属于吸收犯中发展犯的情况。所谓发展犯，是指针对同一法益的犯罪，根据其阶段性的发展形态，被设计为复数的犯罪类型的情形。① 就伪造货币罪和出售、运输假币罪而言，从行为上看，两种行为之间存在行为人不可选择的轻重关系，只要针对同一假币，无论行为人怎样实施，都只能构成伪造货币罪，从法益侵害角度，出售、运输假币罪与伪造货币罪侵害同一法益，是对伪造货币法益的发展性侵害，从立法上看，刑法第171条第三款专门规定在行为人实施二者的情况下按照伪造货币罪论处，而不是规定根据案件情况从一重论处，这实际上也表明对此处作为吸收犯处理的立法态度。

　　类似的情况是，在伪造货币罪和持有、使用假币罪之间也存在吸收关系。持有先前伪造的货币，属于吸收犯中不可罚的事后行为，不是发展犯；使用先前伪造的货币和前述出售、运输假币罪一样，属于吸收犯中的发展犯；而在出售、购买、运输假币罪与持有假币罪之间，吸收关系更加明显。需要注意的是，上述吸收犯存在的前提是针对同一假币，即针对同一法益。如果行为人既伪造货币，又出售或运输他人伪造的货币，由于是针对不同法益的独立二行为，不成立吸收犯，应按伪造货币罪和出售、运输假币罪，或持有、使用假币罪数罪并罚。

　　金融犯罪中容易混淆的牵连犯是行为人自己实施伪造、变造行为

---

① 张明楷：《刑法学》（第四版），法律出版社2011年版，第432页。

然后进行诈骗的情况，如伪造变造国家有价证券罪与有价证券诈骗罪之间的牵连，如果行为人自己伪造、变造国库券或者国家发行的其他有价证券然后用自己伪造的有价证券进行诈骗活动的，两个行为独立成罪，侵害法益不同（前者侵害金融管理秩序，后者侵害他人财产权），而且两者不存在实质上的吸收关系，伪造行为与诈骗行为难以确定谁吸收谁，因此应成立牵连犯，属于目的行为和手段行为的牵连，应当按照其中较重的罪从重处罚。类似情况，还有伪造、变造金融票证罪与票据诈骗罪之间的牵连犯，伪造、变造金融票证罪与金融凭证诈骗罪之间的牵连犯，伪造、变造金融票证罪与信用卡诈骗罪之间的牵连犯，伪造变造金融机构经营许可证罪与擅自设立金融机构罪之间的牵连犯等。

牵连犯一般按照一罪处理。但是由于牵连犯是实质上的数罪，而且牵连数罪有时候法益侵害性差别不大，也存在法律例外规定按照数罪处理的情况。如刑法第198条规定："对投保人、被保险人故意造成财产损失的保险事故、骗取保险金，或投保人、受益人故意造成被保险人死亡、伤残或疾病，骗取保险金，同时构成其他犯罪的，依照数罪并罚的规定处罚。"

三 金融犯罪中的结合犯

上述171条第三款规定的情况，当然更不可能是结合犯。结合犯的概念来自大陆法系。在日本，一般认为结合犯是分别可能构成一个犯罪的数个不同种类的行为，依照法律的规定被结合，构成特别的法律上的一罪的情况。① 也有将成为犯罪的加重情节与本罪相结合，构成本罪的加重情况的犯罪，也作为结合犯来说明。如板仓弘认为损坏拘禁场所、拘禁器具或者实施暴行胁迫与脱逃行为相结合，不构成毁坏器物罪与单纯脱逃罪的牵连犯，而成为加重脱逃罪。② 但是，之所以加重脱逃罪被认为毁坏器物罪和单纯脱逃罪的结合犯，原因是日本

---

① ［日］久礼田益喜：《日本刑法总论》，岩松堂1925年版，第418页。
② ［日］板仓弘：《新订刑法总论》，劲草书房1998年版，第359页。

刑法在脱逃罪之外单独规定了加重脱逃罪的条文和罪名——法律的特别规定，而不是在原罪名上的作为从重情节来规定。意大利刑法学者存在将加重犯理解为结合犯的情况，① 但是，即使在意大利刑法中，两行为的结合也是以一个独立的条文以加重犯而不是从重情节的形式来规定的。

　　为什么刑法要规定结合犯？纵观日本刑法典第240条、第241条与第177条、第204条、第205条，又观意大利刑法典第625条，我们发现，在日本、意大利整体轻刑化的刑法典中，结合犯是作为重刑的特例出现的。在日本刑法中，对于强盗强奸行为，如果按照强盗强奸罪（无期或者七年以上惩役），要比按照强盗罪（五年以上有期惩役）和强奸罪（二年以上有期惩役）数罪并罚，处罚明显加重。② 在意大利刑法典中，侵犯住宅并盗窃的行为，如果按照第625条作为盗窃罪的加重情节处罚（1年至6年有期徒刑和20万里拉至200万里拉罚金），也要比按照第624条盗窃罪（3年以下有期徒刑和6万至100万里拉罚金）和第614条（3年以下有期徒刑）并罚要重。③ 为什么要通过结合犯的形式来加重刑罚呢？比较西方的结合犯和我国的加重犯我们发现，结合犯的前提是行为人侵害两个法益，而我国的加重犯往往是侵害一个法益，尤其在数额犯的情况下，仅仅根据犯罪数额就法定加重其刑罚明显反映出我国刑法的重刑品格和过度客观化品格。意大利刑法中，普通盗窃罪最高三年有期徒刑，这和我国盗窃罪根据数额最高判处无期徒刑相比，立法思路显然不同。其差别在于，日本、意大利刑法中，反对重刑已经成为学者和立法的共识，加重刑罚是一个慎而又慎的问题，像我国刑法这样大量规定加重犯将会被作为重刑刑法遭到批判的。只有当行为人侵害的不仅仅是一个法益而是两个法益的，并且行为的结合出典型的严重危害社会的情况下（如入室盗窃的法益侵害性，明显比单纯的实施盗窃又实施侵入住宅严重得

---

① ［意］杜里奥·帕瓦多尼：《意大利刑法学原理》（注评版），陈忠林译评，中国人民大学出版社2004年版，第425页。

② 《日本刑法典》（第2版），张明楷译，法律出版社2006年版。

③ 《意大利刑法典》，黄风译，中国政法大学出版社1998年版。

多，二者的结合使得两个行为的法益侵害性飙升，远远超出两个法益侵害性的简单相加之和），刑法才用特殊条文的形式规定加重其刑，这就是结合犯。而在我国，即使行为人仅仅侵害一个法益，一旦出现特殊情节，或者特殊结果，或者更大数额，刑法即法定加重其刑罚。这反映了我国刑法的重刑色彩仍然比较明显，同时也反映了我国刑法试图通过高度客观化的方法减少法官裁量权的立法意图。综上所述，结合犯是作为对刑罚加重的约束出现的，约束的方法就是通过法益这一概念，要求只有当行为另外侵害其他法益时，刑法才能规定加重犯。因此，结合犯的关键特征，在形式上是法定的加重刑，在实质上是行为侵害两个法益，且行为结合导致法益侵害性明显上升、高于普通的数罪的法益侵害性。有学者认为，结合犯的特征在于其独立性和法定性，该学者将刑法第171条第三款伪造货币罪从重处罚认为是伪造货币罪与出售运输假币罪的结合，将刑法第196条第三款盗窃信用卡并使用的情况认为是盗窃罪和信用卡诈骗罪的结合，这些观点都是值得商榷的。①

也有学者认为，根据刑法第197条的规定，使用伪造、变造的国库券或者国家发行的其他有价证券，进行诈骗活动，数额较大的，构成有价证券诈骗罪，这是伪造、变造国家有价证券罪与诈骗罪结合成有价证券诈骗罪。② 笔者认为，这是法条竞合犯的典型情况。此处行为人使用伪造、变造的有价证券的行为即是诈骗行为本身，行为人只实施了一个行为，本质上只构成一个罪，不存在两个独立的行为，更不存在两个独立的犯罪的结合。只不过由于有价证券诈骗罪与诈骗罪存在法条的包容关系，才使行为人的行为看上去符合了这两个罪而已。

上述不典型的情况，除法定按照数罪处理的以外，理论上都按照一罪处理。但是，尽管都是按照一罪处理，可是原因各有不同，在量

---

① 刘宪权、卢勤忠：《金融犯罪理论专题研究》，复旦大学出版社2002年版，第148—163页。
② 杨月斌：《金融犯罪之罪数认定及其处罚原则刍议》，《现代财经》2006年第11期。

刑时就应该结合其不典型的性质，考虑仅仅从一重罪处理，还是从一重罪从重处理，还是按照特别犯优于普通犯的原则处理。详细区分这些情况，有利于正确定性、合理量刑。

实际上，上述区分仅仅是在定罪阶段的静态区分。如果在刑事司法的动态过程中来看，问题要复杂得多。比如在起诉阶段，在罪数模糊的情况下，罪数的确定显然不是仅仅根据哪个罪重按哪个罪起诉，上述从一重论处、特别犯优于普通犯等原则，是基于当两个罪的追诉难度相同而且证据同样确实充分的前提下的考量。实际上，如果两个罪的追诉难度不同，追诉成本不同，证明难度不同，那么，按照哪个罪起诉，便是个问题。这需要仔细考察竞合（牵连等）各罪的构成条件，结合罪数规则和各罪的证明难度选择按哪个罪起诉。

第三章 破坏金融市场信用的犯罪

第一节 破坏货币信用的犯罪

一 刑法对货币犯罪的规定

货币是固定地充当一般等价物的特殊商品，具有以下五种职能：①价值尺度，即表现和衡量商品价值大小的职能；②流通手段，即在商品流通中充当交换媒介；③贮藏手段，即货币退出流通领域时，被人们当作独立的价值形态和社会财富的一般代表保存起来的职能；④支付手段，即货币不是作为交换的媒介，而是作为价值的独立运动形式进行单方面转移时，如在偿还债务或做其他手段支付时，即承担支付手段职能；⑤世界货币，即当商品流通超越国界，扩大到世界范围时，货币在国际市场上充当一般等价物，即执行世界货币职能。

由于货币在经济中如此重要的作用，自古以来各国无不重视货币的发行和流通，制定并不断完善严格的货币制度，维护币值的稳定和货币的信用，保障市场秩序和经济安全。货币犯罪因而是各国经济犯罪之首要，自古以来就受到严厉的打击。我国古代各朝代，多规定私自铸币处以死刑，如汉武帝时规定"盗铸诸金钱，罪皆死"，北周时规定"私铸者绞，从者远配为户"，宋朝交子票面即印有"伪造交子，犯人处斩"的字样，元宝钞票面也印有"伪造钞者处死"的字样，等等。即使对于其他犯罪，刑罚也非常严厉，如明代规定，如将铜钱剪错薄小，取铜以求利者，杖一百；大清律规定，剪钱边界为绞临候，并限期收缴私钱。

新中国历来重视货币犯罪的惩治，1951年4月就中央人民政府就规定了《妨害国家货币治罪暂行条例》，规定"对以反革命为目的伪造国家货币者，其首要分子或情节严重者处死刑，情节较轻者处无期徒刑或15年以下7年以上徒刑，并没收其财产之全部或一部"，"意图营利而伪造国家货币者，其首要分子或情节严重者处死刑、无期徒刑，其情节较轻者处15年以下3年以上徒刑，均得没收其财产之全部或一部"。1955年国务院《关于发行新的人民币和收回现行的人民币的命令》、1957年国务院《关于发行金属分币的命令》中，均重申伪造货币按照《妨害国家货币治罪暂行条例》处理。1979年刑法典第122条规定"伪造国家货币或者贩运伪造的国家货币的，处三年以上七年以下有期徒刑，可以并处罚金或者没收财产。犯前款罪的首要分子或者情节特别严重的，处七年以上有期徒刑或者无期徒刑，可以并处没收财产"。1979年以后，我国国民经济蓬勃发展，货币在市场中的作用愈发重要，1997年刑法增加了若干货币犯罪罪名，完善了货币犯罪的刑法体系。

目前，我国刑法中货币犯罪的规定有：

第一百七十条　【伪造货币罪】伪造货币的，处三年以上十年以下有期徒刑，并处五万元以上五十万元以下罚金；有下列情形之一的，处十年以上有期徒刑、无期徒刑或者死刑，并处五万元以上五十万元以下罚金或者没收财产：

（一）伪造货币集团的首要分子；

（二）伪造货币数额特别巨大的；

（三）有其他特别严重情节的。

第一百七十一条　【出售、购买、运输假币罪】出售、购买伪造的货币或者明知是伪造的货币而运输，数额较大的，处三年以下有期徒刑或者拘役，并处二万元以上二十万元以下罚金；数额巨大的，处三年以上十年以下有期徒刑，并处五万元以上五十万元以下罚金；数额特别巨大的，处十年以上有期徒刑或者无期徒刑，并处五万元以上五十万元以下罚金或者没收财产。

【金融工作人员购买假币、以假币换取货币罪】银行或者其他金融机构的工作人员购买伪造的货币或者利用职务上的便利，以伪造的货币换取货币的,处三年以上十年以下有期徒刑,并处二万元以上二十万元以下罚金;数额巨大或者有其他严重情节的,处十年以上有期徒刑或者无期徒刑,并处二万元以上二十万元以下罚金或者没收财产;情节较轻的,处三年以下有期徒刑或者拘役,并处或者单处一万元以上十万元以下罚金。

【伪造货币罪】伪造货币并出售或者运输伪造的货币的,依照本法第一百七十条的规定定罪从重处罚。

第一百七十二条 【持有、使用假币罪】明知是伪造的货币而持有、使用,数额较大的,处三年以下有期徒刑或者拘役,并处或者单处一万元以上十万元以下罚金;数额巨大的,处三年以上十年以下有期徒刑,并处二万元以上二十万元以下罚金;数额特别巨大的,处十年以上有期徒刑,并处五万元以上五十万元以下罚金或者没收财产。

第一百七十三条 【变造货币罪】变造货币,数额较大的,处三年以下有期徒刑或者拘役,并处或者单处一万元以上十万元以下罚金;数额巨大的,处三年以上十年以下有期徒刑,并处二万元以上二十万元以下罚金。

第一百五十一条 【走私假币罪】走私武器弹药核材料或者伪造的货币的,处五年以上有期徒刑,并处罚金或者没收财产;情节特别严重的,处无期徒刑或者死刑,并处没收财产;情节较轻的,处三年以上七年以下有期徒刑,并处罚金。

二 国外货币犯罪的罪名体系

我国刑法中的货币犯罪,共有伪造货币罪、出售购买运输假币罪,金融工作人员购买假币、以假币换取货币罪变造货币罪,持有、使用假币罪,变造货币罪,走私假币罪六个罪名。其中前五个罪名规定在破坏金融管理秩序罪中,走私假币罪规定在走私罪中。

与我国相比,国外刑法往往设置类似罪名,但有所差别。如《德国刑法典》中的货币犯罪包括伪造货币罪、使用伪币罪、预备伪造货币及印花税票罪;①《法国新刑法典》规定的货币犯罪有伪造、变造货币罪，运送、使用、持有货币罪，伪造变造不再具有法定价值的货币罪，使用未经批准的货币罪，非法使用、持有专用于制造货币的材料、工具罪，制造、出售、发行与假币相似的物品、印刷品、样票罪，取得假币后知情使用罪。②《意大利刑法典》规定的货币犯罪有伪造货币罪，预先通谋的花用和向国内引入伪造的货币罪，变造货币罪，未经通谋花用和引入伪造的货币罪，花用善意接收的伪造货币罪，制造或持有用于伪造货币、印花或水印纸的水印或工具罪。③《俄罗斯联邦刑法典》规定的货币犯罪有伪造货币或有价证券或销售伪造的货币或有价证券罪。④《瑞士联邦刑法典》规定的货币犯罪有伪造货币罪、变造货币罪、使伪造之货币参与流通罪、无伪造目的之伪造纸币、硬币或有价证券罪，输入、购得、储存伪币罪。⑤《奥地利联邦共和国刑法典》规定的货币犯罪有伪造货币罪、传播伪造或变造的货币罪、降低硬币币值和传播降低币值的硬币罪、获取、藏匿或交易硬币废料罪，传播假币或降低币值的硬币罪。⑥《日本刑法典》中的货币犯罪有：伪造货币罪、行使伪造的货币罪、取得伪造的货币罪。⑦《韩国刑法典》中的货币犯罪包括伪造、变造大韩民国通货罪，伪造变造流通于国内的外国通货罪，伪造变造流通于国外的外国通货罪，取得伪造通货罪，取得伪造通货后知情使用罪，制造、输入、输出通货类似物品罪，贩卖通货类似物品罪。⑧《泰国刑法典》中规定的货币犯罪有伪造货币罪，变造货币罪，非法减少硬币重量罪，输入非法减损的硬币罪，行使、持有非法减损的硬币罪，输入假币罪，持

---

① 《德国刑法典》，徐久生、庄敬华译，2000年版，第133页。
② 《法国新刑法典》，罗结珍译，中国法制出版社2003年版。第179页
③ 《意大利刑法典》，黄风译，中国政法大学出版社1998年版，第135页。
④ 《俄罗斯联邦刑法典》，黄道秀译，北京大学出版社2008年版，第93页。
⑤ 《瑞士联邦刑法典》，徐久生、庄敬华译，中国方正出版社2004年版，第75页。
⑥ 《奥地利联邦共和国刑法典》，徐久生译，中国方正出版社2004年版，第91页。
⑦ 《日本刑法典》，张明楷译，法律出版社1998年版，第161页。
⑧ 转引自周振想主编《金融犯罪的理论与实务》，中国人民公安大学出版社1998年版，第563页。

有假币罪，取得假币后知情使用罪，制造、持有伪造货币的器械、原材料罪，伪造、处分通货类似物品罪。①

三 我国货币犯罪的行为对象

我国刑法规定的货币犯罪的对象有两种，一是货币，二是伪造的货币。前者是伪造货币罪和变造货币罪的犯罪对象，后者是出售、购买、运输假币罪，金融工作人员购买假币、以假币换取货币罪，持有、使用假币罪，以及走私假币罪的犯罪对象。

变造的货币，是否属于货币犯罪的对象？我国刑法第151条、第171条、第172条均明文规定犯罪对象是"伪造的货币"，因此我国通说认为，出售、购买、运输假币罪、金融工作人员购买假币、以假币换取货币罪、持有、使用假币罪、走私假币罪的犯罪对象均为伪造的货币，不包括变造的货币。② 因此，如行为人自己变造货币的，构成变造货币罪，出售、购买、运输、走私他人变造的货币，或者金融工作人员购买变造的货币、以变造的货币换取货币的，均不构成第151条、第171条和第172条的犯罪。

国外刑法典中，有的将变造的货币和伪造的货币同样作为取得、行使、输出入假币犯罪的对象。如日本刑法典第148条第二款规定："行使伪造或者变造的货币、纸币或者银行券，或者以行使为目的，将伪造或者变造的货币、纸币或者银行券交付他人或者输入的，与前项同。"德国刑法典第146条规定以供流通之用获取、使用伪造或者变造的货币的，构成伪造货币罪，第147条使用伪币罪规定，或者其他使用伪造、变造的货币，均构成犯罪。

有学者指出，"伪造"一词的含义具有相对性，虽然第170条之对象不包括变造的货币，但第171条、第172条、第151条规定的犯罪对象"伪造的货币"均应解释为也包括变造的货币，理由在于：

---

① 《泰国刑法典》，吴光侠译，中国人民公安大学出版社2004年出版，第51页。

② 参见高铭暄、马克昌主编《刑法学》（第五版），北京大学出版社、高等教育出版社2011年版，第401页；张明楷《刑法学》（第四版），法律出版社2011年版，第678页；阮齐林《刑法学》（第三版），中国政法大学出版社20011年版，第405页

第一，从立法沿革上讲，1995年《决定》规定变造货币罪之前，1982年全国人大常委会法工委在答复中国人民银行询问时，指出变造货币罪需要判刑的可以按照伪造货币罪处罚。因此，伪造货币本来包括变造货币。第二，使用假币罪的最高刑为15年有期徒刑，而诈骗罪最高刑为无期徒刑，如果将使用变造的货币以诈骗罪论处不以使用假币罪论处，会导致刑罚适用的明显不协调。第三，伪造的货币和变造的货币往往难以认定，当无法认定为伪造的货币时，如果再不符合诈骗罪的要件，那么处分变造货币的行为就会被认定为无罪，而认定为无罪的结论显然不利于打击假币犯罪。① 本书认为，1982年时，罪刑法定原则尚未确立，而类推适用原则依然存在，所以全国人大法工委作出可以按照伪造货币罪处罚变造货币行为的答复，但是，由于1995年《决定》明确规定了变造货币罪，所以1982年答复所解决的问题被1995年《决定》所解决，因此，不能以1982年答复来解释1995年之后的立法。另外，法的解释应遵循法的协调性原则，法的协调性要求相同的词语作相同理解，不同的词语作不同的理解，对货币犯罪而言，条文前后紧挨，而对其中的语言作不同的解释，显然是没有根据的。再有，不能为了对某种行为必须定罪而曲解法律，这是罪刑法定原则的应有之义。如果行为人使用的货币，无法认定属于伪造还是变造，那么应该按照使用假币罪和诈骗罪中处罚较轻的处理，当无争议。实际上，变造的货币仍然存在货币原样，而伪造的货币不存在货币原样，二者区分并不困难，不可能存在有的大量货币无法区分到底是伪造还是变造的情况。

也有学者提出，立法上应将变造的货币作为上述第151条、第171条、第172条犯罪的对象，以断绝变造货币行为的"后路"。② 本书认为，变造货币行为技术复杂，且需以真货币为原本进行，所以变

---

① 杜文俊：《货币犯罪的法律适用探析》，《政治与法律》2011年第4期。
② 吴占英：《中德货币犯罪比较研究》，《刑法论丛》2012年第1卷。

造货币手段很难大量实施，① 变造的货币不可能像伪造的货币那样在市场上大量流通，惩罚出售、购买、运输、持有行为均无必要，变造货币罪的常见形态是自己变造、自己使用，即变造、持有、使用三行为往往合一，因此，处罚其中之一即可，由于变造货币罪实现的关键是变造货币成功，因此处罚变造货币行为即可，持有、使用变造的货币可以被变造货币行为吸收。假如存在使用他人变造的货币的情况，完全可以根据诈骗罪加以处罚。因此，并无将变造的货币也作为第151、第171、第172条之犯罪对象的必要。

伪造并不存在的货币，是否属于伪造假币罪？行为人自行设计制作出足以使一般人认为是货币的假货币，如面额为200元的人民币，或者自行设计制作假外币。是否构成伪造货币罪？对此，最高院2010年10月20日《关于审理伪造货币等案件具体应用法律若干问题的解释（二）》第1条规定："仿照真货币的图案、形状、色彩等特征非法制造假币，冒充真币的行为，应当认定为刑法第一百七十条规定的'伪造货币'。"依此，制造无对应真货币的假币，不构成伪造假币罪。但我国有学者认为"一方面，这一规定并不是伪造货币的定义；另一方面，该规定也没有否认无对应真币的伪造行为成立伪造货币罪。因为，即使是无对应真币的伪造行为，也必须仿照真币的图案、形状、色彩等特征，否则，不可能足以使一般人误认为是货币"。② 本书认为，该司法解释明确确定了第170条"伪造货币"的定义，从字面意义上讲，并不存在该学者所说的逻辑缺陷，认为该司法解释并未排除无对应真货币的假币，难免牵强。但是，本书认为，刑法典第170条伪造货币罪的表述是"伪造货币的"，从该表述中并不能完全排除伪造没有对应真货币的假币以做通货使用的情况，上述《解释》（二）缩小了刑法典第170条中"伪造货币"的外延，该缩

---

① 如在北大法宝上搜索到的变造人民币的司法判例仅有三起，其中姚某变造货币案将37张百元面值的人民币变造为38张，罗丙申变造货币案涉案总金额为2250元，倪某某变造百元人民币58张。

② 张明楷：《刑法学》（第四版），法律出版社2011年版，第676页。

小解释显然是不当的。对此，法国刑法典和泰国刑法典的规定是可以借鉴的。法国刑法典明确区分了伪造、使用具有法定价值的钱币和银行券和与其类似的钱币、银行券和没有法定价值的钱币、货币符号三种情况。其第442-1条规定"伪造或变造在法国具有法定价值或者由法国或国际机构发行的具有法定价值之钱币或银行券的，处30年徒刑并科45000欧元罚金"。该法第442-4条规定"将任何未经批准、旨在取代法国具有法定价值之钱币或银行的符号投入流通的，处5年监禁并科75000欧元罚金"。第442-6条规定"制造、出售或发行与442-1条所指货币符号具有相似性的物品、印刷品或样票，足以使人按其所仿照之价值予以接受的，处1年监禁并科15000欧元罚金"。泰国刑法典第249条规定"伪造或者处分的纸币或者硬币，其特征与样式类似硬币、银行券、政府印发或者授权印发的货币，或者政府债券及其附属的利息债票的，处一年以下有期徒刑，并处或者单处二千铢以下罚金"。

本书认为，在政权稳定的情况下，类似法国刑法典第442-4条的情况不可能出现，而且伪造的无对应真币的货币，如与真币不相类似，也无法以假乱真，因此该情况在我国无立罪之必要。而法国刑法典第442-6条或泰国刑法典第249条的规定，具有借鉴价值。在我国刑法典没有明确规定"伪造货币"概念的情况下，吸收该两个国家的成功做法，将"伪造货币"解释为伪造具有法定价值的货币和伪造与具有法定价值的货币类似的货币两种情况，是可行的。

外国刑法典中，伪造货币还往往包括伪造银行券的行为。如上述法国刑法典第442-1条、泰国刑法典第240条、日本刑法典第148条等均规定，伪造货币包括伪造通用货币、纸币和银行券。而德国刑法典中伪造货币罪的对象类型更加广泛。德国刑法典第151条明文规定："下列有价证券，如为防止伪造而以特殊方法印制和选用特殊纸张印制的，视同第146条、第147条和第150条所指货币：1. 注明一定金额，可做支付手段的记名或不记名债券，2. 股票，3. 投资公司发售的股份证明，4. 第1项至第3项有价证券的利息、红利证明、延期证明及有关交付此类有价证券的保证书，5. 已印有一定票面金额的旅行支票。"土耳其刑法典也有类似规定。而按照我国最高院2000年9月8日《关于审理伪造货币等案件具体应用法律若干问题的解释》第7条之规定"本解释所称'货币'是指可在国内市场流通或者兑换的人民币和境外货币",显然我国刑法规定的货币不包括银行券。那么,是否有必要将"货币"扩大解释为包括"银行券"呢?本书认为,没有必要。我国货币发行制度和西方国家不同,我国实行人民银行集中统一垄断货币发行的货币发行制度,除人民银行可以发行人民币外,其他银行一概不可以发行用于流通的货币或者银行券,市场中的法定通货仅为人民币,人民币作为唯一法定流通货币的地位已经在民众心中确立,因此不可能有伪造其他银行货币或银行券的情况,也无打击伪造其他银行货币和银行券之必要。

我国刑法典中货币犯罪之"货币"既包括本国货币,也包括可在我国国内兑换的外国货币,刑法对本国货币和外国货币设立的罪名、罪状、法定刑完全相同。这一点,同德国类似。德国刑法典第152条规定:"第146条至第151条的规定,同样适用于外国货币、印花税票及有价证券。"也有国家对本国货币的犯罪和对外国货币的犯罪,法定刑有所差别,如日本刑法典第148条伪造和行使伪造的货币罪规定法定刑为无期或者三年以上惩役,而伪造和行使伪造的外国货币罪处二年以上有期惩役。在经济全球化、金融全球化的现代社会,在货币兑换自由的情况下,伪造本国货币和伪造外国货币,所产生的社会危害并无实质差别,将本国货币和外国货币差别立法,既违反公平保护的国际义务,也不利于保护本国货币信用的安全。

四 我国货币犯罪的行为方式

我国刑法典规定的货币犯罪的行为方式有两大类:第一类是以货币为对象的行为,包括伪造货币、变造货币两个行为;第二类是以假币为对象的行为,即出售、购买、运输、持有、使用、走私,金融工作人员购买假币、以假币换取货币的行为仅仅是购买假币、使用假币中的一种。

所谓"伪造",是指没有造币权限者,仿冒法定货币的样式制造足以使人误以为是真货币的货币。伪造要求伪造的假币在外观上应当足以使一般人误认为是真币即可，不要求与真币达到完全相同的程度，也无须达到足以欺骗专业人士的程度。

所谓"变造"，是指对真货币采用剪贴、挖补、揭层、涂改、移位、重印等方法加工处理，改变真币形态、价值的行为。广义上的伪造，也包括变造，但是由于我国刑法明确区分伪造、变造的概念，并专门规定了轻于伪造货币罪的变造货币罪，因此，本处的变造不同于伪造。变造货币的要点是以真币为基础的加工改制，用真币之外的材料非法制造货币的，是伪造，将钞票打成纸浆或将硬币融合成金属，然后用来制造假货币的，是伪造货币，不是变造货币。另外，按照《最高人民法院关于审理伪造货币等案件具体应用法律若干问题的解释（二）》第2条之规定，同时采用伪造和变造手段，制造真伪拼凑货币的行为，以伪造货币罪定罪处罚。

所谓"出售"，是指有偿转让伪造的货币。出售应以对方明知交易物为假币为限，因此通常低于市场价格。出售也包括告知对方是假币，而以假币抵偿债务等行为。

所谓"购买"，指有偿取得假币，以假币的交易价格收取假币，作为债务之抵偿的，实质上属于购买行为。无偿取得假币是否构成购买？本书认为，购买以支付对价为要件，支付对价的形式可以是支付货币、实物、劳务、知识产品等。但不支付对价的无偿取得，超出"购买"概念之外，不宜认定为购买假币罪，但可认定为持有假币罪，无偿取得后使用的也可构成使用假币罪。国外如日本、韩国等刑法典中，规定有取得假币罪。如日本刑法典第150条规定："以行使为目的，取得伪造或者变造的货币、纸币或者银行券的，处三年以下惩役。"

所谓"运输"，是指转移假币的存在地点。

有学者认为，以自己使用为目的的购买和运输，不应构成购买、运输假币罪，应以使用假币罪、持有假币罪处罚，否则会造成法定刑的不协调。[①]

---

① 张明楷：《刑法学》（第四版），法律出版社2011年版，第678页。

所谓"使用",是指将假币当作真币一样利用,使其进入流通领域。使用的方式有购物、偿债、赠与、存储、兑换等。如果对假币的利用并不会导致其进入流通领域,不构成"使用"。常见的情况如以假币示人,显示经济能力,不构成使用假币罪。

所谓"持有",是指将假币置于行为人事实上的支配之下,不需要行为人实际在身上携带假币。

本书认为我国刑法典中出售、购买、运输、持有、走私假币五个行为之间,均可能存在重叠,而且周延性不强。如:"出售"无法包含"赠与";"购买"无法包含"无偿取得";"出售、购买"往往伴随"运输";而"运输"不是严格意义上的法律概念,很难界定其范围,比如,身上携带假币进行短距离转移是否构成运输就很难界定;伪造货币罪、使用假币罪;走私假币罪本身往往伴随运输行为;对国外出售或者自国外买入往往又与走私行为相重叠;而各行为中均必然包含持有行为。在这一点上,日本刑法典的分类可以借鉴。日本刑法典中规定的货币犯罪行为有:伪造(变造)、交付、输入、取得、行使、准备。该行为的分类标准界限明确、周延,完全使用了严格的法律语言,也不易产生重叠。

一些国家刑法中明文规定打击货币犯罪的预备行为。如日本刑法典第153条专门规定打击伪造货币等准备行为,规定"以供伪造、变造货币、纸币或者银行券之用为目的,准备器械或者原料的,处三个月以上五年以下惩役"。德国刑法典第149条规定:"为预备伪造货币或印花税票而制造下列物品,为本人或他人获取、陈列待售、保管或转让给他人,预备伪造货币的,处5年以下自由刑或罚金;预备伪造印花税票的,处2年以下自由行或罚金:1.适合于实施上述犯罪的印版、模型、印刷组版、活字组版、影印负片、字模或类似工具,2.为伪造货币或官方印花税票而特制的纸张或类似纸张。"该规定的原因有二:第一,德国、日本、泰国等刑法典仅在法律有明文规定的情况下才处罚预备犯,如无明文规定,不处罚预备犯。这与我国不同,我国刑法典在总则中原则上将犯罪行为分为预备行为、实行行为,预备行为普遍可罚,不需另行规定;第二,之所以明文规定货币犯罪的预备犯，乃是认为其具有重要的社会危害性，在刑法上实有处罚之必要。

一些国家甚至规定了持有伪造、变造货币工具与材料的行为为犯罪，如法国新型法典第442-5条规定："未经批准，制造、使用或持有专用于制造或防止伪造或变造的钱币或银行券之材料与工具的，处2年监禁并科30000欧元罚金。"由于"持有"在认定时降低了检控机关的举证责任，因此，规定持有伪造货币工具和材料罪，无疑将对货币犯罪的打击比处罚预备犯还要严厉。

有的国家还规定了非法减损硬币犯罪，如泰国刑法典第242条规定："非法减少政府铸造发行硬币重量的，处七年以下有期徒刑，并处一万四千铢以下罚金。携带前款非法减少重量的硬币入泰国，或者行使或为行使而持有前款硬币的，处同样的刑罚。"司法实践中，存在熔炼硬币打造戒指的情况。我国《人民币管理条例》第43条规定："故意毁损人民币的，由公安机关给予警告，并处1万元以下的罚款。"依该规定，可以有效打击该类行为。对于大量出现熔炼人民币变成贵金属的行为，通过控制币材与币面价值之间的合理比例，可以杜绝该类犯罪的发生。

五 货币犯罪的目的问题

在货币犯罪的规定中，国外刑法大多对伪造货币罪的主观目的明确予以规定。如《德国刑法典》第146条第1款第1项规定，意图供流通之用，或有流通可能而伪造货币，使票面价值具有较高价值的，处1年以下自由刑。《日本刑法典》第1条第1款的规定，以行使为目的，伪造通用的货币、纸币或者银行券的，处无期或者3年以上惩役。《韩国刑法典》第207条第1款规定，以使用为目的，伪造、变造通用的大韩民国货币、纸币或者银行券的，处无期或者2年以上劳役。我国《澳门刑法典》第252条规定，意图充当正当货币流通，而假造货币者，处2年至12年徒刑，意图供流通之用，而将正当货币之票面价值伪造或更改至较高价值者，处1年至5年徒刑。

我国刑法典中的货币犯罪，都是故意犯罪，要求行为人明知自己行为的性质是伪造货币或变造货币，或者明知是伪造的货币而出售、购买、运输、持有、使用、走私。但是否要求行为人具有使用该伪造、变造的货币的目的，刑法并未明文规定。

对于伪造货币罪，是否应以特定目的为要件。有学者认为，伪造货币罪是目的犯，应以营利或者牟取非法利益为目的。① 有学者认为，伪造货币的目的是牟取非法利润，但是法律未将以牟利为目的作为本罪的构成要件，因此，行为人主观上是否出于牟利的目的，并不影响本罪的成立。② 有学者主张伪造货币罪是目的犯，但是不应以"营利目的"作为构成要件，而应以"意图流通"或"意图使之进入流通领域"作为目的要件。③ 还有学者认为，虽然从刑事立法学的角度，或许要求以使用为目的较为合适，但是，我国刑法鉴于伪造货币行为的严重法益侵害性，没有作出类似要求，而且对仅伪造而不使用货币的行为也作为伪造货币罪论处，再者不一使用货币为目的的伪造货币行为，也会侵犯货币的公共信用。因此，从解释论上，本罪不以使用目的为要件。但是，在不将"以使用为目的"作为本罪责任要素的情况下，要求行为人明知行为的内容、社会意义与结果，并且希望或放任结果的发生。④ 本书认为，刑法典第 170 条没有将伪造货币设定为目的犯，因此，从解释论上讲，本罪不以"使用目的"作为构成要件，刑法之所以如此规定，并非没有考虑到司法实践中存在不以使用为目的的情况，而是因为制造货币乃是国家法定的特权，任何人以任何理由伪造货币均会妨害该特权，均应构成犯罪。再有由于伪造货币行为对社会的危害实在严重，伪造的货币很难保证不流入市场，因此，为杜绝伪造货币行为的发生，降低了伪造货币罪的入罪门槛，即使没有使用目的的伪造货币行为，也构成伪造货币罪。司法实践中，我国并未对伪造货币的任何行为都处以刑罚，2010 年 5 月 7 日最高人民检察院、公安部《关于公安机关管辖的刑事案件立案追诉标准的规

---

① 苏惠渔主编：《刑法学》，中国政法大学出版社 1997 年版，第 506 页。
② 马克昌主编：《经济犯罪新论》，武汉大学出版社 1998 年版，第 242 页。
③ 陈兴良：《刑法疏议》，中国人民公安大学出版社 1997 年版，第 304 页。
④ 张明楷：《刑法学》（第四版），法律出版社 2011 年版，第 677 页。

定（二）》第十九条规定的伪造货币罪的立案追诉标准是：伪造货币总面额在 2000 元以上或者币量在 200 张以上的，或者制造货币样版或者为他人伪造货币提供样版，或其他伪造货币应予追究的情形。因此，实践中偶尔为了显示自己的才能或其他目的，不以使用、流通为目的而制造少量人民币的，不会被按照犯罪处理。

六　货币犯罪的罪数和竞合问题

如上所述，由于我国货币犯罪中各个犯罪行为之间分类的交叉重叠，因此，有必要清楚界定货币犯罪诸行为之间的界限，尤其是伪造货币罪，变造货币罪，出售、购买、运输假币罪，持有、使用假币罪之间的界限。

首先，除变造货币罪外，其他货币犯罪往往伴随着持有假币行为，但当可以认定为其他假币犯罪时，不以持有假币罪论处。因为无论伪造货币、出售、购买、运输、走私、使用假币，均无法避免行为人持有假币的情况发生，而持有行为往往是伪造、出售、运输、走私、使用行为的必然环节，因此，从实质上，持有行为能够被上述行为所吸收，所以行为人伪造货币后持有的，或者行为人在出售、购买、运输、走私、使用假币过程中持有假币的，持有假币罪与相关犯罪属于吸收犯，被其他相关罪名吸收。但需注意的是，行为人伪造、出售、购买、运输、走私、使用的假币与行为人持有的假币不属于同一批次时，应成立相关犯罪与持有假币罪的数罪。如行为人伪造货币后，又持有他人伪造的货币的，应成立伪造货币罪和持有假币罪的数罪。

行为人伪造货币之后，又出售、运输、走私、使用该批假币的，如何处理？通说认为，此种情况下，伪造行为和后来的出售、运输、走私、使用行为成立手段与目的关系的牵连犯，因此应按照牵连犯的处罚原则，从一重从重处理，即按照伪造货币罪处理。但是，当行为人伪造货币后，又出售、购买、运输、走私、使用非本人伪造的货币时，应与伪造货币罪成立数罪。

行为人出售、购买、走私、使用假币时，往往还伴随着运输假币的行为，此时，运输行为和出售、购买、走私、使用假币行为成立吸收关系，按照相关犯罪论处，不再单独处罚运输行为。

但是，当行为人运输的假币，与出售、购买、走私、使用的假币并非同一批次时，应单独处罚购买假币行为，此时，成立出售、运输假币罪，运输、购买假币罪，走私假币罪和运输假币罪的数罪，运输假币罪和使用假币罪的数罪。

当行为人走私假币并出售，或者购买假币后走私，或者走私假币后使用时，如何处理？本书认为，从解释学角度，走私行为不必然包含出售、购买、使用假币行为，因此，走私假币罪与出售、购买假币罪、使用假币罪成立原因行为与结果行为的牵连关系，由于互相牵连的数行为犯罪对象相同，侵害相同法益，不应按照数罪处理，而应以牵连犯从一重从重处罚。

当行为人购买假币后使用该假币时，如何处理？按照最高人民法院 2000 年 9 月 8 日《关于审理伪造货币等案件具体应用法律若干问题的解释》，此时以购买假币罪定罪，从重处罚，不另行认定使用假币罪。但也有学者认为，行为人为了使用假币而购买假币的，不认定为购买假币罪，而应分情况认定为使用假币罪或者持有假币罪。[①] 本书认为，从解释论立场上，此种情况下成立目的行为和手段行为的牵连关系，按照牵连犯从一重从重处罚的原则，应按照购买假币罪处罚。但是，从立法论立场上，这里明显存在刑罚设置的不平衡状态，对于同样数额的假币而言，使用假币不仅破坏货币信用秩序，而且侵害对方财产权，这远比购买假币行为的社会危害性要严重，刑法典第 171 条的法定刑高于第 172 条的法定刑，显然不合理。从国外立法来看，使用假币的行为有两类，一是知情取得而使用假币，二是不知情取得假币后知情使用。这两种情况下，行为人主观恶性和客观危害均有差别，应效仿国外做法，将知情使用假币罪与不知情取得假币后知情使用的法定刑区分开来，前者法定刑宜重于购买假币罪，而后者法定刑轻于购买假币罪才是合理的。另外，由于持有假币和使用假币，

---

① 张明楷：《刑法学》（第四版），法律出版社 2011 年版，第 680 页。

在证明责任、入罪门槛及社会危害等诸多方面均有差异,将二者设置为相同的法定刑,显然不合理,宜将二者区分开,单设持有假币罪的法定刑。

使用假币与诈骗罪之间的关系如何?有学者认为,使用假币与诈骗之间成立法条竞合关系,使用假币罪属于诈骗罪的特别规定,适用时,依据特别法优于一般法的原则,按照使用假币罪处罚。① 本书认为,使用假币罪与诈骗罪成立交叉竞合关系,当假币伪造技术非常高,以至于人们很难区分它和真币之间的区别时,假币作为交易媒介能够在市场中畅通无阻,不断易手,并不会侵害取得人的财产权,因为取得人也将其花出获取对价,财产并无损失。此时,不能认为构成诈骗罪,仅仅侵害了货币的信用。

第二节 破坏金融凭证信用的犯罪

一 概述

我国刑法典中规定的破坏金融凭证信用的犯罪有三个条文,五个罪名,即第177条伪造、变造金融票证罪,第177条之一妨害信用卡管理罪,窃取、收买、非法提供信用卡信息罪,第178条伪造、变造国家有价证券罪,伪造、变造股票、公司企业债券罪。

我国《刑法》的具体规定为:

第一百七十七条 【伪造、变造金融票证罪】

有下列情形之一,伪造、变造金融票证的,处五年以下有期徒刑或者拘役,并处或者单处二万元以上二十万元以下罚金;情节严重的,处五年以上十年以下有期徒刑,并处五万元以上五十万元以下罚金;情节特别严重的,处十年以上有期徒刑或者无期徒刑,并处五万元以上五十万元以下罚金或者没收财产:

---

① 阮齐林:《刑法疏议》,中国人民公安大学出版社1997年版,第407页。

（一）伪造、变造汇票、本票、支票的；

（二）伪造、变造委托收款凭证、汇款凭证、银行存单等其他银行结算凭证的；

（三）伪造、变造信用证或者附随的单据、文件的；

（四）伪造信用卡的。

单位犯前款罪的，对单位判处罚金，并对其直接负责的主管人员和其他直接责任人员，依照前款的规定处罚。

第一百七十七条之一　【妨害信用卡管理罪】【窃取、收买、非法提供信用卡信息罪】

有下列情形之一，妨害信用卡管理的，处三年以下有期徒刑或者拘役，并处或者单处一万元以上十万元以下罚金；数量巨大或者有其他严重情节的，处三年以上十年以下有期徒刑，并处二万元以上二十万元以下罚金：

（一）明知是伪造的信用卡而持有、运输的，或者明知是伪造的空白信用卡而持有、运输，数量较大的；

（二）非法持有他人信用卡，数量较大的；

（三）使用虚假的身份证明骗领信用卡的；

（四）出售、购买、为他人提供伪造的信用卡或者以虚假的身份证明骗领的信用卡的。

窃取、收买或者非法提供他人信用卡信息资料的，依照前款规定处罚。

银行或者其他金融机构的工作人员利用职务上的便利，犯第二款罪的，从重处罚。

第一百七十八条　【伪造、变造国家有价证券罪】【伪造、变造股票、公司、企业债券罪】

伪造、变造国库券或者国家发行的其他有价证券，数额较大的，处三年以下有期徒刑或者拘役，并处或者单处二万元以上二十万元以下罚金；数额巨大的，处三年以上十年以下有期徒刑，并处五万元以上五十万元以下罚金；数额特别巨大的，处十年以上有期徒刑或者无期徒刑，并处五万元以上五十万元以下罚金或者没收财产。

伪造、变造股票或者公司、企业债券,数额较大的,处三年以下有期徒刑或者拘役,并处或者单处一万元以上十万元以下罚金;数额巨大的,处三年以上十年以下有期徒刑,并处二万元以上二十万元以下罚金。

单位犯前两款罪的,对单位判处罚金,并对其直接负责的主管人员和其他直接责任人员,依照前两款的规定处罚。

本小节罪名的犯罪对象是金融市场中的有关票证。金融市场中,银行、证券公司等金融机构、企业和其他主体之间,不仅仅进行现金的流通,更主要的往往是通过各种票证融通资金。融资行为可以分为直接融资和间接融资,因而金融票证也可分为直接融资的票证和间接融资的票证。直接融资的票证有:(1)国库券和国家发行的其他有价证券,它以国家或地方政府作为融资主体;(2)公司、企业的股票和债券,它以公司、企业作为一方融资主体。间接融资的票证有:(1)汇票、本票、支票,其资金融通关系发生在出票人、持有人、付款人之间;(2)委托收款凭证、汇款凭证、银行存单等其他银行结算凭证,此类凭证往往以结算为主要功能,但也有资金融通作用,如可用来担保;(3)信用证或附随单据、文件;(4)信用卡。

上述金融凭证,都具有信用功能和融资功能。它们本身承载了银行信用或企业信用,这些金融凭证有的本身即是融资凭证(如信用卡、信用证、支票),有的金融凭证可以用来作为融资的抵押物,由于其信用性和融资功能,因而金融凭证本身即具有财产性。金融凭证犯罪,不仅侵害了金融凭证本身承载的信用,妨害了融资活动的顺利进行,还侵害了金融凭证所承载的财产权利。

另外,不同的金融票证,还具有独特的功能。如汇票、本票、支票、委托收款凭证、委托付款凭证银行结算单等结算凭证、信用证或附随单据等,主要具有:支付结算功能,即可以作为购买货物或服务的支付工具;汇兑功能,有的金融凭证可以作为远距离付款的工具;侵害这一类金融票证的犯罪,妨害了国内外贸易结算的正常进行,破坏了国内外贸易秩序；信用卡具有重要的支付凭证功能，它是银行授信的载体，伪造信用卡、妨害信用卡管理的犯罪破坏了银行授信的安全性。

随着金融市场的活跃和融资活动的频繁，金融凭证的融资功能愈发突出。金融凭证往往在结算、分红之前就被作为一种可抵押、可买卖的财产凭证加以运用，因而金融凭证的流通功能愈发突出。以金融票据为例，在单一的结算凭证功能下，金融凭证的持有人直接面对出票人、付款人和银行，中间发生的融资关系简单，主体简单，因而发生犯罪的空间不大。而随着金融票据流通功能的加强，金融票据从出票到付款的中间环节增多，其中参与融资的行为人增多，发生金融票证犯罪的空间和可能性大大增加，因而金融凭证本身的真实程度和信用程度愈发重要。因此，可以说，正是由于金融凭证的流通性，才会大量出现金融凭证犯罪，也才会出现保障金融票证的信用的需要。因此，金融票证犯罪和金融票证信用维护是金融凭证流通所产生的两个必然效果，是一个事物的两个方面，金融票证犯罪的本质，不是侵害其他，而恰恰是危害了金融票证信用和流通功能。我国刑法典中，伪造、变造金融票证罪的刑罚重于伪造、变造国家有价证券罪，更重于伪造、变造股票、公司、企业债券罪，原因在于，三类金融票证在金融市场中的流通能力不同，即融资能力不同，因而相应犯罪对金融市场信用所造成的危害程度不同。

本小节五个罪名均为故意犯罪，其中但为可以构成伪造、变造金融票证罪，伪造、变造国家有价证券罪，伪造、变造股票、公司企业债券罪，妨害信用卡管理罪，窃取、收买、非法提供信用卡信息罪为自然人犯罪。

二 伪造变造金融票证罪

是指伪造、变造汇票、本票、支票、委托收款凭证、汇款凭证、银行存单及其他结算凭证、信用证或附随单据、文件以及伪造信用卡的行为。

(一) 行为对象

本罪的行为对象是金融票证，包括汇票、本票、支票、委托收款凭证、汇款凭证、银行存单及其他结算凭证、信用证或附随单据、文件以及信用卡等。

汇票是出票人签发的，委托付款人在见票时，或者在指定日期无条件支付确定的金额给收款人或者持票人的票据。汇票分为银行汇票和商业汇票。汇票是国际结算中使用最广泛的一种信用工具，在国内贸易中，也作为重要的结算工具使用。汇票是可流通转让的证券。除非出票人在汇票上记载"不得转让"外，汇票的收款人可以以记名背书的方式转让汇票权利。在金融市场上，最常见的背书转让为汇票的贴现，即远期汇票经承兑后，尚未到期，持票人背书后，由银行或贴现公司作为受让人。从票面金额中扣减按贴现率结算的贴息后，将余款付给持票人。

本票是指是一项书面的无条件的支付承诺，由一个人做成，并交给另一人，经制票人签名承诺，即期或定期或在可以确定的将来时间，支付一定数目的金钱给一个特定的人或其指定人或来人。支票（Cheque, Check）是出票人签发，委托办理支票存款业务的银行或者其他金融机构在见票时无条件支付确定的金额给收款人或持票人的票据。

汇票、本票、支票都具有无因证券、设权证券、文义证券、要式证券、金钱债权证券、流通证券等性质。

委托收款凭证、汇款凭证、银行存单等其他银行结算凭证，此类凭证往往以结算为主要功能，但也有资金融通作用，如可用来担保；（1）信用证或附随单据，文件；（2）信用卡。

委托收款是指收款人委托银行向付款人收取款项的结算方式。单位和个人凭承兑商业汇票、债券、存单等付款人债务证明办理款项的结算，均可以使用委托收款结算方式，委托收款在同城、异地均可以使用，其结算款项的划回方式分为邮寄和电报两种，由收款人选用。委托收款凭证是指收款人在委托银行向付款人收取款项时，所填写提供的凭据和证明。

汇款凭证是指汇款人委托银行将款项汇给外地收款时，所填写的凭据和证明。

银行存单是指银行存款的凭证单据。

信用证是指由银行（开证行）依照（申请人）的要求和指示或自己主动，在符合信用证条款的条件下，凭规定单据向第三者（受益人）或其指定方进行付款的书面文件。即信用证是一种银行开立的有条件的承诺付款的书面文件。信用证是国际贸易买卖双方结算的重要方式，是银行参与国际贸易结算，以银行信用担保国际贸易顺利进行的信用方式，因而信用证的真实性是信用证信用的基础。

信用卡是商业银行或者其他金融机构发行的，具有消费支付、信用贷款、转账结算、存取现金等全部或部分功能的电子支付卡。其形式是一张正面印有发卡银行名称、有效期、号码、持卡人姓名等内容，背面有磁条、签名条的卡片。刑法中信用卡的概念不同于金融领域中传统的信用卡概念，其外延等同于金融领域中银行卡的概念，包括借记卡和贷记卡，借记卡指先存款然后才能消费或取现，没有透支功能的银行卡；贷记卡是指银行发行的，并给予持卡人一定信用额度，持卡人可在信用额度内先消费后还款的信用卡。

(二) 行为

本罪表现为行为人实施伪造、变造金融票证的行为。伪造和变造的概念，在前文伪造货币罪、变造货币罪中已经说明。本小节中需要注意两点：

1. 伪造既包括对票证形式的伪造，也包括对票证记载内容的伪造。因为金融领域票证种类多样，有的票证由特殊主体印制采用特殊材质，并采用特殊工艺印制，票据上面具有特殊标志。伪造此类票证当然不能不包括对其形式的伪造。有的票证本身没有使用特殊材质印制，或者普通印制厂即可印制，或者空白票据容易免费取得，伪造票据形式没有意义，因此只存在伪造票据内容的行为。有学者认为，刑法上的票据伪造只能是内容伪造而不能是形式伪造，非法仿制票据的行为不可能成为伪造票据犯罪行为内容的应有之义。[①] 本书不赞同该

---

① 刘宪权：《伪造、变造金融票证罪疑难问题刑法分析》，《法学》2008 年第 2 期。

观点，理由有二：其一，以银行汇票和银行承兑汇票为例，银行汇票的法定印制权主体是使用汇票的商业银行，汇票采用特殊材质和特殊印记。其第二联采用印有出票行行徽水印纸。银行承兑汇票第二联统一采用人民银行行徽水印纸。银行汇票和银行承兑汇票印制过程中加印无色荧光暗记，无色荧光暗记以目视看不见，而在紫外线光下图案清晰。材质的特殊性和印制工艺的复杂性是保证该类票据真实性的物质保证，特殊印制的汇票和汇票上面填充的特殊内容、加盖的特殊印记，三者共同保证汇票本身真实性不被仿造和破坏，因而无论采用形式的伪造其空白票，还是在空白票上虚假记载，都会破坏票据本身的真实性。在伪造的空白票据上进行的真实记载，会被相关权利人以伪造的票据为由拒收和拒付。其二，从刑法第 177 条规定的罪状与刑法第 178 条的比较来看，伪造、变造金融票证罪不限于对金融票证内容的伪造。第 177 条关于伪造变造金融票证罪的规定，并无伪造数额的要求，而第 178 条两款均规定有数额的要求，因为国际有价证券和股票、债券本身在印制过程中均已经印明数额，故可依据数额判断该两种犯罪的严重程度。而伪造、变造金融票证罪中的金融票证，票面往往并没有印制数额，而是在金融活动中由特定主体依法填写，该第 177 条没有以数额作为构成犯罪的标准，表明即使伪造没有数额的金融票证，也构成本罪，这当然指的是形式伪造。因此，不能认为票据伪造仅指内容伪造，不包括形式伪造。

2. 第 177 条第（四）项伪造信用卡的行为中的伪造包括全部制造假的信用卡行为。对于第 177 条伪造、变造金融票证罪之第（一）、（二）、（三）项，以及第 178 条伪造、变造国家有价证券罪和伪造变造股票、公司企业债券罪而言，伪造和变造两种行为同样构成本罪，并处以同样的刑罚，因此，当两种行为区分不清时，不管按照伪造处理，还是按照变造处理，均不会产生实质影响。那么，对于第 177 条第（四）项伪造信用卡的行为如何理解，是否包括变造信用卡行为呢？对此存在两种观点，一种观点认为，由于刑法严格区分了伪造和变造两个概念，而仅仅规定了伪造信用卡，没有规定变造信用卡，所以变造信用卡的行为不能以伪造金融票证罪论处，并建议在第 177 条中增加"变造"信用卡的规定。① 也有学者认为,并不存在所谓的"变造"信用卡行为。② 本书支持第二种观点,因为对于信用卡这种特殊介质而言,伪造和变造无法区分,变造即是伪造。因此,"立法机关经研究后认为,这种所谓的'变造',除只保留信用卡的外形以外,其信用卡的内容与银行发行的真实信用卡都已经有很大不同,其实质就是一张伪造的信用卡,应当按伪造信用卡定性。因此,《刑法修正案(五)没有对'变造'信用卡做规定》"。③

从实质上看,根据 2009 年 12 月 3 日最高人民法院、最高人民检察院《关于办理妨害信用卡管理刑事案件具体应用法律若干问题的解释》(下文简称为《信用卡刑案解释》),伪造信用卡的行为,是指未经国家主管部门批准的单位或个人以各种方法制造空白信用卡后,并向其磁条介质、芯片输入了虚假的用户相关信息的行为。伪造空白信用卡,是指未经国家主管部门批准的单位或个人以各种方法制造信用卡后的未向其磁条介质、芯片等输入用户信息的行为。

(三) 罪量要素

根据《立案标准(二)》行为达到以下程度时,应予立案追诉:

1. 伪造、变造金融票证,总面额在 1 万元以上或者数量在 10 张以上的;

2. 伪造信用卡 1 张以上,或者伪造空白信用卡 10 张以上的。

三 伪造、变造国家有价证券罪

伪造、变造国家有价证券罪是指伪造、变造国库券或者国家发行的其他证券,数额较大的行为。

所谓国库券,是指国家财政当局为弥补国库收支不平衡而发行的一种政府债券。国库券的期限最短的为一年,采用不记名形式,无须

---

① 王晨:《诈骗犯罪研究》,人民法院出版社 2003 年版,第 208 页。

② 曲新久:《认定信用卡诈骗罪若干问题研究》,载姜伟主编《刑事司法指南》(总第 19 集),法律出版社 2004 年版,第 24 页。

③ 黄太云:《〈刑法修正案〉(五)的理解与适用》,《人民检察》2005 年第 3 期(下)。

经过背书就可以转让流通。因国库券的债务人是国家，其还款保证是国家财政收入，所以它几乎不存在信用违约风险，是金融市场风险最小的信用工具，流通能力较强。

国家发行的其他有价证券，是指国家作为发行主体，为筹集资金而发行的，向公众承诺到一定的时期支付利息并偿还本金的，除国库券外，有一定货币票面价值的财产权利凭证，如国家主管机关批准发行的财政证券、国家建设证券、国家重点建设证券、保值公债、特种公债等。

目前，我国地方政府债券也属于国家发行的其他有价证券的范畴。地方政府债券是指地方政府根据信用原则、以承担还本付息责任为前提而筹集资金的债务凭证，是指有财政收入的地方政府及地方公共机构发行的债券。地方政府债券一般用于交通、通信、住宅、教育、医院和污水处理系统等地方性公共设施的建设。我国 1995 年起实施《中华人民共和国预算法》，规定地方政府不得发行地方政府债券。但 2008 年金融危机后，为了缓解地方政府的财政危机，我国于 2009 年允许发行地方政府债券。为规避《预算法》的规定，地方政府债券通过中央代理发行，中央代办还本付息和发行费，地方政府承担本金利息和发行费，具体还款方式是，年终结算时从地方政府财政专户中扣减，同时由于地方债券多数被用于基础建设，这批地方债券的还款期限大多在 5 年以上。同中央政府发行的国债一样，地方政府债券一般也是以当地政府的税收能力作为还本付息的担保，因此在金融市场中也具备一定的流通能力。

所谓"数额较大"，根据《立案标准（二）》是指伪造变造国库券或者国家发行的其他有价证券，总面额在 2000 元以上。

四 伪造、变造股票、公司、企业债券罪

伪造、变造股票、公司、企业债券罪是指伪造、变造股票或者公司、企业债券，数额较大的行为。

股票是一种有价证券，是股份公司在筹集资本时向出资人公开或私下发行的、用以证明出资人的股本身份和权利，并根据持有人所持

有的股份数享有权益和承担义务的凭证。只有股份有限公司可以发售股票，有限责任公司只能发给股东持股证明，不能转售。

公司、企业债券是公司、企业依照法定程序发行、约定在一定期限内还本付息的有价证券。发行债券的公司、企业和债券投资者之间的债权债务关系，公司、企业债券的持有人是公司、企业的债权人，而不是公司、企业的所有者，债券持有人有按约定条件向公司、企业取得利息和到期收回本金的权利。公司、企业债券是一种"证券"，它不是一般的物品或商品，而是能够"证明经济权益的法律凭证"，它反映和代表了一定的经济价值，并且自身带有广泛的社会接受性，一般能够转让，作为流通的金融性工具。持有者可凭其直接取得一定量的商品、货币或是利息、股息等收入。

伪造、变造股票、公司企业债券，要达到数额较大的程度，才构成犯罪，所谓"数额较大"，根据《立案标准（二）》是指伪造、变造股票或者公司、企业债券，总面额在 5000 元以上。

五　妨害信用卡管理罪

本罪是指明知是伪造的信用卡、伪造的空白信用卡而持有、运输数量较大的，或者非法持有他人信用卡，数量较大的，或者使用虚假的身份证明骗领信用卡，或者出售、购买、为他人提供伪造的或者以他人身份骗领的信用卡的行为。

本罪的犯罪对象有信用卡、伪造的信用卡、伪造的空白信用卡三种。

所谓伪造的信用卡是指未经国家主管部门批准的单位或个人以各种方法制造并输入了用户相关信息的信用卡。

所谓伪造的空白信用卡，是指未经国家主管部门批准的单位或个人以各种方法制造的未输入用户信息的信用卡，即卡中没有授信财产的信用卡。

本罪的危害行为包括四种情况：

（1）明知是伪造的信用卡而持有、运输的，或者明知是伪造的空白信用卡而持有、运输，数量较大的。

此时要求行为人主观上明知是伪造的信用卡或者伪造的空白信用卡，客观上实施了持有、运输行为。所谓持有，是指行为人事实上对伪造的信用卡、伪造的空白信用卡的一种占有、控制状态，不以身上携带为必要。所谓运输，是指在占有、控制伪造的信用卡、伪造的空白信用卡的状态下，将其从一个地点运送到另外一个地点的行为。持有、运输，是在无法认定存在其他信用卡犯罪的情况下，为打击信用卡犯罪而设立的兜底罪名，当可以认定存在其他信用卡犯罪时，按照其他犯罪处理，不再单独处理持有、运输行为。

司法实践中，由于信用卡犯罪组织化程度较高，分工严密，不仅存在大量持有已经伪造完成的信用卡、空白信用卡的情况，往往还存在大量持有制作信用卡所需的磁条、芯片、板材以及电子设备的情况。按照我国刑法的规定，此种情况应该按照伪造金融票证罪（伪造信用卡）的预备犯处理，不构成本罪。

（2）非法持有他人信用卡，数量较大的。

中国人民银行 1999 年 3 月 1 日《银行卡业务管理办法》（银发【1999】17 号）第 28 条之规定："个人申领银行卡（储值卡除外），应当向发卡银行提供公安部门规定的本人有效身份证件，经发卡银行审查合格后，为其开立记名账户；凡在中国境内金融机构开立基本存款账户的单位，应当凭中国人民银行核发的开户许可证申领单位卡；银行卡及其账户只限经发卡银行批准的持卡人本人使用，不得出租和转借。"

因此，持有他人信用卡，属于违法行为。但是，在实践中持有可靠关系人的少量信用卡的情况并不罕见，此种情况虽然违法，但并不构成犯罪。但是当持有他人信用卡，数量较大时，就成立本罪的犯罪行为。

根据《立案标准（二）》和 2009 年 12 月 3 日最高法、最高检《关于办理妨害信用卡管理刑事案件具体应用法律若干问题的解释》，非法持有他人信用卡累计 5 张以上的，属于"数量较大"。

（3）使用虚假的身份证明骗领信用卡的。

信用卡为持卡人和银行之间借贷关系的凭证，承载了银行对持卡人的授信额度，以持卡人个人财产为信用卡使用的担保。因此，《银行卡业务管理办法》规定，申领信用卡，必须提交本人真实有效的身份证件。使用虚假的身份证件骗领信用卡，侵犯了发卡行对持卡人个人信用能力的知悉权，从而骗取了发卡行的授信，在行为人不具有贷款资质的情况下骗取了发卡行的信任，从而取得发卡行的贷款。

使用虚假的身份证明骗领信用卡，包括使用本身是虚假的身份证明以自己或他人名义骗领信用卡，也包括使用他人真实的身份证明为自己骗领信用卡。身份证明包括居民身份证、军官证、士兵证、港澳居民来往内地通行证、台湾居民来往大陆通行证、护照等身份证明文件。不包括财产等资信证明。如果行为人提供本人真实的身份证明，但提供虚假的资信证明文件，骗领信用卡，或者骗取超出应获授信额度的信用卡的，不构成本罪。如果行为人存在恶意透支行为，构成信用卡诈骗罪。

（4）出售、购买、为他人提供伪造的信用卡或者以虚假的身份证明骗领的信用卡的。

六　窃取、收买、非法提供信用卡信息罪

本罪是指行为人窃取、收买或者非法提供信用卡信息资料的行为。

本罪的犯罪对象是信用卡信息资料，包括有关人身的信息、财产的信息和信用卡持有人亲属成员的信息等。信用卡信息资料对于商业银行而言本身属于商业秘密，未经商业银行同意窃取、收买、非法提供其客户的信用卡信息资料，侵害商业银行的经营利益。信用卡信息资料又属于个人的隐私权益，窃取、收买、非法提供信用卡持有人的信息资料，使其财产、身份方面的隐私泄露。信用卡信息资料的泄露，又容易引发针对信用卡持卡人财产犯罪、人身犯罪或破坏金融秩序的伪造信用卡罪、信用卡诈骗罪等犯罪。

窃取，是指行为人秘密取得特然信用卡信息资料。收买，是行为人以支付对价的方式获得他人信用卡信息资料。非法提供，是指没有合法的根据，而将他人信用卡信息资料提供给别人的行为，提供可以

是有偿转让，也可能是免费提供。

第三节　破坏外汇市场管理秩序的犯罪

一　概述

目前，我国刑法中的破坏外汇市场管理秩序犯罪由两个罪构成，一是逃汇罪，二是骗购外汇罪。如果说金融犯罪都是法定犯，那么，这两个罪名是整个金融犯罪两节中最能体现"法定性"的罪名。因为这两个罪不直接侵害私法益，仅仅侵害公法益。设立这两个罪的目的，纯粹是为了维护国家经济宏观调控的需要。因此，我国外汇管理政策和外汇管理体制的变动，直接而深刻地影响到这两个罪的设立、修改和解释。

社会主义国家经济的一个特点，就是实行严格的外汇管制。我国从成立初期到改革开放初期，一直奉行严格的外汇管理政策，以保障将紧缺的外汇用来购买国民经济建设最为需要的商品。但在1979年旧刑法颁布之前，对外出口完全被国家垄断，民间换汇能力几乎为零，国家通过计划经济体制即可控制全部外汇交易行为，不需要设立外汇犯罪。80年代初，随着我国改革开放的不断展开，国内经济建设蓬勃发展，但是由于我国国内经济发展水平低，外汇储备仍然很少，而国家经济建设急需大量外汇，换汇能力差而外汇需求量大。同时由我国国内经济管制的放松，企业对外出口自由度增大，民间换汇能力有所增强。所以我国实行严格的结售汇制度，要求经济体（企业）必须将外汇出售给国家，由国家统一调度外汇的使用。为保障结售汇制度的顺利进行，全国人大常委会于1988年1月21日通过的《关于惩治走私罪的补充规定》规定："全民所有制、集体所有制企业事业单位、机关、团体违反外汇管理法规，在境外取得的外汇，应该调回境内而不调回，或者不存入国家指定的银行，或者把境内的外汇非法转移到境外，或者把国家拨给的外汇非法出售牟利的，由外汇管理机关依照外汇管理法规强制收兑外汇、没收违法所得，可以并处罚款,并对其直接负责的主管人员和其他直接责任人员,由其所在单位或者上级主管机关酌情给予行政处分;情节严重的,除依照外汇管理法规强制收兑外汇、没收违法所得外,判处罚金,并对其直接负责的主管人员和其他直接责任人员,处五年以下有期徒刑或者拘役。企业事业单位、机关、团体或者个人非法倒买倒卖外汇牟利,情节严重的,按照投机倒把罪处罚"。该规定在我国设置了第一个外汇犯罪——逃汇罪,并将非法倒卖外汇的行为按照投机倒把罪处理。

随着改革开放的发展,我国外汇储备的不断增多,到90年代中期,外汇紧缺的现象有所缓解,对外汇犯罪的打击因而不受重视,1997年刑法虽然规定了逃汇罪,但打击范围比《关于惩治走私罪的补充规定》反而有所缩小,并且取消了买卖外汇牟利行为的犯罪化。

1998年东南亚各国的金融危机给我国带来深刻的教训:在国内金融市场和金融管理体制不完善的情况下,过度开放对外金融市场,会给国民经济带来严重的伤害。同时,由于国际游资猛烈攻击我国,我国对外金融市场上的外汇操作异常频繁而危险。我国因此加大对外汇市场的控制。1998年12月29日,全国人大常委会制定《关于惩治骗购外汇、逃汇和非法买卖外汇犯罪的决定》(以下简称《决定》)不仅增设了骗购外汇罪,重新将非法买卖外汇规定为犯罪,还扩大了逃汇罪的打击范围,加重了其法定刑。目前,我国刑法中的外汇犯罪有两个罪名,即:

刑法典第一百九十条 【逃汇罪】国有公司、企业或者其他国有单位,违反国家规定,擅自将外汇存放境外,或者将境内的外汇非法转移到境外,情节严重的,对单位判处罚金,并对其直接负责的主管人员和其他直接责任人员,处五年以下有期徒刑或者拘役。

《决定》第一条【骗购外汇罪】有下列情形之一,骗购外汇,数额较大的,处五年以下有期徒刑或者拘役,并处骗购外汇数额百分之五以上百分之三十以下罚金;数额巨大或者有其他严重情节的,处五年以上十年以下有期徒刑,并处骗购外汇数额百分之五以上百分之三十以下罚金;数额特别巨大或者有其他特别严重情节的，处十年以上有期徒刑或者无期徒刑，并处骗购外汇数额百分之五以上百分之三十以下罚金或者没收财产：

（一）使用伪造、变造的海关签发的报关单、进口证明、外汇管理部门核准件等凭证和单据的；

（二）重复使用海关签发的报关单、进口证明、外汇管理部门核准件等凭证和单据的；

（三）以其他方式骗购外汇的。

伪造、变造海关签发的报关单、进口证明、外汇管理部门核准件等凭证和单据，并用于骗购外汇的，依照前款的规定从重处罚。

明知用于骗购外汇而提供人民币资金的，以共犯论处。

单位犯前三款罪的，对单位依照第一款的规定判处罚金，并对其直接负责的主管人员和其他直接责任人员，处五年以下有期徒刑或者拘役；数额巨大或者有其他严重情节的，处五年以上十年以下有期徒刑；数额特别巨大或者有其他特别严重情节的，处十年以上有期徒刑或者无期徒刑。

另外，《决定》第四条规定，在国家规定的交易场所以外非法买卖外汇，扰乱市场秩序，情节严重的，依照刑法第二百二十五条的规定定罪处罚。单位犯前款罪的，依照刑法第二百三十一条的规定处罚。即，按照非法经营罪处罚。

逃汇罪和骗购外汇罪以及非法买卖外汇的非法经营罪，都是故意犯罪，单位均可犯该罪，而且逃汇罪目前只是单位犯罪，自然人不构成该罪。

二 逃汇罪

逃汇罪是指公司、企业或者其他单位违反国家规定，擅自将外汇存放境外，或者将境内的外汇非法转移到境外，数额较大的行为。

本罪的行为对象是外汇。《外汇管理条例》第三条规定："本条例所称外汇，是指下列以外币表示的可以用作国际清偿的支付手段和资产：（一）外币现钞，包括纸币、铸币；（二）外币支付凭证或者支付工具，包括票据、银行存款凭证、银行卡等；（三）外币有价证券，包括债券、股票等；（四）特别提款权；（五）其他外汇资产。"

本罪的犯罪行为有两种：（1）擅自将外汇存放境外；（2）将境内的外汇非法转移到境外。按照外汇管理相关法规，企业经常项目下的外汇收入结汇受国家外汇管理机关核定的外汇留存额度限制，外汇管理机关根据我国对外贸易情况、国际收支平衡情况和国内外经济运行情况等，核定企业外汇留存限额，企业经常项目下的外汇收入，超出留存限额的部分应调回国内到具有结售汇经营权限的银行结汇。违反该限额未结汇的，构成逃汇行为；逃汇行为数额较大的，构成逃汇罪。

由于我国对资本项目实行管制，资本项目下不存在结售汇限额，企业可能违反相关管制，但一般不存在逃汇罪和骗购外汇罪。

实施逃汇行为，要达到数额较大的程度才构成本罪。数额较大，根据《立案标准（二）》是指单笔逃汇200万美元以上或者累计逃汇在500万美元以上的情况。

司法实践中，由于我国外汇储备充分，而作为外汇主要币种的美元、日元、欧元都在不断贬值，而人民币相对而言币值稳定甚至相对升值。因此，外贸企业收到外汇后，往往积极结汇，不愿意长期持有外汇。但是，企业结汇又受到结汇限额的限制，企业在结汇限额内自由结汇，超出限额的结汇需要外汇管理局批准，逃汇罪事实上在目前经济形势下较少发生，甚至由于结汇限额限制造成企业无法结汇的现象存在。这种情况下，显然不能处罚企业不予调回外汇的行为。

本罪的主体是单位，自然人实施逃汇行为不构成本罪。有观点认为，由于自然人参与国际经济的能力增强，自然人持有外汇的数额加大，因此应当增加自然人作为逃汇罪的主体。[①] 本书认为这毫无必要，在我国外汇储备额度过大的情况下，过度强调强制结汇会造成外汇使

---

① 王建新：《对逃汇罪立法完善的思考》，《太原师范学院学报》（社会科学版）2005年第1期。

用成本增高，也不便对外交流，更不利于对外投资和外汇储备币种的合理平衡。在当前企业强制结汇尚且宽松的情况下，强制自然人结汇显然不符合经济规律。

三 骗购外汇罪

与逃汇罪并行的行为是骗购外汇罪。所谓骗购外汇罪，是指行为人使用伪造、变造的海关签发的报关单、进口证明、外汇管理部门核准件等凭证和单据，重复使用海关签发的报关单、进口证明、外汇管理部门核准件等凭证和单据，或者以其他方式骗购外汇，数额较大的情况。

我国外汇管理，实行经常项目和资本项目分别管理的原则。经常项目下可自由兑换，但资本项目受国家严格管制。为避免企业故意混淆资本项目和经常项目，扰乱我国外汇管理秩序，尤其是扰乱资本项目下的外汇管理秩序，《外汇管理条例》第十二条规定："经常项目外汇收支应当具有真实、合法的交易基础。经营结汇、售汇业务的金融机构应当按照国务院外汇管理部门的规定，对交易单证的真实性及其与外汇收支的一致性进行合理审查。外汇管理机关有权对前款规定事项进行监督检查。"也就是说，企业用汇时，需要提供有关凭证明实际交易存在（即属于经常项目下的用汇）。证明企业用汇属于经常项目的证明文件一般是进口合同、进口货币报关单或外汇管理局的核准件等，伪造或重复使用该类凭证或采用其他手段骗购外汇，数额较大的，成立本罪。数额较大，按照《追诉标准（二）》的规定，是指骗购外汇数额在50万美元以上的情况。

骗购外汇罪的主体可以是自然人，也可以是单位。

伪造、变造海关签发的报关单、进口证明、外汇管理部门核准件等凭证和单据，并用于骗购外汇的，可能构成伪造、变造、买卖国家机关公文、证件、印章罪、伪造公司企业事业单位人民团体印章罪和骗购外汇罪的牵连犯。由于骗购外汇罪重于这几个相关犯罪，根据《决定》第一条的规定，这种情况下按照骗购外汇罪从重处罚。

明知用于骗购外汇而提供人民币资金的，以共犯论处。

海关、外汇管理部门以及金融机构、从事对外贸经营活动的公司、企业或者其他单位的工作人员与骗购外汇或者逃汇的行为人通谋，为其提供购买外汇的有关凭证或者其他便利的，或者明知是伪造、变造的凭证和单据而售汇、付汇的，以共犯论，依照本决定从重处罚。

第四节　洗钱罪

一　概述

洗钱罪是指明知是毒品犯罪、黑社会性质组织犯罪、恐怖活动犯罪、走私犯罪、贪污贿赂犯罪、破坏金融管理秩序犯罪、金融诈骗犯罪的所得及其收益，而掩饰、隐瞒其来源和性质的行为。

洗钱罪的设立，最初是和打击毒品犯罪相关的。1988年联合国通过了《禁止非法贩运麻醉药品和精神药物公约》，依照该公约的规定，各缔约国应采取必要措施将洗钱行为确定为国内法中的犯罪。我国作为该公约的缔约国，为承担该义务，1990年12月28日全国人大常委会《关于禁毒的决定》中，但未使用洗钱罪罪名。1997年刑法修订时，考虑到当时国际有组织犯罪尤其是走私犯罪、恐怖犯罪也日益猖獗，洗钱罪正式进入刑法典，上游犯罪的范围拓展到包括毒品犯罪、走私犯罪和黑社会性质组织犯罪。2001年"9·11"事件发生后，为了配合国际反恐要求，2001年12月25日《刑法修正案（三）》，增加了恐怖犯罪作为上游犯罪。2006年6月29日，为了配合当时的金融反洗钱工作，并打击日益突出的贪污贿赂罪的需要，全国人大常委会通过《刑法修正案（六）》将贪污贿赂罪、破坏金融管理秩序罪、金融诈骗罪作为本罪的上游犯罪。

目前我国刑法典对洗钱罪的规定是：

第一百九十一条　【洗钱罪】明知是毒品犯罪、黑社会性质的组织犯罪、恐怖活动犯罪、走私犯罪、贪污贿赂犯罪、破坏金融管理秩序犯罪、金融诈骗犯罪的所得及其产生的收益,为掩饰、隐瞒其来源和性质,有下列行为之一的,没收实施以上犯罪的所得及其产生的收益,处五年以下有期徒刑或者拘役,并处或者单处洗钱数额百分之五以上百分之二十以下罚金;情节严重的,处五年以上十年以下有期徒刑,并处洗钱数额百分之五以上百分之二十以下罚金:

(一) 提供资金账户的;
(二) 协助将财产转换为现金、金融票据、有价证券的;
(三) 通过转账或者其他结算方式协助资金转移的;
(四) 协助将资金汇往境外的;
(五) 以其他方法掩饰、隐瞒犯罪所得及其收益的来源和性质的。

单位犯前款罪的,对单位判处罚金,并对其直接负责的主管人员和其他直接责任人员,处五年以下有期徒刑或者拘役;情节严重的,处五年以上十年以下有期徒刑。

二 洗钱罪的犯罪构成

(一) 犯罪对象

洗钱罪的犯罪对象是毒品犯罪、黑社会性质组织罪、恐怖活动犯罪、走私犯罪、贪污贿赂犯罪、破坏金融管理秩序犯罪、金融诈骗犯罪所得及其产生的收益。

毒品犯罪是指刑法分则第六章第七节之罪。有学者认为,由于本节中有的犯罪如非法持有毒品罪不会产生收益,所以洗钱罪的上游犯罪不包括非法持有毒品罪。[①] 也有学者认为,作为本罪上游犯罪的"毒品犯罪"包括第六章第七节全部12个罪名。[②] 本书认为,根据刑法理论和刑法典,通常意义上的"毒品犯罪"包括该节全部12个罪名,洗钱罪中的"毒品犯罪"一词,直接根据该词语的通常含义进

---

① 钊作俊:《洗钱犯罪研究》,《法律科学》1997年第5期。
② 姜志刚:《洗钱罪比较研究》,《现代法学》1999年第1期。

行文理解解释即可，没有根据要进行限制解释。而且逻辑和事实并未完全一致，尽管事实上不一定全部毒品犯罪都可能产生犯罪所得，但是只要逻辑上某种毒品犯罪可能产生犯罪所得就可以了。而从逻辑上看，很难排除某种看似不会产生犯罪所得的行为，偶尔产生犯罪所得的可能性。因此，如果非要对此进行限制解释，反而有可能造成打击洗钱罪的不便。

黑社会性质组织罪是指黑社会性质组织所实施的一切可能产生犯罪所得的犯罪，而不限于刑法典第294条组织、领导、参加黑社会性质组织罪、入境发展黑社会组织罪、包庇、纵容黑社会性质组织罪。有学者认为，作为洗钱罪上游犯罪的黑社会性质组织罪，仅仅包括刑法典第294条所规定的三个罪名。① 这显然不符合通说对"黑社会性质组织犯罪"的通常理解。从立法目的上来讲，设立洗钱罪的目的之一就是打击黑社会犯罪，单纯将第294条之罪作为上游犯罪，不包括黑社会组织实施的其他犯罪，不能起到铲除黑社会组织的经济基础、严厉打击黑社会犯罪的作用。将黑社会性质组织实施的其他犯罪所得纳入洗钱罪的上游犯罪的范围，与联合国《预防和控制有组织犯罪准则》的建议性规范相一致。从世界范围来看，扩大洗钱罪上游犯罪的范围是洗钱罪发展的趋势，将黑社会性质组织罪解释为包括黑社会性质组织实施的各种犯罪，符合该潮流。

恐怖活动犯罪，有的学者认为包括恐怖活动组织犯罪和非恐怖组织实施的恐怖性质的犯罪②。有学者认为恐怖活动犯罪是指绑架、杀人、爆炸等严重危害公共安全的犯罪。③ 也有的认为指以恐怖活动组织为主体实施的各种犯罪。④ 有的认为恐怖活动犯罪是指恐怖活动组织实施的能够产生犯罪所得及其收益的犯罪。⑤ 2011年12月29日全国人民代表大会常务委员会通过的《关于加强反恐怖工作有关问题的

---

① 姜志刚：《洗钱罪比较研究》，《现代法学》1999年第1期。
② 阮齐林：《洗钱罪比较研究》，第427页。
③ 胡启忠：《洗钱罪比较研究》，第295页。
④ 张明楷：《刑法学》（第四版），法律出版社2011年版，第700页。
⑤ 李永升：《刑法学》（第四版），法律出版社2011年版，第417页。

决定》第二条规定:"恐怖活动是指以制造社会恐慌、危害公共安全或者胁迫国家机关、国际组织为目的,采取暴力、破坏、恐吓等手段,造成或者意图造成人员伤亡、重大财产损失、公共设施损坏、社会秩序混乱等严重社会危害的行为,以及煽动、资助或者以其他方式协助实施上述活动的行为。恐怖活动组织是指为实施恐怖活动而组成的犯罪集团。恐怖活动人员是指组织、策划、实施恐怖活动的人和恐怖活动组织的成员。"显然,第一种观点更符合立法本意。即,作为本罪上游犯罪的恐怖活动犯罪,既包括刑法典第120条组织、领导、参加恐怖活动组织罪,第120条之一资助恐怖活动罪,以及恐怖活动组织实施的各种犯罪还包括非组织个人实施的上述各种恐怖活动犯罪。

走私犯罪是指刑法分则第3章第2节规定的罪名。贪污贿赂犯罪是指刑法分则第8章规定的罪名。破坏金融管理秩序犯罪是指刑法分则第3章第4节所规定的罪名,包括洗钱罪。金融诈骗罪之刑法分则第3章第5节所规定的罪名。

根据最高人民法院2009年11月4日《关于审理洗钱等刑事案件具体应用法律若干问题的解释》(下文简称《洗钱解释》)第四条的规定,刑法第一百九十一条、第三百一十二条、第三百四十九条规定的犯罪,应当以上游犯罪事实成立为认定前提。上游犯罪尚未依法裁判,但查证属实的,不影响刑法第一百九十一条、第三百一十二条、第三百四十九条规定的犯罪的审判。上游犯罪事实可以确认,因行为人死亡等原因依法不予追究刑事责任的,不影响刑法第一百九十一条、第三百一十二条、第三百四十九条规定的犯罪的认定。上游犯罪事实可以确认,依法以其他罪名定罪处罚的,不影响刑法第一百九十一条、第三百一十二条、第三百四十九条规定的犯罪的认定。

(二)犯罪行为

根据刑法第191条的规定,本罪的行为方式有五种。

(1)提供资金账户的。

指为上游犯罪分子提供在金融机构开立的资金账户,包括银行账户、外汇账户、证券公司的股票交易账户、期货公司的期货交易账户等。提供的账户可以是以自己名义开设，以上游犯罪人的名义开设，也可以是以第三人名义开设。

（2）协助将财产转换为现金、金融票据、有价证券的。

指协助上游犯罪分子将犯罪所得的各种动产和不动产转换为现金、金融票据和有价证券，也包括将各种金融票据、有价证券转换为现金，将现金转换为金融票据、有价证券，还包括将此种币种的现金转换为其他币种的现金的。协助转换的方向一般是将不易变现、不易转移、不易隐藏的财产转换为易变现、易转移、易隐藏的财产。协助变现财产的方式有多种，如介绍他人购买、帮助其拍卖、典当等，也有可能通过自行购买然后卖出的方式帮助变现财产，刑法典没有限制协助的方式，任何可以造成财产变现的方式均成立本行为。

有学者认为，协助将财产转换为现金、金融票据、有价证券，不包括自己收购上游犯罪分子所获赃物的行为。[1] 本书不同意该观点，根据刑法第191条的规定，并未限制协助的方式，自己收购上游犯罪人财产然后再转手的或者不转手的，当然也属于协助行为。

（3）通过转账或者其他结算方式协助资金转移的。

资金转移包括资金存放地点的转移和资金持有人的转移。协助资金转移的行为包括转账和其他结算方式。转账指以汇票、本票、支票等金融票据或者书面、电话委托，将资金从一个账户转往另外一个账户。其他结算方式，指转账以外的结算方式，包括汇兑、托收承付、委托收款、信用证、保函、网上转账等方式。

（4）协助将资金汇往境外的。

指将协助上游犯罪人上游犯罪的所得及其收益的资金，以各种方式从由境内银行或其他金融机构控制转移为由境外银行或其他金融机构控制。所谓境内，不仅包括国境外，还包括边境外，即将资金转往台湾、香港、澳门的，也属于汇往境外。

（5）以其他方法掩饰、隐瞒犯罪所得及其收益的来源和性质的。

指通过虚构买卖、虚构违约、虚构担保、虚构投资、与其他合法收入

---

[1] 李永升主编：《金融犯罪研究》，中国检察出版社2010年版，第419页。

混同、携带现金、贵金属出境等方式掩饰、隐瞒上游犯罪所得及其收益的来源和性质的。根据《洗钱解释》的规定，此处的"其他方法"主要包括但不限于以下七种情形：①通过典当、租赁、买卖、投资等方式，协助转移、转换犯罪所得及其收益的；②通过与商场、饭店、娱乐场所等现金密集型场所的经营收入相混合的方式，协助转移、转换犯罪所得及其收益的；③通过虚构交易、虚设债权债务、虚假担保、虚报收入等方式，协助将犯罪所得及其收益转换为"合法"财物的；④通过买卖彩票、奖券等方式，协助转换犯罪所得及其收益的；⑤通过赌博方式，协助将犯罪所得及其收益转换为赌博收益的；⑥协助将犯罪所得及其收益携带、运输或者邮寄出入境的；⑦通过前述规定以外的方式协助转移、转换犯罪所得及其收益的。

（三）犯罪主体

洗钱罪的主体是一般主体，即包括自然人也包括单位。通说认为，洗钱罪的主体不包括上游犯罪人本人。上游犯罪人实施上游犯罪产生犯罪所得、犯罪所得收益后加以掩饰、隐瞒的，属于事后不可罚的行为，仅以上游犯罪论处，不在处罚其洗钱行为。

（四）主观要件

本罪的主观要件是故意，要求行为人明知是上游犯罪所得、上游犯罪所得收益，而实施洗钱行为。

关于"明知"的程度，有具体符合说和法定符合说的争议。前者认为，本罪的"明知"，要求行为人主观上认识到财物来源于具体的某一种犯罪，没有这样的认识就不符合明知的要求，不构成洗钱罪。[①]《洗钱解释》则采用了法定符合说，规定"被告人将刑法第一百九十一条规定的某一上游犯罪的犯罪所得及其收益误认为刑法第一百九十一条规定的上游犯罪范围内的其他犯罪所得及其收益的，不影响刑法第一百九十一条规定的'明知'的认定"。法定符合说是目前我国刑法学的通说，本罪采用法定符合说与刑法学理论体系相一致，本书同意《洗钱解释》的立场。

---

① 薛瑞麟主编：《金融犯罪再研究》，中国政法大学出版社2007年版，第230页。

明知如何认定？《洗钱案解释》第一条规定："刑法第一百九十一条、第三百一十二条规定的'明知'，应当结合被告人的认知能力，接触他人犯罪所得及其收益的情况，犯罪所得及其收益的种类、数额，犯罪所得及其收益的转换、转移方式以及被告人的供述等主、客观因素进行认定。具有下列情形之一的，可以认定被告人明知系犯罪所得及其收益，但有证据证明确实不知道的除外：（一）知道他人从事犯罪活动，协助转换或者转移财物的；（二）没有正当理由，通过非法途径协助转换或者转移财物的；（三）没有正当理由，以明显低于市场的价格收购财物的；（四）没有正当理由，协助转换或者转移财物，收取明显高于市场的'手续费'的；（五）没有正当理由，协助他人将巨额现金散存于多个银行账户或者在不同银行账户之间频繁划转的；（六）协助近亲属或者其他关系密切的人转换或者转移与其职业或者财产状况明显不符的财物的；（七）其他可以认定行为人明知的情形。"

洗钱罪是否以"为掩饰、隐瞒其来源和性质"为目的要件？有学者认为，"为掩饰、隐瞒其来源和性质"属于洗钱罪认识要件的内容，行为人对自己行为的认识即对"自己行为属于掩饰、隐瞒他人犯罪所得及其收益的来源和性质"的认识，因此，"为掩饰、隐瞒其来源和性质"不再属于本罪的目的要件。[①] 有学者认为，洗钱罪既是表现犯，又是目的犯，行为人以明知财物是上游犯罪所得及其收益为要件，同时还应当具有掩饰、隐瞒财物性质和来源的目的。[②] 有学者认为，除了具有故意的罪过外，构成本罪还必须具有掩饰、隐瞒财物性质和来源的目的，因此，有关部门实施的"控制下交付"等特别调查技术，不属于洗钱犯罪。[③] 本书认为，上述两种立场其实一致，刑法第191条之所以规定"为掩饰、隐瞒其来源和性质"，乃在于排除对于自己实施提供资金账户等五种行为存在其他认识的情况，假如行

---

① 张明楷：《刑法学》（第四版），法律出版社2011年版，第703页。
② 李永升主编：《金融犯罪研究》，中国检察出版社2010年版，第422页。
③ 姜志刚：《洗钱罪比较研究》，《现代法学》1999年第1期。

为人已经认识到实施提供资金账户等行为是为了掩饰、隐瞒上游犯罪所得及其收益的来源和性质，就足以认定行为人具有掩饰、隐瞒的目的。反过来，要证明行为人具有掩饰、隐瞒的目的，就需要认定行为人明知自己的行为具有掩饰、隐瞒的性质，假如行为人不知道自己的行为具有掩饰、隐瞒的性质，当然无法认定行为人具有掩饰、隐瞒的目的。简单地说，就是，无论将"为掩饰、隐瞒其来源和性质"作为认识要素还是作为目的要素，其在司法实践中的证明方式和证明内容是一样的，二者在认定罪与非罪中并不存在实际上的差别。

第四章 侵害金融市场准入秩序的犯罪

第一节 擅自设立金融机构罪

一 概述

擅自设立金融机构罪是指未经国家有关主管部门批准，擅自设立商业银行、证券交易所、期货交易所、证券公司、期货经纪公司、保险公司或者其他金融机构的行为。

本罪由1995年6月30日全国人大常委会《关于惩治破坏金融秩序犯罪的决定》最早设定，该《决定》第6条规定："未经中国人民银行批准，擅自设立商业银行或者其他金融机构的，处三年以下有期徒刑或者拘役，并处或者单处二万元以上二十万元以下罚金；情节严重的，处三年以上十年以下有期徒刑，并处五万元以上五十万元以下罚金。伪造、变造、转让商业银行或者其他金融机构经营许可证的，依照前款的规定处罚。单位犯前两款罪的，对单位判处罚金，并对直接负责的主管人员和其他直接责任人员，依照第一款的规定处罚。"

1997年刑法修订时直接吸收了该规定，规定为刑法典第174条第1款。

随着社会的不断发展，保险业、证券业、信托业等非银行金融业务不断发展，相关金融机构大量涌现，我国金融管理体制由原来的中国人民银行全部管理，改变为分业经营分业管理，于1998年设立了中国保险业监督管理委员会，于1998年最终确立了中国证券业监督管理委员会对证券行业的全部监管职责，将原来由中国人民银行享有的部分证券业管理权限全部划归中国证监会，人民银行不再是所有类型金融机构的设立批准机关。因此，1999年12月25日全国人大常委会《中华人民共和国刑法修正案》第三条对《刑法》第174条第1款加以修改，将"未经人民银行批准"修改为"未经国家有关部门批准"，并在列举的金融机构类型中，增加了证券交易所、期货交易所、证券公司、期货经纪公司、保险公司，对法定刑部分未作修改。

二 犯罪要件

本罪的客体是我国设立商业银行、证券交易所、期货交易所、证券公司、期货经纪公司、保险公司等金融机构的特殊批准制度。按照商业银行法、证券法、期货管理条例、保险法，设立商业银行必须由中国银监会批准，设立证券交易所必须由国务院决定，设立证券交易公司必须由中国证监会批准，设立期货交易公司必须由中国证监会批准，设立保险公司必须由中国保监会批准。不管设立者是否具备设立上述金融机构的实质条件，未经批准擅自设立上述金融机构的，均构成本罪。

本罪的客观方面表现为未经国家有关部门批准，擅自设立商业银行、证券交易所、期货交易所、证券公司、期货经纪公司、保险公司等金融机构的行为。

本罪的主观方面是故意。行为人明知自己的行为是设立金融机构的行为，而积极追求金融机构成立，即构成本罪的故意。

本罪的主体要件是一般主体，单位可以构成本罪。

三 何谓"擅自设立"？

所谓"擅自设立"，一般指两种情况：第一，没有依法提出设立金融机构的申请便自行设立金融机构；第二，也可能是虽然依法提出申请但未获批准时自行设立金融机构。从另外一个角度，"擅自设立"还包括擅自设立一个名称并不存在的金融机构，也包括未经批准和允许，冒充其他金融机构或其分支机构的名义。"擅自设立"存在以下特殊问题：

（1）行为人虽然已经提出了设立金融机构的申请，而且实质上符合设立金融机构的法定条件,但是尚未获得相关机构批准时,提前营业,是否属于"擅自设立"?否定说认为该情况一般不应按照犯罪处理。① 肯定说认为,这种行为完全符合本罪的构成特征,应按本罪处理。② 折中说认为,此种情况下行为人的主观目的一般是合法经营而非利用金融机构搞违法经营,因此属于一般违法行为,但是如果行为人的违法行为经指出后或其申请未获通过后行为人仍然挂牌经营的,则应按本罪论处。③ 笔者认为,本罪的客体是金融机构设立的特许制度,该制度的含义即在于未经审批不得设立金融机构,否定说和折中说不利于划清本罪行为的明确界限,如果允许先经营后审批,则金融机构设立的许可制将荡然无存。而且从司法与行政权力划分上看,假如行为人先擅自经营金融业务,被起诉后又取得行政机关金融机构设立许可,此时如果否定该行为的犯罪性,则使金融设立审批机构瓜分了司法权力,不利于维护司法权力的权威性。但是,由于该种情况下,行为人主观恶性较小,客观损害也较小,可以从轻或减轻处罚。

(2)虽然经过了银监会、证监会、保监会等的审批,但尚未办理企业登记,没有领取营业执照就开始营业的,是否构成本罪?

有学者认为,此种情况下,也属于"擅自设立"④。也有学者认为,本罪的"批准"是指主管部门批准而不是指工商部门批准,没有履行登记程序的行为是违反公司法的行为,不构成该罪。⑤ 有学者认为,此种情况,可构成非法经营罪。⑥

从本罪的立法历史来看,1995年《关于惩治破坏金融秩序犯罪的决定》第6条规定的本罪罪状是"未经中国人民银行批准,擅自设立商业银行或者其他金融机构的",后由于金融体制改革,国家设立

---

① 孙际中主编:《新刑法与金融犯罪》,西苑出版社1998年6月版,第93页。
② 胡启忠:《金融刑法适用论》,中国检察出版社2003年版,第316页。
③ 李永升主编:《金融犯罪研究》,中国检察出版社2010年版,第140页。
④ 马克昌主编:《经济犯罪新论》,武汉大学出版社1998年版,第253—254页。
⑤ 李永升主编:《金融犯罪研究》,中国检察出版社2010年版,第140页。
⑥ 刘宪权、卢勤忠:《金融犯罪理论专题研究》,复旦大学出版社2002年版,第262页。

银监会、证监会、保监会分别承担设立金融机构的批准职责，本罪罪状才作相应修改。因此，本罪罪状中"未经国家有关主管部门批准"，目前仅含金融三会，不包含工商登记机构。而且商业银行法第八十一条明确规定构成本罪的条件是"未经国务院银行业监督管理机构批准"，此处显然不包括工商登记机构批准。也就是说，如果行为人已经经过银监会、证监会、保监会等的审批，虽然尚未取得营业执照，但不违反本罪的规定，不构成本罪。

笔者还认为，实施此种行为也不构成非法经营罪。按照刑法第225条第三项之规定："未经国家有关主管部门批准非法经营证券、期货、保险业务的，或者非法从事资金支付结算业务的。"此规定中的"国家有关主管部门"与第174条表述相同，所以仍然应该指银监会、保监会、证监会等主管部门而不包括工商部门。①从刑法的现有相关规定也能够发现刑法打击的准确界限。在我国刑法中，违反工商部门监管秩序的犯罪只规定了虚报注册资本罪和虚假出资、抽逃出资罪，只打击在注册中的资金欺诈行为，目的在于维护公司资本安全和充实，而不在于打击未经批准设立公司。由此，刑法只介入打击擅自从事法定专营业务的行为，而单纯未经批准设立公司并未涉及专营业务的行为，尚未达到刑法打击的限度。所以，经过了金融三会批准但未经工商登记机关登记发照的，不构成擅自设立金融机构罪，也不构成非法经营罪。由于没有危及资本安全，也不构成虚报注册资本或虚假出资、抽逃出资罪。

（3）被批准从事 A 种业务的合法金融机构，超范围从事 B 种金融业务的，是否构成"擅自设立"？合法金融机构在许可证失效后仍然经营金融业务的，是否构成"擅自设立"？

笔者认为，本罪设立目的，乃在于限定从事特定金融业务的市场准入，对于商业银行法、证券法、保险法规定的必须经批准才能从事的金融业务，即使合法成立的金融机构，未经批准超越经营范围从事

---

① 将第174条的主管部门理解为不包括工商部门，而将第225条的主管部门解释为包括工商部门，显然违反了法的协调性原则。

该类业务的，或者批准的许可证失效后仍然从事金融业务的，仍然符合本罪的构成条件。但在本罪认定中，应该酌情考虑犯罪行为的严重程度，情节显著轻微危害不大的，不应按照犯罪处理。

（4）对于不符合法定的设立金融机构的实质条件，但是骗取相关管理机关的批准而设立了金融机构的行为，如何认定？有学者认为，一般不构成本罪，但在情节严重时可以作为本罪处理。因为"在这种情况下，金融机构设立具有形式上的合法性，而且之所以能够设立，根本原因在于国家主管部门因不认真审查而做出了错误的批准，其责任不应由设立人员单独承担。只有在情节严重时才可以作为犯罪处理，当然有时如符合虚报注册资本罪，可以虚报注册资本罪处理。同时还可以追究负责审批的人员以及提供虚假证明文件的中介机构或中介人员的刑事责任"。① 笔者认为，对本罪规定的"未经……批准，擅自设立……"进行文义解释，无论如何不能得出已经"批准"的内容，不管该种批准是基于真实合格的条件还是通过欺骗方式取得。从本罪的设立目的来看，设立本罪乃在于强调打击未经许可设立金融机构的形式违法行为，不管行为人是否实质具备设立金融机构的条件，只要未经批准，均构成该罪。本罪的成立，乃在于形式上的未经批准，而不在于实质上是否达到设立金融机构的条件。因此，即使具备实质条件，未经批准仍然构成该罪，相反即使不具备设立金融机构的实质条件，既然经过了相关机构的批准，不应认定为该罪。

（5）擅自设立金融机构后，没有开展金融业务的，是否构成本罪？

擅自设立金融机构罪，是否以开展金融业务为要件？有三种观点。第一种观点认为，"本罪的既遂以擅自设立起金融机构为标志，而不以擅自设立的金融机构开始营业为标志。擅自设立起的金融机构可以表现为挂出'某某银行'、'某某银行某某办事处'等招牌，也可以表现为虽未挂起擅自设立的金融机构的招牌，但到处发布、张贴

---

① 王作富主编：《刑法分则实务研究》（第三版），中国方正出版社 2007 年版，第472—473 页。

广告宣传某金融机构已经成立"。① 第二种观点认为本罪应以擅自设立的金融机构开业为构成要件，从事相应的金融业务是认定是否成立擅自设立金融机构行为的关键标准，没有从事金融业务就不能认为有擅自设立金融机构行为。② 第三种观点认为应该区别两种情况加以认定，对于有金融机构的外在形式特征，目的主要是从事非法金融活动的组织，无论其是否实际从事金融活动，都应直接认定为非法金融机构。而对于不具备金融机构外在特征，虽然设立目的主要是从事非法金融活动的组织，如果尚未开展实际业务，并未作为从事金融业务的组织对外产生较大影响，一般可不认定为非法金融机构。如果已经以从事金融业务活动的面目出现并且产生较大影响，为大规模从事金融业务活动做好了准备，则应按照非法金融机构定性。③

笔者认为，从字面意思来看，设立乃建立之意，本身并不含开业运行的意思，而刑法典第174条又未明确以开业作为本罪的成立要件。所以，认为本罪以金融机构开业运行为基本要件不符合刑法的规定。但是，行为人设立的组织机构要被认定为金融机构，除非明确打出"某某银行"等招牌，否则很难判断是否为金融机构，只有当该机构开始开业运营时才能判断其性质。因此，对于以明确的金融机构名称设立的组织，不以开业为成立条件，但是对于非以金融机构名义设立的组织，应以开业为构成要件，否则难以判断其设立的组织是否为"非法金融机构"。

四 本罪中的"金融机构"范围如何界定？

（一）本罪中"金融机构"的一般范围

本罪的设立对象是金融机构。所谓金融机构，按照刑法第174条的规定包括"商业银行、证券交易所、期货交易所、证券公司、期货

---

① 马克昌主编：《经济犯罪新论》，武汉大学出版社1998年版，第255页。
② 黄京平主编：《破坏市场经济秩序罪研究》，中国人民大学出版社1999年版，第362—363页。
③ 薛瑞麟主编：《金融犯罪再研究》，中国政法大学出版社2007年版，第65页。

经纪公司、保险公司或者其他金融机构"。

其中商业银行，按照商业银行法的规定，是指依照商业银行法和公司法设立的吸收公众存款、发放贷款、办理结算等业务的企业法人。

证券交易所是依据国家有关法律，由国务院决定设立，由国家证券主管机关监管，为证券集中交易提供场所和设施，组织和监督证券交易，实行自律管理的法人。我国境内有四个证券交易所，除大陆设立的证券交易所有上海证券交易所和深圳证券交易所，还有香港证券交易所和台湾证券交易所。

证券公司是指依照《中华人民共和国公司法》和本法规定设立的经营证券业务的有限责任公司或者股份有限公司。

期货交易所是由国务院期货监督管理机构审批设立的，不以营利为目的，按照其章程的规定实行自律管理的由其会员在其场所内买卖期货合约的企业法人或者其他经济组织。期货公司在注册成为期货交易所的会员后，可以在期货交易所从事买卖期货合约业务，期货交易所为整个期货市场制定一套制度规则，从而在为交易者提供一个公开、公平、公正的交易场所和有效监督服务的基础上实现合理的经济利益。我国大陆境内设立的期货交易所有上海期货交易所、大连商品交易所、郑州商品交易所、中国金融期货交易所四家。

期货经纪公司是指经中国证监会批准依法设立的、接受客户的指令或委托、以自己的名义为客户进行期货交易并收取交易手续费的独立法人。按照中国证监会的规定，期货经纪公司至少应该成为一家期货交易所的会员，并且不得从事自营业务，只能为客户提供代理期货买卖、控制交易风险、提供市场信息、进行交易咨询等中介业务。

保险公司是指经中国保险监督管理机构批准设立，并依法登记注册的销售保险合约、提供风险保障的公司制法人，包括直接保险公司和再保险公司，又可分为人寿保险公司、财产保险公司两大类型。

"其他金融机构"包括哪些类型？有学者认为除上述证券交易所、期货交易所、证券公司、期货经纪公司、保险公司外，还包括"融资租赁公司、农村信用合作社、城市信用合作社、企业集团财务公司、侨资外资在我国境内设立的金融机构等"。① 有学者认为,其他金融机构除上述证券交易所、期货交易所、证券公司、期货经纪公司、保险公司外,还包括"城市信用社、农村信用社、邮政储蓄机构、财务公司、金融租赁公司、融资公司、融资中心、金融期货公司、信用担保公司、典当行、信用卡公司、中国人民银行其他从事金融业务的机构"。②

有学者认为,"其他金融机构"主要包括信托投资公司、融资租赁公司、财务公司、保险公司、证券公司、城乡信用合作社,以及中国经济技术投资实业公司、中国农村发展投资公司、国家农业投资公司、中国担保公司、渤海开发实业公司、大连开发投资公司、沈阳实业投资公司、上海科技投资公司、邮政储蓄等。③

笔者认为,作为行政刑法规则,刑法典第174条的规定需要依据相关的行政法律法规加以补充,根据国务院1999年1月制定的《金融违法行为处罚办法》第二条规定,"本办法所称金融机构,是指在中华人民共和国境内依法设立和经营金融业务的机构,包括银行、信用合作社、财务公司、信托投资公司、金融租赁公司等"。如果对刑法典第174条进行文理解释,刑法典第174条的"其他金融机构"的范围依据该《办法》确定,当无疑义。上述学者所共同承认的信用合作社、财务公司、金融租赁公司,属于本罪"金融机构"的范围。

由于我国城市中的信用合作社已经改制成为城市商业银行,目前存在的仅仅是农村信用合作社。农村信用合作社是指经中国人民银行批准设立,由社员入股组成的,实现社员民主管理,主要为社员提供金融服务的农村合作金融机构。④ 由于农村信用合作社的经营范围包

---

① 刘德法主编:《我国银行运营中的犯罪研究》,郑州大学出版社2004年版,第247页。
② 刘宪权:《金融犯罪刑法理论与实践》,北京大学出版社2008年版,第259页。
③ 叶高峰主编:《金融犯罪论》,河南师范大学出版社1999年版,第133—134页。
④ 刘隆亨:《银行金融法学》(第六版),北京大学出版社2010年版,第85页。

括广泛的负债业务，与商业银行差别不大，因此农村信用合作社作为本罪中的"金融机构"没有疑义。

所谓财务公司是指企业集团财务公司，是一种新型的以融通企业集团内部各个成员单位之间资金为主的非银行金融企业。它主要办理企业集团内部成员单位存款、贷款、投资等金融业务，调剂、融通和管理集团内部的资金，不对外经营存款、贷款等业务，具有法人地位。① 依据现行的《财务公司管理办法》，申请设立财务公司需要经过中国银监会批准。

所谓金融租赁，是指出租人根据承租人对租赁物和供货人的选择或认可，将其从供货人处购得的租赁物按合同约定出租给承租人占有、使用，向承租人收取租金的交易活动。金融租赁公司，是指经中国银监会批准，从事金融租赁业务的企业法人。按照我国《金融租赁公司管理办法》，金融租赁公司的业务范围包括吸收股东一年期以上定期存款等典型的银行信贷业务，金融租赁公司的设立需要中国银监会的批准。

除金融系统的融资租赁公司（金融租赁公司）由中国银监会批准设立外，商务部可以批准设立外商投资融资租赁公司（商务部已经将该审批权限下放到了各省商务厅），商务部和国税总局联合审批设立内资金融租赁公司（由各省级商务厅受理后转报商务部和国税总局审批），从事融资租赁业务，但与银监会批准设立的金融租赁公司在业务范围上存在差别，尤其不得向股东收取一年期以上定期存款。

（二）典当行、投资公司、融资性担保公司、贷款公司是否属于本罪的"金融机构"

我国典当行管理办法第三条规定："本办法所称典当，是指当户将其动产、财产权利作为当物质押或者将其房地产作为当物抵押给典当行，交付一定比例费用，取得当金，并在约定期限内支付当金利息、偿还当金、赎回当物的行为。本办法所称典当行，是指依照本办

---

① 刘隆亨：《银行金融法学》（第六版），北京大学出版社2010年版，第205页。

法设立的专门从事典当活动的企业法人,其组织形式与组织机构适用《中华人民共和国公司法》的有关规定。"典当行由商务部门监督管理,其设立由省级商务主管部门审核,商务部审批。典当行的典当业务为资产业务,典当行的经营范围不包括负债业务。

根据七部委联合制定的《融资性担保公司管理暂行办法》第二条,融资性担保公司是指依法设立,经营融资性担保业务的有限责任公司和股份有限公司。所谓融资性担保是指担保人与银行业金融机构等债权人约定,当被担保人不履行对债权人负有的融资性债务时,由担保人依法承担合同约定的担保责任的行为。融资性担保公司由各省设立的专门监管机构批准设立,可以从事各种类型的担保业务,这些担保业务属于资产业务,但不得从事吸收存款等负债业务。

按照我国《贷款公司管理暂行规定》,贷款公司是指经中国银监会依据有关法律、法规批准,与境内商业银行或农村合作银行在农村设立的专门为县域农民、农业和农村经济发展提供贷款业务的非银行金融机构。贷款公司可以办理贷款、票据贴现、贷款项下的结算和经中国银监会批准的其他资产业务。其营运资金为实收资本和向投资人的借款。[①]

按照我国相关法律的规定,投资公司属于普通企业,其设立仅需通过工商管理机关的设立登记即可,不需要其他主管机关的批准。投资公司仅仅从事投资业务,不从事吸收公众存款等负债业务。

那么上述学者列举的"典当行""投资公司""融资性担保公司"是否属于本罪中"金融机构"的范围?擅自设立该类机构,是否构成本罪?笔者持否定态度。理由如下:

第一,从形式上讲,本罪的构成以违反金融机构审批程序为条件,即未经中国证监会、中国银监会、中国保监会的批准,擅自设立相关机构的才会构成本罪。上述诸种类型,均不以金融三会的批准为

---

① 刘隆亨:《银行金融法学》(第六版),北京大学出版社2010年版,第95页。

设立条件,因此不会违反金融机构的审批程序。①

第二,从实质上讲,擅自设立金融机构罪的立法目标,在于设立金融从业的市场准入制度。但是不能认为,所有的金融行为都必须由金融三会事先审批才能实施。

商业银行业务、证券业务或者保险业务,之所以会带来市场风险,根本原因在于其行为会吸纳社会大量资金。国家为保证社会资金安全以及流向合理,设立金融市场准入制度。因此金融机构吸收资金的负债行为,包括商业银行的吸收存款、同业拆借、发行金融债券行为,证券公司的中介业务、债券和股票发行业务、保险公司的保险商品销售业务和中介业务才是市场准入制度限制的真正对象。金融机构对外投资业务,不会吸纳公众资金,不会给社会公众带来危险,因此不属于金融市场准入制度所限制的内容。各国的金融市场准入制度,均以限制吸收公众资金或者吸收投资为界限,而市场中的任何主体均有投资权利,其投资行为不应受到限制。

典当行、投资担保公司、投资公司均不涉及吸纳公众资金,而以向社会投放自有资金为经营目的,因此,其行为不应受到限制。即使不经许可,擅自设立该类公司,也不会危害公众资金安全,因此不应构成本罪。

(三)合法设立的金融机构擅自设立分支机构的,是否构成本罪?外国银行未经我国允许在我国设立分支机构的,是否构成本罪?

第一种观点认为,此种情况不构成犯罪,因为第一,分支机构是附属于金融机构本身的,不具有独立的地位,第二,即使未经主管部

---

① 按照我国1998年国务院《非法金融机构和非法金融业务活动取缔办法》第三条之规定,非法金融机构是指"未经中国人民银行批准,擅自设立从事或者主要从事吸收存款、发放贷款、办理结算、票据贴现、资金拆借、信托投资、金融租赁、融资担保、外汇买卖等金融业务活动的机构。非法金融机构的筹备组织,视为非法金融机构"。第二十八条之规定"取缔非法证券机构和非法证券业务活动参照本办法执行,由中国证券监督管理委员会负责实施,并可以根据本办法的原则制定具体实施办法。取缔非法商业保险机构和非法商业保险业务活动参照本办法执行,由国务院商业保险监督管理部门负责实施,并可以根据本办法的原则制定具体实施办法"。上述规定,都将非法金融机构界定为未经中国人民银行、中国证监会、中国保监会批准设立的相关金融机构。

门批准，擅自设立也仅仅是为了扩大经营范围，第三，有关金融法规并未对该情形规定刑事责任。①

第二种观点认为，此种情况构成本罪，因为商业银行法规定设立分支机构也需要经相关管理机构批准，商业银行不能擅自主张设立分支机构，另外本罪的主体是一般主体，应该包括金融机构本身，再有设立金融机构的表现形式多样，可以包括设立分支机构。②

第三种观点认为，应该区分不同的分支机构的类型。如果该分支机构的设立需要国家有关主管部门批准，未经批准擅自设立分支机构构成本罪；如果设立分支机构只需要该金融机构内部批准，擅自设立金融分支机构不构成本罪。③

第四种观点认为，这种情况，应先由中国人民银行责令改正，并按一般违法行为处理，经责令不改的，应追究行为人的刑事责任，构成本罪。④

笔者认为，上述认为该种情况不构成犯罪的观点，不符合商业银行法的规定。按照《商业银行法》第 75 条之规定，未经批准设立分支机构，构成犯罪的，依法追究刑事责任。因此，即使是合法金融机构，未经金融主管部门批准，擅自设立分支机构的，仍然构成本罪。但从该条规定来看，此种情况，需情节特别严重或国务院银行业监督管理机构责令改正但逾期不改正的，才可能构成犯罪。

（四）本罪的"金融机构"是否包括人民银行、政策性银行？

有学者认为，本罪的"金融机构"不包括人民银行、政策性银行，该学者从文意解释的角度指出，"其他金融机构"应是与商业银行并列的金融机构，不包括人民银行和政策性银行，这两者和商业银行性质不同。擅自设立"人民银行"名义的机构，吸收存款，卷款

---

① 刘宪权、卢勤忠：《金融犯罪理论专题研究》，复旦大学出版社 2002 年版。

② 黄庭生、于前军、周胜蛟：《擅自设立金融机构罪的几个问题》，载赵秉志主编《新千年刑法热点问题研究与适用》（下），中国检察出版社 2001 年版，第 773—774 页；王作富主编《刑法分则实务研究》（第三版），中国方正出版社 2007 年版，第 473 页。

③ 张明楷：《刑法学》（第四版），法律出版社 2011 年版，第 683 页。

④ 叶高峰主编：《金融犯罪论》，河南师范大学出版社 1999 年版，第 146 页。

逃跑的，构成诈骗罪，不构成本罪。①

笔者认为，合法设立的人民银行、政策性银行固然不属于商业银行，但是如果行为人擅自设立人民银行、政策性银行或其分支机构，利用群众对银行概念的混淆，以人民银行、政策性银行的名义从事吸收存款、发放贷款等银行业务的，仍然应该按照擅自设立商业银行处理，应该认为构成本罪。

（五）本罪的"金融机构"是否包括不以上述金融机构的名义从事金融业务的行为？如称为"资金互助公司""钱庄""票号""融通公司"等，是否构成本罪？

一种观点认为，此种情况构成违法行为，但不符合本罪的犯罪构成，如农村合作基金会，依据《国务院关于金融体制改革的决定》和中国人民银行《关于加强金融机构监管工作的意见》虽都规定其不得办理存贷款业务，但都未规定对其擅自经营存贷款业务应承担刑事责任，因此，不构成犯罪。②笔者认为，虽然中国人民银行《关于加强金融机构监管工作的意见》规定"中国人民银行依法对农村合作基金会的业务活动进行监督，并会同农业行政部门对违反规定办理存贷款业务的行为进行处理"，依据该规定不能得出农村合作基金会擅自办理商业银行业务不构成本罪的结论。因为：第一，中国人民银行不具有解释刑法的权力，其行政规章不具有限定刑法适用范围的效力；第二，该部门规章仅仅说明了中国人民银行对农村合作基金会违规经营的查处权限，不能得出农村合作基金会违法从事信贷业务不构成犯罪的结论。

另一种观点认为，行为人打出金融机构的幌子的时候，就具有非法占有他人钱款的目的，因此，应该按照诈骗罪一罪定罪处罚，不具备擅自设立金融机构罪的主观目的，也不成立本罪和诈骗罪的牵连犯。③笔者认为，打出金融机构的幌子吸收存款的行为，未必具有非

---

① 叶高峰主编：《金融犯罪论》，河南师范大学出版社1999年版，第134—136页。
② 同上书，第143—144页。
③ 李永升主编：《金融犯罪研究》，中国检察出版社2010年版，第141页。

法占有他人钱款的目的,实践中存在大量地下钱庄,设立者未必都卷款而逃。因此,以无典型金融机构名称的组织机构的名义从事金融业务的,未必构成金融诈骗罪。

有学者认为,对于不具备金融机构外在特征的组织,虽然设立的目的主要是从事非法金融活动,但是尚未实际开展业务,并未作为从事金融业务的组织对外界产生较大影响的,一般不宜认定为非法金融机构,如果已经以从事金融业务活动的面目出现且产生了较大的影响,为大规模从事金融活动做好了准备,则应该按照金融机构定性。①

笔者基本同意该观点,但是这里的非法金融机构,应限定为以从事金融负债类业务为设立目的的非法金融机构,以从事资产类金融业务为目的设立的非法金融机构,不会危及社会资金安全,不应按照本罪处理。另外,从本罪与非法吸收公众存款罪和擅自发行股票、公司、企业债券罪以及集资诈骗罪、非法经营罪的关系来看,如果本罪设立的对象不包括有实无名的"金融机构"的话,就会出现打击非法金融活动的法律空当:当行为人设立地下钱庄,不吸收公众存款也不发行股票、债券,也没有非法从事资金支付结算业务,但是从事信托投资业务、金融租赁中的吸纳资金、非法对国内需要的企业买卖外汇等负债业务,或者已经为从事该类业务作好组织机构的准备时,显然违反了现有金融法律制度中的审批程序,并且其行为的危害性毫不亚于为吸收存款而设立金融机构。可是,该行为既不构成非法吸收公众存款罪,也不构成擅自发行股票、公司、企业债券罪或非法经营罪,更不构成逃汇罪或骗购外汇罪,如果不能按照擅自设立金融机构罪处罚,上述行为就不能被刑法所打击。

(六) 是否包括为设立这些金融机构而成立的筹备组织?

肯定说认为,本罪所称的金融机构"也包括为设立这些金融机构而设立的筹备组织"。② 主要依据是《关于公安机关管辖的刑事案件

---

① 薛瑞麟主编:《金融犯罪再研究》,中国政法大学出版社 2007 年版,第 65 页。
② 高铭暄、马克昌主编:《刑法学》(第五版),北京大学出版社、高等教育出版社 2011 年版,第 403 页。

立案追诉标准的规定（二）》，该规章第 24 条规定，擅自设立商业银行、证券、期货保险机构及其他金融机构筹备组织的，应予追诉。另外，国务院《非法金融机构和非法金融业务活动取缔办法》第三条第二款规定"非法金融机构的筹备组织，视为非法金融机构"。

也有学者认为"这里的金融机构，是指商业银行、证券交易所、期货交易所、证券公司、期货经纪公司、保险公司或者其他金融机构"。没有谈及金融机构的筹备组织。[①] 有学者认为，如果设立金融机构还在预备阶段，或者由于某种原因是行为人意图设立的商业银行或者其他金融机构并未实际成立的，不构成本罪。[②]

笔者认为，肯定说不适当地扩大了本罪的处罚范围。设立金融机构需要国家特定机构的批准，但是设立金融机构的筹备组织不需要批准，如果设立筹备组织后设立金融机构的过程中得到了国家有关机关的批准，则该筹备行为是合法的。如果没有得到国家机关的批准，筹备组织的设立者随后撤销了该筹备工作，那么，该筹备组织并不违法。因此，单纯设立筹备组织的行为不成立本罪。需要注意的是，公安机关的立案标准，不能作为判断犯罪构成的法律根据，因为从诉讼职能分工上看，公安机关是侦查机关，公安机关的立案标准是开始侦查的条件，而不是认定犯罪的条件，从证明标准上看，公安机关的立案条件，证明标准远远低于法院确定有罪的判决标准，刑事立案的标准是有犯罪行为的发生，证明标准是"有证据证明"，因此，当行为人设立金融机构的筹备组织时，可能达到有证据证明有法益侵害的标准，但是不能据此就认为构成本罪。另外，国务院《非法金融机构和非法金融业务活动取缔办法》中将筹备组织也作为金融机构的规定，存在逻辑错误。如果金融机构的筹备组织也属于金融机构，那么为了筹备该筹备组织的筹备组织是否也属于金融机构？如此推导，必然会得出荒谬的结论。

[①] 陈兴良：《规范刑法学》（第二版），中国政法大学出版社 2008 年版，第 380 页。

[②] 刘德法主编：《我国银行运营中的犯罪研究》，郑州大学出版社 2004 年版，第 248 页。

五 本罪的主观方面应该如何认定？

（一）本罪是否以行为人的违法性认识为主观要件

本罪是否以行为人的违法性认识为构成要件？有两种立场，肯定说认为本罪故意只能是直接故意，间接故意不构成本罪，并认为本罪的故意应以明知行为的违法性为内容。如刘德法教授认为，"行为人明知设立金融机构应当经过批准，擅自设立属于违法的行为，亦明知自己是在私自设立金融机构而决意设立之，并希望发生金融机构擅自设立成功的危害结果"。① 胡启忠教授认为本罪的故意是指行为人明知设立金融机构应当经国家有关部门批准，擅自设立是违法的，却明知故犯，擅自设立。② 否定说并不认同本罪的故意以违法性认识为内容。如张明楷认为本罪的主观方面是"明知设立金融机构应依法获得主管部门批准，明知擅自设立金融机构的行为会发生扰乱金融秩序的结果，并且希望或者放任这种结果的发生"。③ 陈兴良教授认为，这里的故意是指"明知是擅自设立金融机构的行为而有意实施"。④ 本书认为，从实践中看，设立金融机构需要经过有关国家机关的批准，这一理念可谓众人皆知，擅自设立金融机构的行为人，往往明知该规则而故意违反，因而往往具备违法性认识。但是，从构成要件角度而言，认为本罪以违法性认识为要件，则要求检察机关在诉讼中负有证明行为人具有违法性认识的举证责任，如果举证不能，则要承担败诉的后果。在我国刑法中，一个基本的推定是公民具有知法义务，因此行为人实施刑法中的危害行为本身就被推定具有违法性认识，而不需另行举证。因此，除非刑法有明确规定，否则不应认为该罪以违法性认识为构成要件，否

---

① 刘德法主编：《我国银行运营中的犯罪研究》，郑州大学出版社2004年版，第245页。
② 胡启忠：《金融刑法适用论》，中国检察出版社2003年版，第314页。
③ 张明楷：《刑法学》（第四版），法律出版社2011年版，第683页。
④ 陈兴良：《规范刑法学》（第二版），中国政法大学出版社2008年版，第380页。

则会增加检察机关证明难度,并且放纵不知法者。

(二) 本罪是否以谋取非法利润为目的要件

有学者认为,本罪"设立的目的,则是为了谋取非法利润"。① 也有学者认为,行为人设立金融机构的目的一般是非法经营金融业务,获取非法利润,但刑法没有将此目的作为本罪的主观要件的规定,因此不能将主观目的作为本罪的犯罪构成。② 本书认为,《刑法》第174条并未明文规定以特定目的作为本罪的主观要件,刑法解释不应违反罪刑法定原则,任意扩大或者缩小刑法所规定的犯罪构成,本罪不以牟取非法利益为目的要件。

六 本罪与相邻犯罪的区别与联系

司法实践中,擅自设立金融机构罪和非法吸收公众存款罪容易发生混淆。本罪与非法吸收公众存款罪的差别在于,从刑法上讲,设立的金融机构未必会从事吸收公众存款业务,有的金融机构比如保险公司实施的保险业务不宜认定为吸收存款,金融租赁公司、典当行等的业务一般是抵押放款而不是吸收存款。当行为人设立了金融机构,但未吸收公众存款时,二者容易区别。如果行为人设立了金融机构,同时又实施了吸收公众存款的行为,构成一罪还是数罪?再有,如果行为人设立的不是有名的金融机构,但的确擅自经营吸收存款、发放贷款的行为的,在构成非法吸收公众存款罪的同时,是否还按照本罪处罚?

有学者认为,行为人设立金融机构的目的,大多数在于通过吸收公众存款活期利润,因此行为人在非法吸收公众存款目的的支配下分别实施的擅自设立金融机构的行为与非法吸收公众存款的行为构成牵连关系,可按牵连犯处理。虽然两种行为的法定刑设置完全一致,但是由于擅自设立金融机构罪的意义不仅在于防止吸收公众存款,还在

---

① 刘德法主编:《我国银行运营中的犯罪研究》,郑州大学出版社2004年版,第245页。

② 胡启忠:《金融刑法适用论》,中国检察出版社2003年版,第314页。

于打击擅自设立金融机构的行为,所以应按擅自设立金融机构罪从重处罚。①

笔者认为,擅自设立金融机构后,非法吸收公众存款,虽然在法定刑上两罪相同,但在实践中,由于擅自设立金融机构的情节与非法吸收公众存款的数额、情节等必有差异,因此,仍然应该按照一般牵连犯的原则,选择处罚可能较重的罪名从一重从重处罚。

七 本罪存在的不足与完善

与国外立法相比,本罪将打击的重点放在"设立组织"而非"实施行为"上,显然将刑法介入的时间提前了。并且由于"金融机构"的这一概念外延的不确定性和模糊性,我国本罪的打击面显然要宽泛得多。如有学者认为:"这类金融机构并非法律意义上的金融机构,而只是类似金融机构的某种机构或者组织,或者说,行为人设立的组织或机构,只要有组织或机构的某些外部特征就可以了。组织或机构的外部特征,一般表现为具有一定的名称、有一定的设施和组成人员等……只要行为人设立起的组织或机构足以使人相信是金融组织或机构,便可以认定为本罪中的金融机构。"②

笔者认为,只要具备金融色彩,只要是机构,就按照本罪处理,显然不当地扩大了本罪的打击范围。本罪的设立目的,在于确立金融从业市场准入的审批制,但并非任何金融行为的市场准入,均需要审批。要求所有金融市场行为都先经审批然后才能实施,显然违反了"法无明文禁止即自由"的基本原则,更不符合市场经济创新和自由的要求。笔者认为,对于法律没有明确规定必须经过审批才可设立的"金融机构",擅自设立显然不构成本罪。而且从实践来看,显然不能将只要设立了具有一定金融性质的组织,不管是否从业,都按本罪处理。这暴露出本罪的缺陷——"金融机构"的范围其实是模糊的,并且事实上具有无限扩大化的倾向。这导致本罪的打击范围并不明

---

① 李永升主编:《金融犯罪研究》,中国检察出版社2010年版,第141—142页。
② 刘宪权、卢勤忠:《金融犯罪理论专题研究》,复旦大学出版社2002年版。

确，而且也有导致本罪的打击范围无限扩大化的倾向。

同时，"金融机构"概念外延的模糊性和不准确性，不仅容易导致本罪打击范围的扩大化，导致过度干涉市场自由，又很难涵盖以非金融机构的名义从事金融业务的行为，导致刑法对金融市场的干预不足。后一种功能缺陷只能以非法吸收公众存款罪或非法经营罪加以弥补。

与我国相比，英国、意大利、日本等国①，不是通过杜绝设立金融机构，而是通过打击擅自吸收存款或投资的行为，来解决问题。通过界定"行为"而不是通过界定"组织性质"来明确市场准入的界限，标准显然更加明确而且便于操作。

相对而言，英国的立法方式更值得借鉴。英国1986年《金融服务法》第4条规定，除非属于事先被授权或依法享有豁免权的人，其他任何人在英国从事或执行投资业务均构成犯罪，如果是公诉罪，可单处或并处两年以下监禁或罚金；如果是简易裁判罪，可单处或并处六个月以下监禁或法定额以下罚金。但允许抗辩，在行为人能够证明他为避免犯罪行为的发生，本人已采取必要的合理预防措施，付出必要的努力时，该辩护理由成立。②另外，英国还有诱骗他人投资罪。本书认为，相比而言，英国"非法从事投资业务罪+诱骗他人投资罪"模式，比我国"擅自设立金融机构罪+非法吸收公众存款罪"模式要科学。英国模式，前一罪打击擅自准入行为，要点在擅自从事该类业务，后一种打击非法从业行为，打击的重点是诱骗行为，行为区分明确，打击重点突出。另外，英国还有为金融产品做虚假广告罪，打击的也是误导性陈述行为。只打击误导性陈述，将投资理性交给投

---

① 英国《金融服务法》规定的非法从事投资业务罪、诱骗他人投资罪，意大利《金融与信贷法典》规定的擅自开展金融业务罪，日本《出资法》中的吸收存款罪等，均以禁止某种行为的方式保障金融市场准入制度，而不以禁止设立组织的方式来立法。参见王文华《欧洲金融犯罪比较研究》，外语教学与研究出版社2006年版，第181、237页；[日]芝原邦次：《经济刑法》，金光旭译，法律出版社2002年版，第33页。

② 王文华：《欧洲金融犯罪比较研究》，外语教学与研究出版社2006年版，第180—181页。

资人，比我国模式更易保护金融市场自由。

第二节 非法吸收公众存款罪

一 概述

按照我国刑法典第 176 条的规定，非法吸收公众存款罪是指非法吸收公众存款或者变相吸收公众存款，扰乱金融秩序的行为。司法适用中，为了明确该罪犯罪构成的具体标准，最高人民法院通过了《关于审理非法集资刑事案件具体应用法律若干问题的解释》（法释 [2010] 18 号）[以下简称"《解释》（2010）"]。① 但无论在理论上还是实践中，仍然存在诸多疑难问题亟待解决。

司法实践中，由于难以界定合法的民间借贷行为和本罪之间的关系，以至于一些判例明显违背了社会公众的正义观念，律师界、学者提出修改甚至废除本罪的主张。如孙大午案发生后，其辩护律师在给全国人大常委会的信中提出"刑法第 176 条未能清楚界定非法吸收公众存款的行为，有关法律法规未能明确区分该犯罪行为与合法的民间借贷的界限，增加了中小企业在融资过程中的人身自由的风险，在一定程度上阻碍了经济发展"。② 有学者认为非法吸收公众存款罪是一个"无妄的罪行"，"非法吸收公众存款"行为绝大多数情况下都属于有利于社会发展的民商事法律行为，不仅无罪而且合法。该学者认

---

① 该《解释》（2010）第 1 条规定："违反国家金融管理法律规定，向社会公众（包括单位和个人）吸收资金的行为，同时具备下列四个条件的，除刑法另有规定的以外，应当认定为刑法第一百七十六条规定的'非法吸收公众存款或者变相吸收公众存款'：（一）未经有关部门依法批准或者借用合法经营的形式吸收资金；（二）通过媒体、推介会、传单、手机短信等途径向社会公开宣传；（三）承诺在一定期限内以货币、实物、股权等方式还本付息或者给付回报；（四）向社会公众即社会不特定对象吸收资金。未向社会公开宣传，在亲友或者单位内部针对特定对象吸收资金的，不属于非法吸收或者变相吸收公众存款。"该解释第二条还对司法实践中常见的非法吸收公众存款案件的行为详细加以列举。

② 袁爱华：《民间融资合法化趋势下的非法吸收公众存款罪的立法完善》，《云南大学学报》（法学版）2010 年第 1 期。

为，本罪中错误混淆了"社会资金"与"公众存款"的概念，错误地设置了"不特定对象"、"公开宣传"和"未经有关部门批准"等构成要素，不当地压缩了为公司法、合同法等基本法律所保护的企业吸收"社会资金"的投融资活动，有悖法理和市场规则。①

但是，非法吸收公众存款行为是市场经济的必然存在，完全废除本罪不能满足保护公众存款安全的需要。因为"无论法律规则如何作出务实的回应及监管政策如何调整，总是存在体外循环的民间金融。其根本原因在于受监管的正规金融融资成本总是高于边缘化的民间金融"。② 因此，即使成熟的市场经济国家也都设立了本罪，以保护公众的存款安全。如日本《关于取缔接受出资、收存款及利息等的法律》第2条规定："收存款的营业，除其他法律另有特别规定者外，任何人不得从事该营业。"否则将处以3年以下的惩役，单处或并科300万日元以下的罚金。所谓"另有特别规定者"指银行、信用金库等正规的金融机关。此外，该国还在《银行法》中规定了无执照营业罪，在《证券交易法》中规定了无登录营业罪和保证损失、补偿损失罪等与非法集资有关的犯罪。③ 再有，虽然自20世纪90年代以来，随着市场经济的自由化趋势，各国放宽了对金融系统的限制，将一些犯罪非犯罪化了，但是在确保交易公正性的相关领域，刑事制裁的作用反而加强了。④ 比如在日本，1997年《证券交易法》修改时，对该法所涉及的主要犯罪类型，包括对非法集资类的犯罪，都加重了法定刑。所以，以金融自由化趋势为理由，主张废除非法吸收公众存款罪的主张，并未得到广泛的支持，多数学者认为应通过修改立法或者完善司法解释的方式解决问题。

正如学者所言，本罪是一个新型犯罪、法定犯，因而在立法技术上，应该采取空白罪状加叙明罪状的形式，但刑法典第176条对本罪罪状的描述过于简单，不够明确，致使对该罪犯罪构成的理解出现了

---

① 刘新民：《非法吸收公众存款罪去罪论》，《浙江社会科学》2012年第3期。
② 黎四奇：《金融法的价值取向之定位》，《时代法学》2008年第1期。
③ ［日］芝原邦尔：《经济刑法》，金光旭译，法律出版社2002年版，第4、33页。
④ 同上。

诸多争议。① 但是，正是由于刑法典第 176 条本身并没有明确界定什么是"非法吸收公众存款"，因此也给相关经济法律和司法解释补充该项空白的较大空间。在现有的立法框架下，重新合理确定"非法吸收公众存款"行为的界限，还非法吸收公众存款罪以本来面目，乃是解决问题的关键。

二 非法吸收公众存款罪的立法目的

目的是全部法律的源头，法律中的每一个条文都源于目的。因此，探求立法目的的目的解释方法是法律解释中具有终极意义的方法，其他所有刑法解释的方法，当其结论有冲突或歧义时，必须由目的解释方法来最终确定。那么，非法吸收公众存款罪的立法目的是什么呢？

自然人、单位之间的投、融资行为，可以从不同的角度进行区分。在资金供给方和实际需求方的关系上，有直接融资和间接融资之分。前者是资金的供需双方不通过金融中介机构直接形成债权债务关系的行为，即非金融企业（自然人）向非金融机构投资人直接融资用来生产经营，后者指资金供需双方通过金融中介机构实现资金融通的行为，包括非金融企业（自然人）向金融企业融资，或者非金融企业、自然人向金融企业存款的行为。直接融资的工具有商业票据、直接借贷凭证、股票、债券等。直接融资中资金供给方所承担的风险较大。间接融资的工具有存单、贷款合约等。间接融资中，由于以银行等金融机构作为中介，资金提供方的安全性高，但是收益较低，资金使用方可以得到较大规模的资金，但受银行管理制度等诸多制约。

直接融资中，投资人和融资人双方形成股权或债权关系，而间接融资中，存款人、金融企业和融资人三方形成债权债务关系。间接融资以金融中介机构的信贷经营行为为必要条件。所谓信贷经营行为，即吸收存款，贷出后收回，并以此获取利差收益的行为。

---

① 袁爱华：《民间融资合法化趋势下的非法吸收公众存款罪的立法完善》，《云南大学学报》（法学版）2010 年第 1 期。

从资金供需双方的关系来看，有熟人间的融资行为和陌生人之间的融资行为。熟人之间的融资行为只能是直接融资。间接融资由于有中介机构的存在，资金的实际供需双方不存在直接的信息沟通，因而资金供需双方的融资行为属于陌生人融资。不过，尽管资金供、需双方互相不熟悉，但都和中介机构之间熟悉的情况是存在的。熟人之间双方信息对称，投资人对融资人的个人信用、项目前景等信息掌握全面，资金安全性高，融资成本低，但是融资数量有限。

陌生人之间既可以发生直接融资也可以发生间接融资。陌生人之间的投、融资关系，即融资人向社会的融资，往往发生的融资数额较大，但是由于双方本来不熟悉，往往需要额外建立特殊的市场规则，如严格的会计制度或者信息披露制度等，保障双方之间信息的对称，从而保障资金的安全。

从调整融资关系的法律体系上来看，法律对不同的融资关系，采取不同的保护措施：

熟人之间的融资行为，往往通过个人信用和主体个人的鉴别能力来维系其安全性，遵循私法自治的原则，主要通过《民法通则》、《物权法》、《合同法》、《担保法》、《合伙企业法》以及《公司法》中的有限公司制度等保障资金的安全和借贷合同的效力。刑法中通过保障所有权、合同权利的各罪名，如侵占罪、诈骗罪、合同诈骗罪等维系其最基本的安全。非法吸收公众存款罪的犯罪对象为公众存款，不包括熟人之间的融资。

陌生人之间的直接融资，其实是企业向社会募集资金的活动，通过发行企业债券、股票或者其他方式进行，融资来源是社会公众，用途是企业自用。这种融资行为，由于资金的供需双方并不熟悉，因此不能通过个人信用维系其资金安全，必须通过法的信用保障其安全性和效益。对此，各国均设立《公司法》、《证券法》等，要求企业规范运作，并且准确、及时、完整地披露其经营状况的重要信息，并设立了完善的退出制度，以保障投资人的知情权和资金安全。对于该类投资行为，刑法通过设立众多的涉及公司、企业、证券市场主体和行为的犯罪，如第158条—169条之一、第178条第2款、第179条—

182条等,保障直接融资主体的合格、融资人经营行为的规范和融资人经营环境的正常秩序。① 其中,与吸收公众资金直接相关的条文是第179条擅自发行股票、公司、企业债券罪。由于《公司法》《证券法》等对可以进行社会融资的企业,具有严格的要求,包括资本规模、资本质量、管理规范程度等各个方面,并通过审批制严把入口,拒绝不能达标的企业进行社会直接融资,从而保障资金供方的资金安全。未经批准,不具有合格的资本规模和质量及管理规范程度,未能向社会投资人充分、及时、准确地披露经营信息,不利于投资人正确地判断是否投资,也不利于保障其资金安全,危害严重者因而需要通过刑罚加以威吓。

陌生人之间的间接融资,即先通过吸收存款等方式吸收社会不特定对象的资金,然后通过放贷等方式将资金借贷给他人使用。这种行为即商业银行的信贷业务行为。该行为的资金实际供给人和实际需求人没有直接联系,不具有信息对称性,因此不能通过熟人之间的个人信用保障资金安全,而必须通过保障金融中介机构的信用和偿还能力来保护资金安全。国家因此设立《商业银行法》等法律规范,规定商业银行的存款准备金率、资本充足率、存贷比等,控制商业银行信贷资金经营的效益性与安全性的合理关系,维系商业银行的信用能力。刑法通过设立保障商业银行主体资格、运营规范和资金安全等的罪名来保障商业银行的信用能力,如第174条擅自设立金融机构罪、伪造、变造、转让金融机构经营许可证、批准文件罪,第175条高利转贷罪,第175条之一骗取贷款、票据承兑、金融票证罪,第177条伪造、变造金融票证罪,以及诸多信用卡犯罪等罪名。其中,和公众资金直接相关的是非法吸收公众存款罪。

非法吸收公众存款罪,最初是在1995年6月30日全国人大常委

---

① 有学者认为,由于现行公司法、证券法取消了对公司转投资对象的限制,放松了对公司对外提供担保的限制,放宽了对公司对外举债的限制,所以公司吸收社会资本的非银行金融行为也是合法的。这其实混淆了熟人之间的直接融资和陌生人之间的直接融资,后者涉及广大社会成员,属于募集社会资金的行为,应该受公司法、证券法的规范。参见刘新民《非法吸收公众存款罪去罪论》。

会通过的《关于惩治破坏金融秩序犯罪的决定》（以下简称《决定》）中设立的。为什么要制定该《决定》？《关于惩治破坏金融秩序的犯罪分子的决定（草案）的说明》（以下简称《说明》）指出："目前，金融领域的犯罪活动比较突出，伪造货币和伪造票据、信用证、信用卡等金融诈骗犯罪明显增加，诈骗数额越来越大，危害十分严重。为了维护金融秩序，保障改革开放和社会主义现代化建设的顺利进行，……结合中国人民银行法以及商业银行法、票据法、保险法等法律草案的有关规定，起草了《关于惩治破坏金融秩序的犯罪分子的决定（草案）》（以下简称"决定"），对刑法关于伪造国家货币或者贩运伪造的国家货币罪、伪造支票罪、违反金融法规投机倒把罪和诈骗罪的规定，作了补充和修改。"该《说明》又指出："'决定'草案着重打击金融诈骗犯罪，依照中国人民银行法以及正在审议的商业银行法、票据法、保险法等法律草案中规定的应当依法追究刑事责任的犯罪行为，作了具体规定，包括：（一）伪造货币罪，以及走私、出售、购买、运输、持有、使用伪造货币的犯罪；（二）未经批准擅自设立商业银行或者其他金融机构，以及非法吸收或者变相吸收公众存款的犯罪；……"

根据该《说明》，在《决定》中设立非法吸收公众存款罪的立法理由有二：一是打击金融诈骗犯罪，二是呼应和细化已经制定了的《人民银行法》和《商业银行法》中的刑事责任条款。因此，除了着重打击金融诈骗犯罪的目的外，《决定》和《商业银行法》中设立非法吸收公众存款罪的立法目的是一致的。那么，《商业银行法》设立非法吸收公众存款罪的立法目的是什么呢？

我国《商业银行法》（1995年）第11条规定："设立商业银行，应当经中国人民银行审查批准。未经中国人民银行批准，任何单位和个人不得从事吸收公众存款等商业银行业务，任何单位不得在名称中使用'银行'字样。"而第七十九条（2003年修改后为第81条）规定："未经中国人民银行批准，擅自设立商业银行，或者非法吸收公众存款、变相吸收公众存款的，依法追究刑事责任；并由中国人民银行予以取缔。伪造、变造、转让商业银行经营许可证的，依法追究刑事责任。"其中第 11 条是第二章商业银行的设立和组织机构中的第一个条文,确立了商业银行设立的审批制度。本条中"吸收公众存款等商业银行业务"一句里面,"等"的意思"表示多数或未列举尽"①,因此"吸收公众存款"是作为商业银行业务之一来规定的,规定的目的是确立商业银行设立的审批制,杜绝擅自设立商业银行。由于吸收公众存款被作为商业银行的核心业务,为杜绝擅自设立商业银行从事商业银行业务,因此取缔非法吸收公众存款行为。而第 79 条(第 81 条)中的"或者"是"连词,在叙述句里,表示选择关系"。②显然,这里的"非法吸收公众存款、变相吸收公众存款"是和"擅自设立商业银行"相并列,是违反商业银行审批制的另外一种形式,或者说,是擅自设立商业银行的变种形式。所以,可以认为,所谓非法吸收存款罪,其立法目的并非维护其他的金融秩序,而是维护商业银行的设立秩序,确立商业银行设立的审批制。"非法吸收公众存款"的行为显然是违反了间接金融的行业准入行为,而不包括非金融目的的直接融资行为。

三 非法吸收公众存款罪的犯罪主体

按照刑法第 176 条的规定,单位可以构成本罪。但是,这里的单位是否包括有权进行信贷业务的金融机构,存在争议。肯定论者认为我国刑法没有明文规定有存款业务经营权的机构不构成该罪,从平等适用刑法的角度,本罪主体应包括其中;另外,有存款业务经营权的金融机构实施非法吸收公众存款行为同样具有严重的社会危害性;再者,随着经济的发展和对外开放的深入,金融机构的成分会日益复杂,免除某类金融机构的责任,不合理也不合法。③否定论者认为:将具有存款经营权的金融机构作为非法吸收公众存款罪的主体,首先违反本罪设立的初衷,本罪的设立是为了打击当时没有吸收公众存款

---

① 《新华词典》(修订版),商务印书馆 1996 年版,第 169、402 页。
② 同上。
③ 薛瑞麟主编:《金融犯罪研究》,中国政法大学出版社 2000 年版,第 121 页;乔大元:《论非法吸收公众存款罪》,中国政法大学硕士学位论文,2007 年。

资格的单位和个人的非法集资行为；另外，将本罪的主体包括具有存款业务经营权的金融机构，违反了 1998 年国务院《非法金融机构和非法金融业务活动取缔办法》[以下简称《办法》(1998)] 等行政法律；再者，具有存款业务经营权的金融机构高息揽储，虽然违规，但是社会危害性不够大。①

2011 年年底，我国城乡居民人民币储蓄存款额为 343635.9 亿元。② 而非法集资数额约在 200 亿元人民币。③ 在商业银行的存款总额和社会中的非法集资总额差距如此悬殊的情况下，假如同样实行高息揽储行为，认为金融机构造成的社会危害性反而小于非法集资者，没有根据。另外，"行为的社会危害性虽然是客观存在的，但它并不能自为自在地成为犯罪，只有经过国家的价值判断并在法律上确认它应受刑罚惩罚才能构成犯罪，这是罪刑法定原则的必然要求"。④ 这个"价值判断"的过程就是国家刑事立法的过程。因此，社会危害性的轻重以及是否应该在刑法上具有刑罚当罚性，是由立法机关的人民代表来决定的。在学说中，对于某种违法行为，无根据地认为某种行为社会危害性大还是小，因而认为其当罚或不当罚，不是正确的方法。

因此，本书认为，本罪主体是否包括具有存款业务经营权的金融机构，关键是看相关经济法、行政法中是否规定应该追究该类主体高息揽储行为的刑事责任。前述否定论的观点，引用《办法》(1998) 中的规定作为其论据，引用法律错误。该《办法》(1998) 产生的法律根据是 1995 年《商业银行法》，该法中对商业银行的高息揽储行为在第 75 条中加以规定，仅仅规定了行政法律责任，并未提及应予追

---

① 肖晚祥：《非法吸收公众存款罪的司法认定研究》，《东方法学》2010 年第 5 期；孙国祥、魏昌东：《经济刑法研究》，法律出版社 2005 年版，第 300 页；李希慧：《论非法吸收公众存款罪的几个问题》，《中国刑事法杂志》2001 年第 4 期。

② 《中国统计年鉴》，2011 年。

③ "今年（2011 年）1 至 9 月，全国共立非法集资案件 1300 余起，涉案金额达 133.8 亿元。""今年非法集资案件总量攀升 涉案金额不断上涨"，参见：中新网，2011 年 11 月 11 日。

④ 何秉松主编：《刑法教科书》，中国法制出版社 1997 年版，第 145 页。

究刑事责任。《办法》(1998) 依据该条制定规则,因而没有提及商业银行高息揽储行为的刑事责任。但是,2003 年修改后的《商业银行法》专门对此问题作了修改,在第 74 条中明文规定"违反规定提高或者降低利率以及采用其他不正当手段,吸收存款,发放贷款"构成犯罪的,依法追究刑事责任。由于《办法》(1998) 的相关规定与新修改的《商业银行法》相矛盾,理应废除。因此对于商业银行高息揽储严重的应予追究刑事责任的情况,理应属于非法吸收公众存款罪中的内容。商业银行等具有吸收存款业务的金融机构,理应成为本罪的主体。

四 非法吸收公众存款罪的主观目的要件

(一) 关于本罪特定目的要件的三种立场

关于所吸收的资金,如果用于正常的生产经营活动,是否构成犯罪?本罪是否以行为人具有贷出资金的目的为要件?有三种立场。

(1) 肯定说认为非法吸收公众存款罪的主观方面,以行为人具有贷出资金的目的为要件,只有当行为人非法吸收公众存款用于货币资本的经营时,才构成本罪,行为人吸收资金用于自己的生产经营的,不构成犯罪。理由在于:第一,刑法第 174、175 条都是禁止的非法从事金融业务,因此第 176 条非法吸收公众存款罪所禁止的也是从民间获得资金从事金融业务;第二,刑法典第 176 条没有表述为非法吸收"资金",而是表述为非法吸收"存款",也直接表明本罪要求行为人从事金融业务;第三,将吸收公众存款用于货币、资本经营以外的生产、经营活动认定为本罪,就意味着否定部分民间借贷行为的合法性,不利于经济的发展。①

(2) 否定说认为本罪并未规定贷出资金的目的,该目的不应作为犯罪的构成要件,不管行为人吸收资金用于自己的生产经营还是贷出营利,都构成本罪。理由在于:第一,刑法第 176 条没有明确规定以行为人将吸收的存款用于信贷的目的作为构成要件;第二,承认该目

---

① 张明楷:《刑法学》(第四版),法律出版社 2011 年版,第 687 页。

的要件，会放纵吸收公众存款用于生产、经营活动的行为人，因为该行为也破坏了金融秩序，又不能通过其他犯罪来处理；[1] 第三，如果吸收公众资金用于正常的生产经营不构成犯罪，则本罪与擅自发行股票、公司、企业债券罪之间存在处罚上的不平衡。[2]

（3）《解释》（2010）则采取了折中的态度，该解释第二条所规定的本罪的典型行为方式中，没有将所吸收资金用于信贷这一目的作为构成要件，但第三条又规定"非法吸收或者变相吸收公众存款，主要用于正常的生产经营活动，能够及时清退所吸收资金，可以免于刑罚处罚；情节显著轻微的，不作为犯罪处理"。

（二）行为人具有贷出资金的目的是本罪的构成条件

上述肯定说中根据刑法典第174条、175条的内容，解释第176条的含义，结论并不可靠。因为并非本节所有犯罪都是打击非法从事金融业务，而且如果考虑相近法条之间保护法益的相近性，为什么不考虑与后面的法条一致呢？本条之后的第177条、178条，打击的对象并非非法从事金融业务。即使考虑与前面的法条一致，也不能得出学者所说的结论，因为与本条距离最近的第175条之一〔《刑法修正案（六）》所增设〕，打击的对象也不是非法从事金融业务。

而且假如认为本罪以"将所吸收的存款用于货币、资本经营为目的"违反了罪刑法定原则，那么即使肯定说再有利于社会经济的发展，也是不合理的。因此，争议的核心在于将该目的作为本罪的犯罪构成，是否符合刑法典的规定，是否违反罪刑法定原则。

本书认为，以"将所吸收的存款用于货币、资本经营为目的"作为本罪的犯罪构成，是刑法典第176条的应有之义，本书支持肯定说的立场，理由在于：

（1）以刑法没有明文规定为理由否认本罪以"将所吸收的存款用于货币、资本经营"为目的要件，理由并不确凿。因为"尽管刑法

---

[1] 马克昌主编：《经济犯罪新论》，武汉大学出版社1998年版，第321页。

[2] 刘仁文、田坤：《非法集资适用法律疑难问题探析》，《江苏行政学院学报》2012年第1期。

没有明文规定，但可以通过限制解释将某些犯罪确认为目的犯"，①这就是非法定目的犯的理论。非法定目的犯在我国刑法中广泛存在，而且得到学术界和司法实践的普遍认可，我国刑法中的盗窃、诈骗、抢夺罪等犯罪，法律条文虽然没有明确规定行为人必须具有"非法占有之目的"，但在刑法学理解释和司法适用中，却毫无争议地认为非法占有目的是该类犯罪一个不可缺少的构成要件。

（2）根据文理解释的方法，"存款"一词，本身不仅表明了该资金的来源，还表明了该资金所具备的特定去向和用途。

根据刑法典第 176 条，本罪中行为的对象是"存款"。从词源上看，"存款"一词并非刑法学的固有术语，而是来源于金融学的术语，"存款"总是和银行等金融机构的行为联结在一起的。如在《辞海》中"存款"是指"企业、机关、团体或居民根据可以收回的原则，把货币资金存入银行或其他信用机构保管的一种信用活动形式"。② 在《现代汉语规范词典中》"存款"是指"【动】把钱存入银行等金融机构【名】存在银行等金融机构的钱"。③ 因此，对"存款"一词的解释，不能脱离金融学的原意。在金融学中，吸收存款是银行形成资金来源的业务，"是银行的传统业务，在负债业务中占有最重要的地位，……是银行与生俱来的基本特征"。④ 而对于银行来讲，其吸收存款所形成的经营资金，乃是以从事资产业务为目的的。而资产业务"是指将自己通过负债业务所聚集的货币资金加以运用的业务，是其取得收益的主要途径"。⑤ 存款是银行经营资金的主要来源，将存款用于贷出或其他资产业务，是银行谋求利益的主要方法。银行吸收存款的行为本身，就具有天然的目的性，即不是为了自己使用，而是为了贷出谋利，这是一个基本常识。因此，认为刑法典第 176 条

---

① 陈兴良：《目的犯的法理探究》，《法学研究》2004 年第 3 期。

② 夏征农、陈至立主编：《辞海》（第六版）第一卷，上海辞书出版社 2009 年版，第 350 页。

③ 李行健主编：《现代汉语规范词典》，外语教学与研究出版社 2004 年版，第 161 页。

④ 黄达主编：《货币银行学》，中国人民大学出版社 2000 年版，第 184、188 页。

⑤ 同上。

规定的"存款"一词本身即具有"用来进行货币或资本经营"的目的,符合"存款"一词的本来含义。认为本罪吸收存款以"用来进行货币或资本经营"为目的,符合文理解释的基本规则。

另外,通过体系解释的方法,也能得出我国非法吸收公众存款罪以将所吸收的存款用于进行货币或资本经营目的这一结论。从刑法典不同条文的表述来看,刑法典中的"存款"和"资金"两个概念是区别使用的,刑法典第176条使用了"吸收公众存款"的表述,而第192条使用了"集资"的表述。在两个动宾短语中,"吸收"和"集"在含义上几乎没有区别,"公众"也不是两个表述之间的差别,差别仅仅在于"存款"和"资"(即"资金")之间。"存款"本来也是一种"资金",存款与资金的唯一差别在于"存款"形成银行或金融机构的经营资金,因而以贷出牟利为使用目的,而"资金"则未必具有这一目的。①

(3)根据目的解释的方法,以"将所吸收的存款用于货币或资本经营"为目的作为本罪的构成要件,符合立法原意。前文中已经论及,非法吸收公众存款罪的立法目的在于打击擅自设立金融机构、非法从事间接金融业务的行为,而不包括不以贷出营利为目的的直接融资行为。此点前文已经述及,不再赘述。

(4)将该特定目的作为本罪的构成要件,才能够准确而合理地划定非法吸收公众存款和合法借贷之间的界限,准确而合理地打击非法集资行为。

我国法律中区分民间借贷和非法集资,合法的民间借贷适用相关法律加以保障。1991年最高人民法院《关于人民法院审理借贷案件的若干意见》规定:"公民之间的借贷纠纷,公民与法人之间

---

① 《解释》(2010)则混淆了"存款"与"资金"的界限,将"非法吸收公众存款"解释为"违反国家金融管理法律规定,向社会公众(包括单位和个人)吸收资金的行为",这就不仅包括了以信贷经营为目的的非法吸收公众存款的间接金融行为,还包括了以本人使用资金为目的的直接金融行为。不但混淆了非法吸收公众存款罪与擅自发行股票、公司、企业债券罪之间的界限,还混淆了非法吸收公众存款罪与民间合法信贷之间的界限,造成犯罪圈的不当扩大。

的借贷纠纷以及公民与其他组织之间的借贷纠纷,应作为借贷案件受理。"1999年最高人民法院《关于如何确认公民与企业间借贷行为效力问题的批复》规定:"公民与非金融企业之间的借贷属于民间借贷,只要双方当事人意思表示真实即可认定有效;但是,具有下列情形之一的,应当认定无效:(一)企业以借贷名义向职工非法集资;(二)企业以借贷名义非法向社会集资;(三)企业以借贷名义向社会公众发放贷款;(四)其他违反法律、行政法规的行为。"2002年中国人民银行《关于取缔地下钱庄及打击高利贷行为的通知》规定:"民间个人借贷活动必须严格遵守国家法律、行政法规的有关规定,遵循自愿互助、诚实信用的原则。民间个人借贷中,出借人的资金必须是属于其合法收入的自有货币资金,禁止吸收他人资金转手放款。"

从这三个法律文件看出,民间借贷的主要特征是:债权人的资金是自有资金,且债务人不属于非法集资。这实际上将民间借贷限于直接融资行为。又由于向社会进行的直接融资行为(向陌生人的借贷)即公司向社会发行债券或股票的行为,受《证券法》的调整,需要特殊的程序和审批。因此,合法的民间借贷实际上指的是熟人之间的直接融资行为,既不包括以贷出资金为目的吸收公众存款的行为和将吸收来的他人存款贷出的行为,也不包括企业未经审批非法向社会直接融资的行为。是否具备以贷出资金为目的,在区分合法的民间借贷和非法集资中,具有重要的界限作用。

如果不以从事货币、资金业务为目的要件,根本无法划定本罪与合法借贷之间的界限。《解释》(2010)的规定中,由于"主要用于正常的生产经营活动"并且"能够及时清退所吸收资金"才免于刑罚处罚,但是"主要用于正常的生产经营活动"界限模糊,而"能够及时清退所吸收资金"界限清楚,因此"主要用于正常的生产经营"这一条件非常容易被淡化,该规定导致在实践中的操作标准往往是:凡是未经审批吸收公众资金的,都构成犯罪,能够清退资金的不被惩罚,不能及时清退资金的予以惩罚,至于如何使用所集资金反而并不重要。这产生两个方面的弊端:第一,造成本罪范围的无限扩大，当行为人不能返还资金时，即使将资金用于正常的生产经营，也不能免于刑罚处罚，这会不当地压缩市场中的融资自由。第二，在私营企业融资困难的基本国情前提下，不利于敦促已经融资的企业合理管理资金，严格划定当为和不当为的范围。因为即使是为了正常经营而吸收资金的，一旦融资人的正常经营出现困顿，还本付息出现难题时，融资人就会面临被追究刑事责任的危险。这反而会刺激融资人将所融资金投向高风险的货币资金业务领域，因为后者才有可能较快、较多地获得回报，从而获得还本付息的机会；更为严重的是，还会刺激融资人继续扩大融资，因为这样不仅可以以后面的融资归还前期的融资，避免恶化的经营状况被揭穿，而且还有可能以后续融资进行再投资，获得还本付息的机会（翻身的机会）。总之，即使是真实的将资金用于合法经营，一旦经营失败，行为人所考虑的不是如何缩小融资规模，反而会倾向于扩大融资规模，开始继续融资的疯狂赌博。吴英案就是一个适例。

（5）上述否定说中的第三个理由并不成立，以从事货币、资金业务为目的要件，能够实现本罪与其他相关罪名的协调，从而使有关犯罪既能够互相区别又能够相互配合。理由在于：

第一，吸收公众资金用于正常的生产经营未必不构成犯罪，按照刑法典第179条擅自发行股票、公司、企业债券罪之规定，即使为了正常的生产经营，未经有关机关批准擅自吸收投资的，仍然构成本罪。

第二，自然人，不通过公司的方式直接融资，依照当前的刑法法规无法定罪。但是，该法律漏洞应该通过完善证券法和相关刑法规则加以解决，而不是通过扩大非法吸收公众存款罪来解决。因为对社会公开的直接融资行为，融资主体虽然是自然人，但是其行为性质仍然属于证券融资行为，而不属于间接金融行为。由于我国"将大量符合证券特征的投资工具排除在证券的范围之外，从而不得不煞费苦心地运用不同的法律规范对其进行调整"，这"大大挤压了民间融资的自治空间，将自主融资压迫到了狭小的角落里，对合法民间融资造成不利影响"。①

第三，我国刑法中，关于非法集资的犯罪，除本罪外，还有集资诈骗罪，擅自发行股票、公司、企业债券罪，擅自设立金融机构罪等。其中集资诈骗罪打击以非法取得为目的非法集资的行为；擅自设立金融机构罪打击的是未经允许擅自设立银行、证券、期货、保险交易机构，以金融机构的名义从事各种活动的行为；非法吸收公众存款罪，打击的是非法从事货币资金的信贷业务的间接融资行为；而擅自发行股票、公司、企业债券罪，其来源和根据是《证券法》第188条，打击的是非法直接融资行为。四种行为客体不同，性质不同，对社会的危害不同，其法定刑虽有差别，但并非不合理，更非不协调。

综上所述，本节认为，非法吸收公众存款罪是指未经人民银行批准，擅自从事资金信贷业务，以将资金贷出营利为目的，擅自吸收公众存款的行为；或者合法设立的金融机构，违反《商业银行法》和相关法律、法规的规定，擅自提高或降低利率，破坏存贷款秩序的行为。行为人不以贷出营利为目的，吸收公众资金用于企业自身合法、真实经营行为的，不构成本罪，但可能构成擅自发行股票、公司、企业债券罪等。行为人是否进行公开宣传、是否向社会公众吸收资金，以及到底使用什么样的具体方式，均不属于非法吸收公众存款罪的构成要件，本罪认定中不需要进行此种判断。②

第三节 伪造、变造、转让金融机构经营许可证、批准文件罪

一 概述

伪造、变造、转让金融机构经营许可证、批准文件罪是指伪造、变

---

① 李有星、范俊浩：《非法集资中的不特定对象标准探析——私募基金视角的全新解读》，《浙江大学学报》（人文社会科学版）2001年第5期。

② 但可能成为擅自发行股票、公司、企业债券罪的构成要件，此问题尚需进一步讨论。

造、转让商业银行、证券交易所、期货交易所、证券公司、期货经纪公司、保险公司或者其他金融机构的经营许可证或者批准文件的行为。

金融机构设立的审批制，是在改革开放之后确立的。1994年8月5日《金融机构管理规定》第六条规定："中国人民银行对金融机构实行许可证制度。对具有法人资格的金融机构颁发《金融机构法人许可证》，对不具有法人资格的金融机构颁发《金融机构营业许可证》。未取得许可证者，一律不得经营金融业务。"因此，我国1979年刑法典制定时，没有规定本罪。1979年刑法第167条规定的伪造、变造公文、证件、印章罪，也并不包括伪造、变造金融机构经营许可证和批准文件的行为。本罪是1995年6月30日全国人大常委会《关于惩治破坏金融秩序犯罪的决定》所设立。1997年刑法修改时，将该罪正式吸收进刑法典中，规定为第174条第2款。1999年12月25日《刑法修正案》对该款进行修改，补充列举了金融机构的类型，并增加了"批准文件"作为本罪的行为对象。

目前，刑法典对本罪的规定是：

第174条第2款【伪造、变造、转让金融机构经营许可证、批准文件罪】

伪造、变造、转让商业银行、证券交易所、期货交易所、证券公司、期货经纪公司、保险公司或者其他金融机构的经营许可证或者批准文件的，依照前款的规定处罚。

二 本罪的犯罪客体

有学者认为，本罪的客体是"国家对金融机构经营许可证、批准文件的管理秩序"。[①] 也有学者认为，本罪的客体是"中国人民银行对设立金融机构的审批权"。[②] 笔者认为，在司法实践中，存在专门伪造、

---

① 高铭暄、马克昌主编：《刑法学》（第五版），北京大学出版社、高等教育出版社2011年版，第404页。

② 叶高峰主编：《金融犯罪论》，河南师范大学出版社1999年版，第147页。

变造各种证件的职业犯罪人,也存在伪造、变造金融机构经营许可证后并不将其用于设立金融机构的情况,他们实际仅仅侵害了国家对金融机构经营许可证、批准文件的管理秩序,并未真实侵害设立金融机构的审批权。因此,本罪客体归纳为上述第一种观点是合理的。

国家对金融机构经营许可证、批准文件,是指国家银监会、保监会、证监会发放的批准金融机构设立或允许已经设立的商业银行、保险公司、证券公司、证券交易所、期货交易所、期货经纪公司或者其他经营机构从事相关金融业务的许可证或批准文件。金融机构经营许可证、批准文件包括两种:第一,金融机构法人许可证或证明文件;第二,金融机构营业许可证或证明文件。经批准设立的金融机构,凭借此许可证和批准文件,向工商行政管理机关办理登记,领取营业执照。

由于通常情况下行为人通过伪造、变造或转让金融机构经营许可证来达到未经合法审批而设立金融机构或者未经合法批准而经营金融业务的目的,所以,本罪通常也侵害国家相关管理机构对金融机构设立和经营权限的审批权,通常既包括"设立金融机构的审批权",也包括"已经设立的金融机构经营特定金融业务的审批权"。上述叶高峰教授的观点似不准确。

国家对金融机构经营许可证、批准文件,制定了大量的法律法规[①],从印制到颁发再到使用实行全程管理:印制管理如中国人民银行1994年《金融机构管理规定》(银发[1994]198号)第25条规定"《金融机构法人许可证》和《金融机构营业许可证》由中国人民银行总行统一设计和印制",第27条第二句规定"许可证禁止伪造、涂改、出租、出借、转让、出卖,未经中国人民银行批准不得复印";颁发管理如《金融机构管理规定》第二十四条"《金融机构法人许可证》或《金融机构营业许可证》是金融机构经营金融业务的法定证明文件,除由中国人民银行依法颁发、扣缴或吊销外,其他任何单位和个人不得发

---

① 有《金融机构管理规定》、《金融许可证管理办法》、《商业银行法》、《证券交易所管理办法》、《期货交易管理条例》、《期货经纪公司管理办法》、《保险法》、《保险许可证管理办法》、《保险公司管理规定》、《保险代理机构管理规定》、《关于基金管理公司法人许可证管理有关事项的通知》、《企业集团财务公司管理办法》等。

放、收缴或扣押";使用管理如《金融机构管理规定》第二十七条"金融机构应将《金融机构法人许可证》或《金融机构营业许可证》正本放置在营业场所的显著位置,并妥善存放、保管许可证副本,以备查验。许可证禁止伪造、涂改、出租、出借、转让、出卖,未经中国人民银行批准不得复印"等。伪造、变造、转让金融机构经营许可证、证明文件,违反了金融机构许可证、证明文件的印制、颁发和使用制度。

三 本罪的客观方面

本罪的客观方面是行为人实施了伪造、变造、转让商业银行、证券交易所、期货交易所、证券公司、期货经纪公司、保险公司或者其他金融机构的经营许可证或者批准文件的行为。

所谓伪造,是指仿照金融机构经营许可证、批准文件的图案、形状、色彩、签名、公章、内容(如业务范围、单位名称、批准单位、批准日期)等特征,非法制造假的经营许可证或批准文件,冒充真的经营许可证、批准文件的行为。伪造的手法一般有复印、拓印、影印、手描、印刷等。

所谓变造,是指采用剪贴、挖补、擦抹、拼接、涂改、覆盖等方法,对真实的许可证或批准文件加以改造,从而改变其原来内容(包括单位名称、批准日期、经营范围等)的行为。

所谓转让,是指行为人将自己合法取得的金融机构经营许可证或批准文件,非法转交、让与他人使用的行为。转让是否包括出租、出借、出卖?有两种观点,第一种观点认为,该"转让"是指通过出售、出租、出卖、赠与等方式有偿或无偿将经营许可证转与或者让与他人使用。[①] 第二种观点认为,对"转让"一词的解释,应该严格依照《商业银行法》和《金融机构管理规定》的有关规定进行,由于上述法律法规明确将转让与出租、出借、出卖相并列,

---

① 赵秉志主编:《新刑法全书》,中国人民大学出版社1997年版,第659页;赵长青主编:《新编刑法学》,西南师范大学出版社1997年版,第515页;叶高峰主编:《金融犯罪论》,河南师范大学出版社1999年版,第150页;李永升主编:《金融犯罪研究》,中国检察出版社2010年版,第145页。

说明立法者认为出租、出借、出卖不是转让的表现形式。因此，出租、出借、出卖金融机构经营许可证的，不能按本罪处理。出卖金融机构经营许可证的，可按刑法第 280 条规定的买卖国家机关证件罪处罚。出租、出借金融机构经营许可证的，由于刑法没有明文规定，因此不能按照犯罪处理。[1] 本书支持第一种观点，认为上述第二种观点虽然符合文理解释的结论，但该文理解释存在逻辑的矛盾。第二种观点，将"转让"仅仅解释为不以牟利为目的让与他人金融机构经营许可证的行为，它与出租、出借、出卖金融机构经营许可证相比，转让行为显然要比以牟利为目的向他人出租、出借、出卖金融机构经营许可证的行为主观恶性小、社会危害小。因此，严格按照文理解释得出的结论是：处罚轻的，放掉重的。这显然不符合日常生活的逻辑，也不会符合法律制定的本来目的。因此，这里的转让，应理解为转交、让与，不仅包括不获得回报的转让，也包括获得回报的出租、出借、出卖等行为。行为人伪造（变造）经营许可证和批准文件后，又让与他人的，应该成立伪造（变造）金融机构经营许可证和转让金融机构经营许可证两个行为，但是，由于本罪为选择罪名，行为人应该定伪造（变造）、转让金融机构经营许可证罪。

金融机构经营许可证或批准文件的范围如何？

叶高峰教授认为，作为本罪侵犯对象的金融机构经营许可证是指"由中国人民银行颁发的许可成立金融机构经营金融业务的证明文件"。其外延包括商业银行和非银行金融机构的设立许可证，非银行金融机构包括信托投资公司、融资租赁公司、财务公司、保险公司、证券公司、城乡信用合作社、中国经济技术投资实业公司、中国农村发展投资公司、中国担保公司、国家农业投资公司、渤海湾开发实业公司、大连开发投资公司、沈阳实业投资公司、上海科技投资公司、邮政储蓄等，认为本罪的金融许可证不包括人民银行和政策性银行的

---

[1] 马克昌主编：《经济犯罪新论》，武汉大学出版社 1998 年版，第 258 页。

批准设立文件和经营许可证。[①]

本书认为，叶高峰教授的观点不符合现行法律、法规的规定。按照我国《金融许可证管理办法》第2条、第3条的规定，金融许可证是指中国银监会依法颁发的特许金融机构经营金融业务的法律文件。银监会规定的适用金融许可证的金融机构包括：政策性银行、商业银行、农村合作银行、城市信用社、农村信用社、村镇银行、贷款公司、农村资金互助社、金融资产管理公司、信托公司、企业集团财务公司、金融租赁公司、汽车金融公司、货币经纪公司等。根据我国《保险许可证管理办法》，应当取得保险许可证的公司包括：经营保险业务的保险控股公司和保险集团公司、保险公司及其分支机构、保险资产管理公司及其分支机构、保险代理机构、保险经纪机构、保险公估机构及其分支机构、保险兼业代理机构、中国保监会规定的其他保险类机构；本办法规定的保险许可证包括：保险公司法人许可证和经营保险业务许可证、保险营销服务许可证、经营保险代理业务许可证、经营保险经纪业务许可证、经营保险公估业务许可证、保险兼业代理业务许可证、保险资产管理公司法人许可证和经营保险资产管理业务许可证。

金融许可证和批准文件，是否包括工商登记管理机构向金融机构颁发的法人执照和营业执照？本书认为，不包括。根据上述法律、法规的条文，可以发现，相关特别法律法规仅仅对中国银监会、证监会、保监会批准的经营许可证、批准文件加以专门规定，而没有包括工商登记机关颁发的营业执照、法人执照。

四 本罪的犯罪主体

根据刑法典第174条之规定，自然人和单位都可能构成本罪。同时，合法设立的金融机构也可以构成本罪。

[①] 叶高峰主编：《金融犯罪论》，河南师范大学出版社1999年版，第149页。

五 本罪的主观方面

本罪的主观方面是故意。李永升等教授认为，本罪以行为人具有违法性认识为要件，需行为人明知伪造、变造、转让金融机构许可证是违法的，而故意为之。① 本书不同意该观点，从刑法典第 174 条来看，法律并没有明文规定本罪以行为人违法性认识为构成条件，上述学者的观点违反了罪刑法定原则。

叶高峰教授认为，本罪的成立，以行为人行使为目的，如果行为人只是为了炫耀自己的"本领"而伪造、变造，不构成该罪。本书同意该观点，从立法目的上来看，本罪的设立乃在于打击滥用金融机构设立权力，危害金融市场准入秩序，不以设立金融机构或者提供给他人设立金融机构为目的的伪造、变造金融机构经营许可证，不符合该罪的设立目的，不具有刑罚当罚性。

第四节 擅自发行股票、公司、企业债券罪

指未经国家有关主管部门批准，擅自发行股票或公司、企业债券，数额巨大、后果严重或者有其他严重情节的行为。

本罪的行为对象是股票或公司、企业债券。不包括国库券和政府债券。股票、企业债券是公司、企业用以筹集生产建设资金的手段，而不是筹集用以贷出牟利的信贷资金的手段。公司、企业筹集资金用以贷出牟利的，成立非法吸收公众存款罪。商业银行（一般也是有限公司或股份公司）未经批准擅自发行股票、债券的，构成本罪，不构成非法吸收公众存款罪，因商业银行有吸收存款权利，一般不构成非法吸收公众存款罪。

本罪的行为表现为未经国家有关主管部门批准，擅自发行股票或

---

① 李永升主编：《金融犯罪研究》，中国检察出版社 2010 年版，第 147 页；马克昌主编：《经济犯罪新论》，武汉大学出版社 1998 年版，第 259 页；叶高峰主编：《金融犯罪论》，河南师范大学出版社 1999 年版，第 150 页。

者公司、企业债券。

擅自发行，指未经公司法和企业债券管理条例所确定的审批机关的批准，不具备发行条件而擅自发行股票或者公司、企业债券，或者虽然具备合法的发行条件但违反证券法等法律法规发行股票、公司、企业债券。

未经批准，不仅包括在股票、债券发行环节中未向有关机关申请批准，也包括申请批准未被准许，也包括不具备公司、企业资格的企业发行股票、债券因而未被批准。

擅自发行，此处应作限制解释为"擅自公开发行"，即向社会不特定对象或者向特定的多数人发行股票和公司、企业债券。我国《公司法》并未明确使用"公开发行"和"发行"两个概念。但是《证券法》中明确区分两个概念。《证券法》第10条规定："公开发行证券，必须符合法律、行政法规规定的条件，并依法报经国务院证券监督管理机构或者国务院授权的部门核准；未经依法核准，任何单位和个人不得公开发行证券。有下列情形之一的，为公开发行：（一）向不特定对象发行证券的；（二）向特定对象发行证券累计超过二百人的；（三）法律、行政法规规定的其他发行行为。非公开发行证券，不得采用广告、公开劝诱和变相公开方式。"

《证券法》的这一立场在刑法中得以体现。《关于审理非法集资刑事案件具体应用法律若干问题的解释》第6条规定，未经国家有关主管部门批准，向社会不特定对象发行、以转让股权等方式变相发行股票或者公司、企业债券，或者向特定对象发行、变相发行股票或者公司、企业债券累计超过200人的，应当认定为刑法第一百七十九条规定的"擅自发行股票、公司、企业债券"。该条的规定显然不包括向特定少数人"发行"股票或者公司、企业债券的行为，即不包括"非公开发行"行为。

本罪的"发行"之所以应限定为"公开发行"而不包括"非公开发行"，乃是因为，市场中的融资行为乃市场主体的权利和天性，市场自由即包含融资自由。自然人之间、企业之间、自然人与企业之间合法的融资行为应受法律保护。"公开发行"和"非公开发行"的区分，实际上是区分了向特定对象融资和社会公众融资。向社会公众融资由于存在信息不对称、融资数额巨大、公众对资金安全性的要求高等特点受到《银行法》、《公司法》、《证券法》以及《刑法》的严格保护。本书本节中的四个罪名，均以存在向社会公众融资的可能性为潜在内容。

在向特定少数人融资的情况下，出资人往往为专家投资人，他们对信息的收集和分析能力与社会大众完全不同，因此，各国证券法均区分对社会公众的融资和非对社会公众的融资，并给予不同的待遇。如我国《证券法》第13条、第16条，对股票发行条件、债券发行条件的规定，均是以"公开发行"为前提。非公开发行股票、债券的，不受《证券法》调整，只受《合同法》等调整。

反过来，正是由于股票、债券公开发行对社会公众所带来的影响，《公司法》《证券法》等法律法规才严格要求其发行条件，不仅要求股票、债券的公开发行必须符合实质性条件（如《证券法》第13条、第16条的规定，《公司法》第137条、第161条、第162条），还要求股票债券的发行必须经过相关机关的批准（《证券法》第10条，《公司法》第139条、第163条等的规定），符合形式要件。即使发行人具备了实质要件，未经有关机关批准而擅自发行的，仍然受到严厉的惩罚，本罪的立法目的即在于此。

擅自发行股票、公司、企业债券数额巨大、后果严重或者有其他严重情节时，才构成本罪。根据《立案标准（二）》，"数额巨大、后果严重或者有其他严重情节"指：（1）发行数额在五十万元以上的；（2）虽未达到上述数额标准，但擅自发行致使三十人以上的投资者购买了股票或者公司、企业债券的；（3）不能及时清偿或者清退的；（4）其他后果严重或者有其他严重情节的情形。

本罪的主体是一般主体，包括自然人和单位。

本罪的主观方面是故意。并且行为人不具有非法占有他人财产的目的。具有非法占有他人财产目的的，构成集资诈骗罪或者诈骗罪，不构成本罪。

本罪与欺诈发行股票、债券罪的异同。相同点：（1）对象相同，都是股票和公司、企业债券；（2）主体均为一般主体的自然人、单位；（3）主观方面均为故意；（4）均要求数额巨大、后果严重或者有其他严重情节。不同点：（1）客体不同，二者都侵害了公司融资秩序，但是本罪破坏了直接金融市场准入秩序，而欺诈发行股票、债券罪侵害了投资人合法权益；（2）违法性不同，本罪为形式违法，即未经国家有关机关批准，擅自发行股票或公司、企业债券。行为人未必违反《公司法》《证券法》对发行股票、债券的实质条件，也不一定侵害投资人权益；欺诈发行股票、公司、企业债券罪违反了公司企业法的实质要求，侵害了他人合法权益；（3）行为性质不同，前者为不作为犯，之所以成立犯罪，乃在于其发行股票、债券的行为未经有关机构批准；后者为作为犯，之所以受到刑罚处罚，乃在于行为人对发行股票、债券所需的相关文件进行了不实披露。

本罪与非法吸收公众存款罪的界限：有学者认为"实践中，一些公司、企业虽然也擅自发行股票，但实际上并不按股分红或配股，而是对股票购买者支付利息。这实际上是以发行股票之名，行吸收存款之实，是变相吸收公众存款的行为。这种行为构成非法吸收公众存款罪，不构成本罪"。本书不同意该观点。本罪不仅包括擅自发行股票的行为，还包括擅自发行债券的行为，如果以是否支付利息为区分本罪和非法吸收公众存款罪的根据，那么擅自发行债券的行为岂不就是非法吸收公众存款罪？如前所述，本书认为，本罪设立的意义在于杜绝非法直接向社会融资行为，而非法吸收公众存款罪设立的意义在于杜绝非法向公众间接融资的行为。本罪中，发行股票和债券所吸收的资金，有集资企业直接用于自身的生产和经营，不包括用于对外融资。将吸收来的公众资金用于贷出牟利的，或者以将吸收来的资金贷出牟利为目的的，不构成本罪，构成非法吸收公众存款罪。即使是非法设立的公司、企业，擅自发行股票、债券，用来筹集自身正当生产建设资金的，也应按照本罪处理，不应按照非法吸收公众存款罪处理。非法设立的公司、企业，以发行股票、债券的名义筹集资金，用于非法活动甚至犯罪活动的，既不成立本罪，也不构成非法吸收公众存款罪，而应以集资诈骗罪处理。

  本罪的罪数问题。未经国家有关部门批准，又采取欺诈方式发行股票或公司、企业债券的，构成本罪与欺诈发行股票、公司、企业债券罪的想象竞合犯，从一重处罚。

第五章 破坏金融市场经营秩序的犯罪

第一节 破坏资金信贷、信托市场经营秩序的犯罪

一 概述

商业银行业务主要由三个方面的业务内容组成：负债业务、资产业务和中间业务。所谓负债业务，是指商业银行通过吸收存款和借款的形式，付出一定代价，形成资金来源的业务。资产业务是指商业银行运用资金的业务，也就是商业银行将其吸收的资金贷放或投资出去赚取收益的活动。中间业务是指商业银行不需动用自己的资金，依托业务、技术、机构、信誉和人才等优势，以中间人的身份代理客户承办收付和其他委托事项，提供各种金融服务并据以收取手续费的业务。

负债业务主要包括吸收存款、发行金融债券和同业拆借。其中吸收公众存款是形成商业银行信贷资金的主要方式，因而是商业银行业务的核心内容，是商业银行区别于其他金融机构和非金融机构的主要特征。由于吸收存款关涉公众利益，国家因而特别重视商业银行的资信水平，通过严格的准入制度和管理制度维持商业银行的信用，并杜绝未经批准、不具有相应信用能力的个人和企业吸收公众存款，并严格规范商业银行的吸储行为，避免同业恶性竞争扰乱正常的吸储秩序，损害商业银行信用能力，损害储户利益。刑法因而设立非法吸收公众存款罪，打击未经允许的吸收公众存款行为和违规吸储行为。本书认为，非法吸收公众存款罪的打击重点在于杜绝没有相应资质的个人和机构非法吸收公众存款，即非法进入商业银行业务领域，因而重

点在于维护金融市场准入门槛，因此，本书将其归入破坏金融市场准入秩序的犯罪中。但非法吸收公众存款罪，当然具有扰乱存贷款秩序犯罪的性质。

资产业务主要包括发放贷款、票据贴现、银行投资和金融租赁四种类型。其中发放贷款是商业银行资产业务的中心。商业银行是自主经营、自担风险、自负盈亏、自我约束的营利性金融企业。资产业务的质量决定着商业银行的资金安全和经营效益，同时也关系到商业银行所吸收的公众资金的安全。因此，不仅商业银行本身高度重视资产业务的质量，国家金融管理机构对商业银行的资产业务也有严格的要求，通过杜绝商业银行实施高风险业务保障商业银行资金安全，维护储户利益。刑法规定的高利转贷罪，骗取贷款、票据承兑、金融票证罪，违法发放贷款罪，违规出具金融票证罪，对违法票据承兑、付款、保证罪，即为维护信贷市场正常秩序，保护商业银行信贷资金安全合理发放。

商业银行的中间业务有汇兑、信用证、代收、同业往来、代客买卖、信托业务、租赁业务等。中间业务由于较少占用商业银行资金，有利于提高商业银行的经济效益。我国市场经济的迅速发展，带来了多种融资和多样化金融服务的需求，中间业务在一定程度上也适应了市场的需求。但是中间业务领域，金融创新不断发展，金融衍生品多样化、技术化特征明显，金融监管难度较大。中间业务不要求银行投入资金，但以商业银行信用作为担保，要求商业银行在经营中间业务过程中对客户诚信、尽职、勤勉。证券、期货、保险经营机构，也以接受客户委托为重要工作，同样要求其经营尽职、勤勉，《证券法》、《信托法》、《证券公司监督管理条例》、《证券公司客户资产管理业务试行办法》、《期货交易管理条例》、《信托公司管理办法》等均要求相关公司和从业人员诚信经营，依法履行对客户资产的管理，刑法规定了背信运用受托财产罪打击相关公司和人员违背受托义务，擅自运用客户资金或其他委托财产的行为。

商业银行的经营安全，建立在商业银行工作人员廉洁、诚信、尽职、勤勉的工作之上，一旦商业银行的工作人员利用职务之便违法操作，就会给商业银行自身和客户资金带来无法估量的风险，刑法因而特别重视商业银行工作人员职务行为的廉洁和尽职，专门要求商业银行工作人员在吸收存款、发放贷款、出具票证及对票据承兑、付款、保证时遵守法律和道德，否则按照犯罪处理。

此外，由于我国社保机构、住房公积金管理机构和保险机构、基金管理机构等占有了大量社会资金，而该笔资金如果被擅自用来进行违法操作，将对社保、保险、住房公积金的资金安全造成极大危险。同时，大量的资金擅自进入金融市场，也会对市场中的资金量产生较大影响，妨碍国家宏观调控，因此我国在《保险法》《全国社会保障基金投资管理暂行办法》《住房公积金管理条例》《证券投资基金运作管理办法》《保险保障基金管理办法》等法律法规中专门要求相关机构保障相关资金的安全性，严格遵守稳健经营原则。刑法也设立违法运用资金罪，打击这些机构违法运用资金的行为。

综上，本节罪名有：第175条高利转贷罪，第175条之一骗取贷款、票据承兑、金融票证罪，第185条之一第一款背信运用受托财产罪，第185条之一第二款违法运用资金罪，第186条违法发放贷款罪，第187条吸收客户资金不入账罪，第188条违规出具金融票证罪，第189条对违法票据承兑、付款、保证罪。

刑法具体规定如下：

第一百七十五条 【高利转贷罪】以转贷牟利为目的，套取金融机构信贷资金高利转贷他人，违法所得数额较大的，处三年以下有期徒刑或者拘役，并处违法所得一倍以上五倍以下罚金；数额巨大的，处三年以上七年以下有期徒刑，并处违法所得一倍以上五倍以下罚金。

单位犯前款罪的，对单位判处罚金，并对其直接负责的主管人员和其他直接责任人员，处三年以下有期徒刑或者拘役。

第一百七十五条之一 【骗取贷款、票据承兑、金融票证罪】以欺骗手段取得银行或者其他金融机构贷款、票据承兑、信用证、保函等，给银行或者其他金融机构造成重大损失或者有其他严重情节的，处三年以下有期徒刑或者拘役，并处或者单处罚金；给银行或者其他金融机构造成特别重大损失或者有其他特别严重情节的，处三年以上七年以下有期徒刑，并处罚金。

单位犯前款罪的，对单位判处罚金，并对其直接负责的主管人员和其他直接责任人员，依照前款的规定处罚。

第一百八十五条之一 【背信运用受托财产罪】商业银行、证券交易所、期货交易所、证券公司、期货经纪公司、保险公司或者其他金融机构，违背受托义务，擅自运用客户资金或者其他委托、信托的财产，情节严重的，对单位判处罚金，并对其直接负责的主管人员和其他直接责任人员，处三年以下有期徒刑或者拘役，并处三万元以上三十万元以下罚金；情节特别严重的，处三年以上十年以下有期徒刑，并处五万元以上五十万元以下罚金。

【背信运用受托财产罪；违法运用资金罪】社会保障基金管理机构、住房公积金管理机构等公众资金管理机构，以及保险公司、保险资产管理公司、证券投资基金管理公司，违反国家规定运用资金的，对其直接负责的主管人员和其他直接责任人员，依照前款的规定处罚。

第一百八十六条 【违法发放贷款罪】银行或者其他金融机构的工作人员违反国家规定发放贷款，数额巨大或者造成重大损失的，处五年以下有期徒刑或者拘役，并处一万元以上十万元以下罚金；数额特别巨大或者造成特别重大损失的，处五年以上有期徒刑，并处二万元以上二十万元以下罚金。

银行或者其他金融机构的工作人员违反国家规定，向关系人发放贷款的，依照前款的规定从重处罚。

单位犯前两款罪的，对单位判处罚金，并对其直接负责的主管人员和其他直接责任人员，依照前两款的规定处罚。

关系人的范围，依照《中华人民共和国商业银行法》和有关金融法规确定。

第一百八十七条 【吸收客户资金不入账罪】银行或者其他

金融机构的工作人员吸收客户资金不入帐，数额巨大或者造成重大损失的，处五年以下有期徒刑或者拘役，并处二万元以上二十万元以下罚金；数额特别巨大或者造成特别重大损失的，处五年以上有期徒刑，并处五万元以上五十万元以下罚金。

单位犯前款罪的，对单位判处罚金，并对其直接负责的主管人员和其他直接责任人员，依照前款的规定处罚。

第一百八十八条　【违规出具金融票证罪】银行或者其他金融机构的工作人员违反规定，为他人出具信用证或者其他保函、票据、存单、资信证明，情节严重的，处五年以下有期徒刑或者拘役；情节特别严重的，处五年以上有期徒刑。

单位犯前款罪的，对单位判处罚金，并对其直接负责的主管人员和其他直接责任人员，依照前款的规定处罚。

第一百八十九条　【对违法票据承兑、付款、保证罪】银行或者其他金融机构的工作人员在票据业务中，对违反票据法规定的票据予以承兑、付款或者保证，造成重大损失的，处五年以下有期徒刑或者拘役；造成特别重大损失的，处五年以上有期徒刑。

单位犯前款罪的，对单位判处罚金，并对其直接负责的主管人员和其他直接责任人员，依照前款的规定处罚。

二　高利转贷罪

高利转贷罪是以转贷牟利为目的，套取金融机构信贷资金高利转贷给他人，违法所得数额较大的行为。

本罪侵犯的对象是金融机构的信贷资金，即金融机构将通过股权投资、吸收存款、金融债券等方式筹集到的资金作为贷款发放给他人使用时的资金。

贷款有信用贷款和担保贷款两种，一般情况下，商业银行贷款多采用担保贷款的形式，但是，经商业银行审查、评估，确认贷款人资信良好、确能偿还贷款的，可以不提供担保，获得商业银行的信用贷款。无论信用贷款还是担保贷款，商业银行都要评估借款人的还款能力，并且要求借款人按照借款合同的约定使用贷款，不得将贷款转贷他人或作其他用途。《贷款通则》（2012）第十九条规定，借款人应及时依法向贷款人提供贷款人要求的有关资料，不得隐瞒，不得提供虚假资料。第二十条规定，借款人应依法接受贷款人对其财务状况以及使用贷款情况的监督。第二十二条规定，借款人应按借款合同约定使用贷款，并按期足额还本付息。借款人未按照约定的期限归还贷款的，应按照中国人民银行的有关规定支付逾期利息。之所以作如此规定，是为了保证贷款安全，用途合法并能符合国家的产业政策。行为人在取得贷款后违反借款合同的约定，将贷款转贷他人，会给贷款的收回造成不应有的风险，同时也会造成信贷资金用途不可控，并有可能造成民间高利贷的发生。

同时，我国为了通过金融手段实现国家宏观经济政策，设立了国家开发银行、中国进出口银行和中国农业发展银行三家政策性银行，以支持特定项目的发展。政策性银行贷款多为信用贷款。行为人套取政策性银行贷款后转贷牟利，也构成本罪。

有学者认为，应将"信贷资金"理解为仅包括信用贷款。[①] 本书不同意该观点，理由有三：第一，刑法典第175条所规定的"信贷资金"，从字面理解既包括担保贷款，也包括信用贷款，没有依据将其理解为信用贷款。第二，从目的性角度，信用贷款和担保贷款都可能被用来转贷牟利，信用贷款虽然会危害信贷资金的安全性，但金融市场中担保贷款数量要比信用贷款大得多，如果从防止民间高利贷的角度来看，管控担保贷款要比管控信用贷款重要得多。第三，由于民间金融市场不发达，很多民营企业取得商业银行贷款困难，民营企业存在大量资金缺口，如果排除担保贷款作为本罪犯罪对象，就会引发地下金融业大量套取银行信贷转贷民间、收取高利的现象，刺激民间高利贷的发展。

本罪的行为包括两个环节：第一，行为人套取金融机构信贷资金。所谓套取，不限于通过虚构贷款利益或贷款条件的欺骗方式取得

---

① 陈兴良：《刑法疏议》，中国人民公安大学出版社1997年版，第331页。

信贷资金，也包括通过真实合法的方式取得信贷资金。所谓金融机构，指所有能够产生信贷资金的金融机构，既包括银行也包括其他非银行金融机构，银行既包括商业银行，也包括政策性银行。经济实践中，中央银行为了调控金融机构的头寸、调节货币供应量、稳定金融秩序、支持金融机构改革，往往还会对商业银行等金融机构进行再贷款，商业银行如果将该种具备特定用款目的的再贷款高利转贷他人的，也应该构成本罪。第二，将套取的贷款高利转贷他人。何为"高利"？有学者认为，应将"高利"认为比银行同期贷款利率高出 4 倍以上。因为民间借贷超出银行同类贷款利率 4 倍以上才属违法，在同类贷款利率 4 倍以下的借款，连违法都不算，而把利率 4 倍以下只是所得较大认定为犯罪，有悖公平。①

　　本书不同意该观点。第一，民间借贷资金本身合法，只有当利率过高，违反市场公平，也不利于维护民间金融秩序时，国家才进行干预，所以国家对民间借贷的干预立场应该是被动的、消极的，不应过多干预民间融资行为，所以限定较高的利率水平上限，避免了不当地限制民间金融的自由发展。而本罪中，行为人套取金融机构信贷资金转贷，本属违法，转贷牟利，危害重重，因此国家对该种情况的干预应当是积极的，不存在保护民间金融自由的立场问题，当然不能以 4 倍以上作为定罪标准。第二，民间借贷以使用自有资金为基础，资金总量有限，而且风险自担，因此民间借贷的信用扩张能力有限。但本罪以使用金融机构信贷资金为基础，资金总量非常巨大，且风险最终由金融机构承担，因此信用扩张能力非常大，如果将定罪标准定得过高，必然不利于打击套取金融机构资金进行高利贷的现象。第三，相对而言，在转贷利率水平高于贷款利率水平的情况下，行为人转贷利率越低，取得相同数额的非法收入需要转贷的资金量越大，其实对银行信贷资金的风险就更大。因此本书主张，所谓"高利"，应指高于转贷人贷款利率，以至于转贷人能够牟利的利率水平，只要行为人套取银行信贷资金，以可以牟利的利率水平转贷，不管利率到底多高，

---

　　① 李永升主编：《金融犯罪研究》，中国检察出版社 2010 年版，第 153 页。

只要违法所得数额较大，就应该构成本罪。违法所得数额，而不是利率水平，才是真正衡量行为社会危害性的标尺。

违法所得数额较大，根据《立案标准（二）》是指违法所得数额在10万元以上的情况。另外《立案标准（二）》还规定，违法所得数额虽未达到10万元以上的标准，但是2年内因高利转贷受过行政处罚2次以上又高利转贷的，也应予以立案追诉。本书认为，将违法所得数额未达到10万元以上的行为认为也应追诉，违反了刑法第175条的规定，因为该条文明确要求构成本罪需要"违法所得数额较大"，没有规定"或者情节严重"等情况。

本罪的主体是一般主体，既包括自然人，也包括单位。本罪的主观方面是故意。

三 骗取贷款、票据承兑、金融票证罪

本罪是指以欺骗手段取得银行或其他金融机构贷款、票据承兑、信用证、保函等，给银行或者其他金融机构造成重大损失或者有其他严重情节的行为。

本罪是2006年6月29日《刑法修正案（六）》新增加的罪名。

近年来，随着市场经济的不断发展，企业经营活动活跃，尤其是一些企业在经营过程中亟须资金扩大经营规模。但是由于金融市场垄断现象比较严重，商业银行贷款条件严格，信贷资金往往为担保贷款，而且往往要求使用不动产担保，企业需要的资金无法通过正当合理的贷款途径解决。一些企业铤而走险，或者通过民间高利借贷，或者通过非法集资方式，也有的通过骗取商业银行信用的方式解决。由于骗取金融机构贷款、票据等方式违反了《商业银行法》《贷款通则》等法律的规定，贷款人往往达不到相应的可靠程度，这些贷款往往不如担保贷款那样具有高度的安全性，收回的风险较大。再加上，在实际经营中，贷款人由于经营过失造成失败，以至于贷款无法收回的现象比较严重。这种现象，既不属于贷款诈骗罪，又给银行造成较大损失。2000年9月20日，最高院在全国法院审理金融犯罪案件工作座谈会中特别指出："对于合法取得贷款后，没有按照规定的用途

使用贷款，到期没有归还贷款的，不能以贷款诈骗罪定罪处罚；对于确有证据证明行为人不具有非法占有目的的，因为不具备贷款的条件而采取了欺骗手段获取贷款，案发时有能力履行还贷义务，或者案发时不能归还贷款是因为意志以外的原因，如因经营不善、被骗、市场风险等，不应以贷款诈骗罪定罪处罚。"① 但是，该种行为如何处理，的确造成了司法难题。2005年2月，国务院召集银行、审计、公安、证券等有关部门开会研究如何进一步在刑法中完善对此类金融欺诈行为的处罚。2005年3月成立"国务院修改刑法中有关金融犯罪条款研究工作小组"，该小组对金融刑法的有关修改意见最终形成了《刑法修正案（六）》对本罪的相关规定。

本罪的行为对象是商业银行或其他金融机构的贷款、票据承兑、金融票证等金融信用。行为人本身并不具有非法取得金融机构财产的目的，而是意欲通过欺骗方式，取得商业银行等金融机构的信任，从而为其提供贷款、承兑票据或发放金融票证等金融服务。

本罪的行为是行为人以欺诈手段申请贷款、票据承兑、信用证、保函等金融信用。所谓欺诈，是指采用虚构事实、隐瞒真相的方法，取得贷款和金融信用，如虚构贷款用途、虚构担保财产价值、隐瞒项目风险等。

构成本罪，还要求行为人已经取得了贷款或者金融信用。即银行或者其他金融机构由于行为人的欺骗行为，把本来不符合取得金融机构贷款或者信用的行为人误认为符合条件，并对其发放贷款或出具信用。

构成本罪，还要求行为人的行为给银行或其他金融机构造成重大损失或者有其他严重情节。按照《立案标准（二）》第二十七条的规定，以欺骗手段取得银行或者其他金融机构贷款、票据承兑、信用证、保函等，涉嫌下列情形之一的，应予立案追诉：（一）以欺骗手段取得贷款、票据承兑、信用证、保函等，数额在一百万元以上的；（二）以欺骗手段取得贷款、票据承兑、信用证、保函等，给银行或

---

① 刘宪权：《金融犯罪刑法理论与实践》，北京大学出版社2008年版，第227页。

者其他金融机构造成直接经济损失数额在二十万元以上的；（三）虽未达到上述数额标准，但多次以欺骗手段取得贷款、票据承兑、信用证、保函等；（四）其他给银行或者其他金融机构造成重大损失或者有其他严重情节的情形。

四　违法发放贷款罪

违法发放贷款罪是指银行或者其他金融机构的工作人员违反国家规定发放贷款，数额巨大或者造成重大损失的行为。

本罪的犯罪对象是银行或其他金融机构的贷款。

本罪的行为是行为人违反国家规定，发放贷款的行为。为保障商业银行和其他金融资产业务的质量，保护公众存款和金融机构资金的安全，维护金融机构资产业务的竞争秩序，我国对贷款行为的国家规定主要包括对借款人资信能力、担保财产价值、借款用途、还款能力的审查、贷款利率等方面。如我国《商业银行法》第七条规定："商业银行开展信贷业务，应当严格审查借款人的资信，实行担保，保障按期收回贷款。商业银行依法向借款人收回到期贷款的本金和利息，受法律保护。"第三十五条规定："商业银行贷款，应当对借款人的借款用途、偿还能力、还款方式等情况进行严格审查。商业银行贷款，应当实行审贷分离、分级审批的制度。"第三十六条规定："商业银行贷款，借款人应当提供担保。商业银行应当对保证人的偿还能力，抵押物、质物的权属和价值以及实现抵押权、质权的可行性进行严格审查。经商业银行审查、评估，确认借款人资信良好，确能偿还贷款的，可以不提供担保。"第三十七条规定："商业银行贷款，应当与借款人订立书面合同。合同应当约定贷款种类、借款用途、金额、利率、还款期限、还款方式、违约责任和双方认为需要约定的其他事项。"第四十七条规定："商业银行不得违反规定提高或者降低利率以及采用其他不正当手段，吸收存款，发放贷款。"1999年2月22日国务院《金融违法行为处罚办法》第十六条规定："金融机构办理贷款业务，不得有下列行为：（一）向关系人发放信用贷款；（二）向关系人发放担保贷款的条件优于其他借款人同类贷款的条件；(三) 违反规定提高或者降低利率以及采用其他不正当手段发放贷款；(四) 违反中国人民银行规定的其他贷款行为。"商业银行或其他金融机构工作人员违反上述规定，发放贷款的，构成违法发放贷款行为。

本罪的主体是银行或者其他金融机构的工作人员。

构成本罪，还需发放贷款数额巨大，或者给银行或其他金融机构造成重大损失。根据《立案标准（二）》第42条，"数额巨大"是指违法发放贷款数额在100万元以上的情况，"重大损失"是指违法发放贷款，给银行或金融机构造成直接经济损失数额在20万元以上的情况。损失的认定，应以什么时间为准？有学者认为应以商业银行或其他金融机构将该损失确认为呆账为准。① 有学者认为，到期不能收回即为构成了重大损失。② 本书认为第一种观点是符合金融行业运作规律和司法实践的，从合同法角度来讲，贷款人超越还款期限未还款，只能认定为逾期履行，不一定构成根本违约。在商业银行等金融机构根据本行业运作规律判断，将该笔贷款在会计账簿中作为呆账加以记录时，贷款才被认为不可归还，贷款人才被认为构成根本违约。

行为人明知自己违反国家规定发放贷款会造成重大损失时，仍然发放贷款的，当然构成本罪。还有学者认为，在特定情况下，行为人过失也可构成本罪，如当行为人对行为的违法性存在认识，但对造成重大损失的结果没有认识时，客观上造成重大损失的，也构成本罪。③本书同意第一种观点，即本罪只能由故意构成。本书认为，造成重大损失为本罪的客观处罚条件，行为人对该重大损失的存在与否在行为时无法预见，如果认为本罪为过失犯罪，也是要求行为人对该重大损失有预见可能性而没有预见，但事实上，贷款后能否归还，受多种因素的影响，即使是担保贷款，也可能因为担保财产遭受意外损失而致使贷款无法归还。要求贷款人在贷款时即对遭受重大损失存在预见可

---

① 刘宪权：《金融犯罪刑法理论与实践》，北京大学出版社2008年版，第252页。
② 张明楷：《刑法学》（第四版），法律出版社2011年版，第697页。
③ 刘宪权、卢勤忠：《金融犯罪理论专题研究》，复旦大学出版社2002年版，第254页。

能性，不符合事实和经济规律。因此，不管行为人在违法贷款时是否预见到可能有重大损失，不管行为人对造成重大损失的结果是否具有预见的可能性，只要行为人违反国家规定发放了数额巨大的贷款，或者事后造成了数额巨大的客观损失，均构成本罪。

本罪的主体是特殊主体，即行为人必须是银行或其他金融机构的工作人员。即银行或其他金融机构中，从事贷款发放工作的人员。其他人员，利用职权，强令金融工作人员违法发放贷款的，也应该构成本罪。该"其他人员"如属于金融机构工作人员，当然构成本罪。如不具有金融机构工作人员身份，与具体实施本罪的金融机构工作人员构成本罪的共犯。

刑法第186条还明文规定，银行或其他金融机构的工作人员违反国家规定，向关系人发放贷款的，从重处罚。所谓关系人，依照《商业银行法》的规定，是指："（一）商业银行的董事、监事、管理人员、信贷业务人员及其近亲属；（二）前项所列人员投资或者担任高级管理职务的公司、企业和其他经济组织。"据此规定，关系人不限于自然人，也包括特定法人和非法人单位。

五 违规出具金融票证罪

指银行或其他金融机构的工作人员违反规定，为他人出具信用证或者其他保函、票据、存单、资信证明，情节严重的行为。

本罪的犯罪对象是信用证、保函、票据、存单、资信证明。

信用证是指由银行（开证行）依照（申请人的）要求和指示或自己主动，在符合信用证条款的条件下，凭规定单据向第三者（受益人）或其指定方进行付款的书面文件。保函是指银行以其自身的信用为他人承担责任的担保文件；票据包括汇票、本票、支票。存单，指银行等金融机构签发给存款人的存款凭证。资信证明指证明个人或单位财产状况、偿还能力、信用程度等的证明文件。银行为他人出具信用证或者其他保函、票据、存单，或者提供资信证明，系以银行自身资产和信用为他人的经营能力、负债能力做担保，是一种提供信用的行为，因此在本质上，本罪和违法发放贷款罪及对违法票据承兑、付款、保证罪是一致的，都属于金融工作人员，滥用职权或者玩忽职守为他人提供银行信用的行为。

本罪的主体是金融工作人员。主观方面是故意。

本罪的行为表现为行为人违反金融相关法律法规，如《票据法》《金融违法行为处罚办法》《支付结算办法》《国内信用证结算办法》等的相关规定，为他人出具信用证、保函、票据、存单、资信证明的行为。

构成本罪还要求"情节严重"。所谓"情节严重"，按照《立案标准（二）》的规定，指下列情形："（一）违反规定为他人出具信用证或者其他保函、票据、存单、资信证明，数额在一百万元以上的；（二）违反规定为他人出具信用证或者其他保函、票据、存单、资信证明，造成直接经济损失数额在二十万元以上的；（三）多次违规出具信用证或者其他保函、票据、存单、资信证明的；（四）接受贿赂违规出具信用证或者其他保函、票据、存单、资信证明的；（五）其他情节严重的情形。"

六 对违法票据承兑、付款、保证罪

指银行或者金融机构中从事票据业务的工作人员，对违反票据法规定的票据予以承兑、付款或者保证，造成重大损失的行为。

本罪的犯罪对象是违反票据法规定的票据。票据包括汇票、本票、支票。违反票据法规定的票据，指：（1）伪造变造的票据；（2）空头支票或者与预留的本人签名式样或者印鉴不符的支票、未签章的票据；（3）无可靠资金来源的票据；（4）记载事项不真实的票据；（5）冒用的票据；（6）过期或作废的票据，以及其他违反票据法的票据等。有学者认为，本罪的"违反票据法规定的票据"还包括票据实质要件不符合票据法的票据，即：（1）由无票据能力的自然人或者法人实施票据行为而产生的票据；（2）意思表示不真实的票据，主要是指以欺诈、胁迫等手段或者乘人之危，使对方在违背真实意思的情况下产生的票据，以及恶意串通，损害国家、集体或第三人利益的票据行为而产生的票据。① 本书认为，根据票据无因性的原理，接受票据的人在审核时，只对票据的形式要件进行审核，要求金融机构工作人员在对票据进行承兑、付款、保证时，审核票据的全部实质要件，不符合票据法的规定，也超出票据接受人的审核能力。本书认为，要求票据接受人（金融机构工作人员）审查票据的形式要件和所实施的票据行为的合法性即可，不应要求他审查票据的其他实质合法性，对于实质违法的票据，只要金融机构工作人员已经尽到了票据审查义务，并且金融机构工作人员审查最后一手票据使用人的票据行为合法，不构成本罪。

本罪的危害行为是，对违反票据法的票据予以承兑、付款、保证。所谓承兑，即承诺兑付，是付款人在汇票上签章表示承诺将来在汇票到期时承担付款义务的一种行为。承兑行为只发生在远期汇票的有关活动中。付款，是指票据付款人向票据持票人支付票据载明的金额。保证，对已经存在的票据上的债务进行担保，在票据到期后如果持票人不能付款的，应由保证人付款。

本罪的成立，还要求行为人造成重大损失。所谓"重大损失"，根据《立案标准（二）》，指造成直接经济损失 20 万元以上，不包括间接损失。损失的主体，既可以是银行或其他金融机构，也可以是其他票据当事人。

七　吸收客户资金不入账罪

吸收客户资金不入账罪是指银行或者其他金融机构的工作人员，吸收客户资金不入账，数额巨大或者造成重大损失的行为。

本罪是在 1997 年刑法第 187 条用账外客户资金非法拆借、发放贷款罪的基础上修改而来。该条规定："银行或者其他金融机构的工作人员以牟利为目的，采取吸收客户资金不入账的方式，将资金用于非法拆借、发放贷款，造成重大损失的……"司法实践中，由于该罪的"以牟利为目的""将资金用于非法拆借、发放贷款""造成重大

---

① 李永升主编：《金融犯罪研究》，中国检察出版社 2010 年版，第 367 页。

损失"难以认定，考虑到实施本罪的本质和关键性特征在于吸收客户资金不入账，因此，2006年6月29日《刑法修正案（六）》删除了"以牟利为目的""将资金用于非法拆借、发放贷款"，并将本罪由结果犯改为行为犯，将"造成重大损失"修改为"数额巨大或者造成重大损失"。《商业银行法》《证券公司客户资产管理业务试行办法》《金融违法行为处罚办法》等法律法规均要求，金融机构吸收客户资金必须依据规则计入会计账簿，不得从事账外经营，不得侵占、挪用客户资金。行为人吸收客户资金不入账，违反了该类规定，不仅会给客户资金造成潜在的风险，还逃避了国家对金融机构运用资金的监管，并有可能引发其他犯罪。

本罪的行为是吸收客户资金不入账的行为。即违反国家有关法律的规定，未在法定或规定的会计账簿中真实记录并全面反映其业务活动和财务状况。不入账，包括不进行任何簿记，也包括不在法定账户上簿记，而私自设立其他秘密账户。

本罪要求行为人不入账的资金数额巨大或者造成重大损失。按照《立案标准（二）》，所谓数额巨大，是指吸收客户资金不入账数额在100万元以上的情况。所谓造成重大损失，是指给金融机构或者客户造成直接经济损失在20万元以上的情况。

八　背信运用受托财产罪

背信运用受托财产罪指商业银行、证券交易所、期货交易所、证券公司、期货经纪公司、保险公司或者其他金融机构，违背受托义务，擅自运用客户资金或者其他委托、信托的财产，情节严重的行为。

本罪为2006年6月29日《刑法修正案（六）》所增设。

本罪的行为对象为商业银行、证券交易所、期货交易所、证券公司、期货经纪公司、保险公司或者其他金融机构的客户资金或者委托、信托财产。委托，即委托人和受托人通过签订委托合同，由受托人以委托人的名义代理委托人行使其合法权益，受托人在委托权限内代理行为的全部后果由委托人承担的法律关系。委托关系中，委托财产所有权并未转移给受托人，仍为委托人所有。信托，即委托人基于对受托人的信任，将其财产权委托给受托人，由受托人按照委托人的意愿但以受托人的名义，为收益人的利益或特定目的，管理或处分财产的行为。信托关系中，信托财产所有权转移给了受托人，受托人以自己名义从事受托行为。具体而言，本罪的行为对象主要包括：（1）商业银行中间业务中的客户资金；（2）证券投资业务中客户交易结算资金；（3）委托理财业务中的客户资产；（4）信托业务中的信托财产等。从财产形式上，本罪的对象可以包括货币资金、有价证券及其他动产、不动产、债券等。作为本罪犯罪对象的客户资金或受托财产，应具备特定性特征，即应能够被委托人和受托人之间的委托合同具体化，具有合同所约定的特定用途或特定目的。如果某种财产无法确定其上具有特定委托目的的，不构成本罪的对象。如证券投资基金业务中通过公开发售基金份额募集的客户资金，由于无法确定具体客户资金的投资方向和使用目的，不属于本罪的对象，但可构成违法运用资金罪的犯罪对象。

商业银行的中间业务或者证券交易所、期货交易所、证券公司、期货经纪公司、保险公司或其他金融机构的中间业务、经纪业务、代理业务、信托业务，均以客户提供财产、相关金融机构提供服务为基础，客户可依据法律或者签订的协议享有权利，承担义务。依据《合同法》《商业银行法》《证券法》《信托法》《期货交易管理条例》等法律法规的规定，作为受托人的金融机构均应遵守诚实信用原则，严格履行合同义务，不得违背客户委托，损害客户权利。司法实践中，由于金融市场管理不够规范，金融机构违反合同义务，滥用信息优势，擅自运用受托财产的行为，严重败坏了公众对金融市场中间业务的信任，损害了客户的财产权益，扰乱了金融市场秩序，刑法因而增设本罪，严厉打击该类行为。

本罪的行为是违背受托义务，擅自运用受托财产。所谓擅自运用，是指未得到客户授权而运用该客户的资金或者其他委托、信托的财产。违背受托义务，指违背《合同法》《商业银行法》《证券法》《信托法》《期货交易管理条例》等法律法规规定的法定义务和具体委托合同中合同双方约定的义务。

构成本罪，要求"情节严重"。按照《立案标准（二）》，所谓情节严重是指：（1）擅自运用客户资金或者其他委托、信托的财产数额在 30 万元以上的；（2）虽未达到上述数额标准，但多次擅自运用客户资金或者其他委托、信托的财产，或者擅自运用多个客户资金或者其他委托、信托的财产的；（3）其他情节严重的情形。

本罪是纯正的单位犯罪，主体只能是商业银行、证券交易所、期货交易所、证券公司、期货经纪公司、保险公司或者其他金融机构。如果是个人实施本罪的行为，则构成挪用资金罪或挪用公款罪。

本罪的主观方面是故意。

九 违法运用资金罪

违法运用资金罪指社会保障基金管理机构、住房公积金管理机构等公众资金管理机构，以及保险公司、保险资产管理公司、证券投资基金管理公司，违反国家规定运用资金的行为。

本罪为 2006 年 6 月 29 日《刑法修正案（六）》所增设。

本罪的行为对象为社会保障基金、住房公积金以及保险公司、保险资产管理公司、证券投资基金公司的资金。虽然这些资金的整体使用具有法定的或者约定的目的性，但是无法确定某一具体数额的资金上的具体使用目的，或者说无法确定在某一具体的基金上社保机构等资金管理主体和资金出资人之间存在特定委托的内容，因而，资金管理主体违法运用该笔资金，不构成背信运用受托财产罪。为保障该笔资金的安全性和合目的性，刑法设置本罪，严格要求资金管理机构依据法定的资金用途使用该笔资金。能否在该笔资金上确立资金管理主体和出资人之间的特定委托关系，正是本罪和背信运用受托财产罪之间的关键区别。

本罪的行为是行为人违反国家规定运用资金。社保基金、住房公积金、保险保障基金、保险资金、证券投资基金等，或者来自于社会公众的投资，或者来自于国家财政的拨款，该笔资金本身与商业化运作的资金不同，乃以安全性作为最大目标，而不以效益性作为最大目的。因此,《保险法》、《全国社会保障基金投资管理暂行办法》、《住房公积金管理条例》、《证券投资基金运作管理办法》等均规定,对该笔资金的运用,必须遵循稳健性、安全性原则,并规定了相关具体运用规则。行为人违反这些规定运用该资金的,构成本罪的犯罪行为。

构成本罪,要求达到"情节严重"的程度。按照《立案标准(二)》,所谓情节严重是指:(1)违反国家规定运用资金数额在三十万元以上的;(2)虽未达到上述数额标准,但多次违反国家规定运用资金的;(3)其他情节严重的情形。

本罪是纯正的单位犯罪,主体只能是社会保障基金管理机构、住房公积金管理机构等公众资金管理机构,以及保险公司、保险资产管理公司、证券投资基金管理公司。如果是相关机构中的个人违规运用资金,不构成本罪,可能构成挪用公款罪或挪用资金罪。

本罪的主观方面是故意。

第二节 扰乱证券、期货市场交易秩序的犯罪

一 概述

证券是多种经济权益凭证的统称。广义的证券包括资本证券、货币证券和商品证券等。货币证券包括汇票、本票、支票等,商品证券如仓单、提单等。狭义上的证券主要指的是证券市场中的证券产品,即资本证券,其中包括产权市场产品如股票,债权市场产品如债券,衍生市场产品如股票期货、期权和利率期货、期权等。本节中的证券是指资本证券。

新中国自成立起至20世纪70年代末,一直没有证券市场,因此也就没有证券犯罪和证券刑法。证券市场分为发行市场、交易市场和衍生品市场。我国的证券发行开始自1981年。1981年我国开始发行国库券,1984年北京成立了第一家股份有限公司——天桥百货股份有限公司,并发行了股票。我国的证券交易市场产生在1986年,

1986年8月，沈阳信托投资公司第一次面向社会开办了证券交易业务，这是我国证券场外交易的开始。我国证券市场场内交易开始于1990年12月上海证券交易所成立。1991年4月11日，我国另一家由中国人民银行批准的证券交易所——深圳证券交易所也宣告成立，并于同年7月3日正式营业。此后至1998年，我国一直采用场内交易和场外交易并行的体制，东南亚金融危机之后，出于防范金融风险、整顿金融秩序的部署，地方交易中心和法人股市场相继受到清理，各种形式的股票场外交易被《证券法》所明令禁止，从而形成了高度集中的两所体制，即沪、深交易所并存发展，股票流通集中在交易所的格局。但此后股票内在的流通性要求和企业的股份制改造、各部门的债券融资、投资者投资等现实需要仍推动各类场外市场随中央政府管制力度的强弱而时强时弱，或以地下、半地下市场的方式继续存在。

我国的证券刑事立法最早规定在国务院1993年4月发布的《股票发行与交易管理暂行条例》中，其第78条规定"违反本条例规定，构成犯罪的，依法追究刑事责任"。但是由于没有具体明确的罪状，也没有相应的法定刑，该条文仅仅是一个宣示性规则。1997年我国刑法典修订时，明确规定了六个证券犯罪的罪名，有欺诈发行股票、债券罪，擅自发行股票、公司、企业债券罪，内幕交易、泄露内幕信息罪，编造并传播证券交易虚假信息罪，诱骗投资者买卖证券罪，操纵证券交易价格罪。此后，有关证券犯罪的刑法规范又经多次修改。1999年，全国人大常委会通过了《刑法修正案》，把当时《证券法》规定的非法开设证券交易场所罪与擅自设立证券公司经营证券业务罪归入到擅自设立金融机构罪之中，并增设编造并传播证券、期货交易虚假信息罪。2006年，《刑法修正案（六）》将《证券法》规定的证券发行人不依法披露信息犯罪归入违规不披露重要信息罪，并修改了操纵证券市场罪、吸收客户资金不入账罪等，2009年《刑法修正案（七）》增设了利用未公开信息交易罪，并修改了内幕交易、泄露内幕交易信息罪等。

目前，我国刑法中，涉及侵害证券市场交易秩序犯罪的罪名有第

160条欺诈发行股票、公司债券罪，第161条违规披露、不披露重要信息罪，第178条第二款伪造、变造股票、公司、企业债券罪，第179条擅自发行股票、公司、企业债券罪，第180条第一款内幕交易、泄露内幕交易信息罪，第180条第二款利用未公开信息交易罪，第181条第一款编造并传播证券、期货交易虚假信息罪，第181条第二款诱骗投资者买卖证券、期货合约罪，第182条操纵证券、期货市场罪，第185条之一条第一款背信运用受托财产罪，第185条之一条第二款违法运用资金罪，第187条吸收客户资金不入账罪等，其中伪造、变造股票、公司、企业债券罪，擅自发行股票、公司、企业债券罪，背信运用受托财产罪，违法运用资金罪，吸收客户资金不入账罪已经在前文中加以探讨。而第160条欺诈发行股票、公司债券罪，第161条违规披露、不披露重要信息罪被刑法典归于妨害对公司、企业的管理秩序罪中，本节只探讨内幕交易、泄露内幕交易信息罪，利用未公开信息交易罪，编造并传播证券、期货交易虚假信息罪，诱骗投资者买卖证券、期货合约罪，操纵证券、期货市场罪。刑法典对这五个罪名的规定如下：

第一百八十条　【内幕交易、泄露内幕信息罪】证券、期货交易内幕信息的知情人员或者非法获取证券、期货交易内幕信息的人员，在涉及证券的发行，证券、期货交易或者其他对证券、期货交易价格有重大影响的信息尚未公开前，买入或者卖出该证券，或者从事与该内幕信息有关的期货交易，或者泄露该信息，或者明示、暗示他人从事上述交易活动，情节严重的，处五年以下有期徒刑或者拘役，并处或者单处违法所得一倍以上五倍以下罚金；情节特别严重的，处五年以上十年以下有期徒刑，并处违法所得一倍以上五倍以下罚金。

单位犯前款罪的，对单位判处罚金，并对其直接负责的主管人员和其他直接责任人员，处五年以下有期徒刑或者拘役。

内幕信息、知情人员的范围，依照法律、行政法规的规定确定。

【利用未公开信息交易罪】证券交易所、期货交易所、证券公司、期货经纪公司、基金管理公司、商业银行、保险公司等金融机构的从业人员以及有关监管部门或者行业协会的工作人员,利用因职务便利获取的内幕信息以外的其他未公开的信息,违反规定,从事与该信息相关的证券、期货交易活动,或者明示、暗示他人从事相关交易活动,情节严重的,依照第一款的规定处罚。

第一百八十一条 【编造并传播证券、期货交易虚假信息罪】编造并且传播影响证券、期货交易的虚假信息,扰乱证券、期货交易市场,造成严重后果的,处五年以下有期徒刑或者拘役,并处或者单处一万元以上十万元以下罚金。

【诱骗投资者买卖证券、期货合约罪】证券交易所、期货交易所、证券公司、期货经纪公司的从业人员,证券业协会、期货业协会或者证券期货监督管理部门的工作人员,故意提供虚假信息或者伪造、变造、销毁交易记录,诱骗投资者买卖证券、期货合约,造成严重后果的,处五年以下有期徒刑或者拘役,并处或者单处一万元以上十万元以下罚金;情节特别恶劣的,处五年以上十年以下有期徒刑,并处二万元以上二十万元以下罚金。

单位犯前两款罪的,对单位判处罚金,并对其直接负责的主管人员和其他直接责任人员,处五年以下有期徒刑或者拘役。

第一百八十二条 【操纵证券、期货市场罪】有下列情形之一,操纵证券、期货市场,情节严重的,处五年以下有期徒刑或者拘役,并处或者单处罚金;情节特别严重的,处五年以上十年以下有期徒刑,并处罚金:

(一)单独或者合谋,集中资金优势、持股或者持仓优势,或者利用信息优势联合或者连续买卖、操纵证券、期货交易价格或者证券、期货交易量的;

(二)与他人串通,以事先约定的时间、价格和方式相互进行证券、期货交易,影响证券、期货交易价格或者证券、期货交易量的;

(三) 在自己实际控制的帐户之间进行证券交易,或者以自己为交易对象,自买自卖期货合约,影响证券、期货交易价格或者证券、期货交易量的;

(四) 以其他方法操纵证券、期货市场的。

单位犯前款罪的,对单位判处罚金,并对其直接负责的主管人员和其他直接责任人员,依照前款的规定处罚。

二 内幕交易、泄露内幕交易信息罪

内幕交易、泄露内幕交易信息罪,是指证券、期货交易内幕信息的知情人员或者非法获取证券、期货交易内幕信息的人员,在涉及证券的发行,证券、期货交易或者其他对证券、期货交易价格有重大影响的信息尚未公开前,买入或者卖出该证券,或者从事与该内幕信息有关的期货交易,或者泄露该信息,或者明示、暗示他人从事上述交易活动,情节严重的行为。

本罪实质上是行为人非法获取、使用、泄露内幕信息行为,因此犯罪对象是内幕信息。根据《证券法》的规定,内幕信息,指在证券交易活动中,涉及公司的经营、财务或者对该公司证券的市场价格有重大影响的尚未公开的信息。内幕信息具有两个重要特征:

第一,信息对证券价格有重大影响。一般情况下,下列信息皆属于有重大影响的内幕信息:(1)本法第六十七条第二款所列重大事件;(2)公司分配股利或者增资的计划;(3)公司股权结构的重大变化;(4)公司债务担保的重大变更;(5)公司营业用主要资产的抵押、出售或者报废一次超过该资产的百分之三十;(6)公司的董事、监事、高级管理人员的行为可能依法承担重大损害赔偿责任;(7)上市公司收购的有关方案;(8)国务院证券监督管理机构认定的对证券交易价格有显著影响的其他重要信息。其中,第一项所指《证券法》第67条第二款所列的重大事件有:(1)公司的经营方针和经营范围的重大变化;(2)公司的重大投资行为和重大的购置财产的决定;(3)公司订立重要合同,可能对公司的资产、负债、权益和经营成果产生重要影响;(4)公司发生重大债务和未能清偿到期重大债务的违约情况；（5）公司发生重大亏损或者重大损失；（6）公司生产经营的外部条件发生的重大变化；（7）公司的董事、三分之一以上监事或者经理发生变动；（8）持有公司百分之五以上股份的股东或者实际控制人，其持有股份或者控制公司的情况发生较大变化；（9）公司减资、合并、分立、解散及申请破产的决定；（10）涉及公司的重大诉讼，股东大会、董事会决议被依法撤销或者宣告无效；（11）公司涉嫌犯罪被司法机关立案调查，公司董事、监事、高级管理人员涉嫌犯罪被司法机关采取强制措施；（12）国务院证券监督管理机构规定的其他事项。

第二，该信息尚未公开。证券市场上已经合法披露的对价格有重大影响的信息，不再属于内幕信息。何为"公开"？有学者认为，认定信息公开的标准"大致有以下三种：（1）公司召开新闻发布会公开消息；（2）市场消化了该消息；（3）公司通过全国性的新闻媒介公布该项消息"。[①] 本书认为，由于信息种类的不同，很难确定唯一的公开方式作为信息公开的标准。如果该信息已经被动被新闻媒体等合法公共渠道公开，或者已经由公司主动通过新闻发布或其他传媒方式公开，当然应该视为该信息被公开。当信息未被动被传媒合法公开或者被公司主动公开时，如果根据信息本身的特征，该信息已经被证券市场所知悉，也应视为被公开。对此，有学者认为，应仿效美国，通过司法解释或行政法规、规章为该类信息确立一个被市场消化的时间。[②] 本书同意该观点，认为比如可仿照美国法律协会草拟的《联邦证券法》，将该信息被市场化的时间确定为七天，该信息产生后七天内未被主动或被动合法公开的，应属于内幕信息，七天后自动不再被视为内幕信息。

本罪的行为有三种：内幕交易，泄露内幕信息的行为，明示、暗示他人从事上述交易活动。内幕交易指在内幕信息尚未公开前，买入、卖出该证券，或者从事于该内幕信息有关的期货交易。买卖有关

---

① 顾肖荣主编：《证券违法犯罪》，上海人民出版社1994年版，第40页
② 马克昌：《论内幕交易、泄露内幕信息罪》，《中国刑事法杂志》1998年第1期。

证券,指内幕人员自己买卖有关证券,包括为了自己买卖该证券,也包括为他人买卖该证券。泄露内幕信息,指将内幕信息泄露给依法不应知晓该信息的人员。泄露内幕信息,不要求获得内幕信息的人利用该信息进行交易。明示、暗示他人从事上述交易活动指内幕人员知晓内幕信息后,指使他人买卖有关证券或期货的行为。

构成本罪,还要求行为情节严重。所谓情节严重,按照《立案标准(二)》的规定,指:(1)证券交易成交额累计在五十万元以上的;(2)期货交易占用保证金数额累计在三十万元以上的;(3)获利或者避免损失数额累计在十五万元以上的;(4)多次进行内幕交易、泄露内幕信息的;(5)其他情节严重的情形。

本罪的犯罪主体为特殊主体,即是指证券、期货交易内幕信息的知情人员或者非法获取证券、期货交易内幕信息的人员。证券、期货交易内幕信息的知情人员即内幕人员,按照《证券法》第74条的规定,包括下列人员:(1)发行人的董事、监事、高级管理人员;(2)持有公司百分之五以上股份的股东及其董事、监事、高级管理人员,公司的实际控制人及其董事、监事、高级管理人员;(3)发行人控股的公司及其董事、监事、高级管理人员;(4)由于所任公司职务可以获取公司有关内幕信息的人员;(5)证券监督管理机构工作人员以及由于法定职责对证券的发行、交易进行管理的其他人员;(6)保荐人、承销的证券公司、证券交易所、证券登记结算机构、证券服务机构的有关人员;(7)国务院证券监督管理机构规定的其他人。

非法获取内幕信息的人员,只能限定为以非法手段获取内幕信息的人员,而不能扩大到以偶然方式获取内幕信息的人员。[1]

本罪主体不限于自然人,也可以是单位,单位犯本罪的,实行双罚制。

通说认为,本罪的主观要件是故意,即行为人明知是内幕信息而

---

[1] 程皓:《内幕交易、泄露内幕信息罪若干问题研究》,载《法学评论》2006年第4期。

非法使用或泄露。过失泄露内幕信息，不构成本罪，因为按照过失犯罪刑法有规定才予处罚的原理，本条文未明文规定过失泄露内幕信息也处罚的情况，因此应解释为过失泄露内幕信息不构成本罪。

三 利用未公开信息交易罪

利用未公开信息交易罪，是指证券交易所、期货交易所、证券公司、期货经纪公司、基金管理公司、商业银行、保险公司等金融机构的从业人员以及有关监管部门或者行业协会的工作人员，利用因职务便利获取的内幕信息以外的其他未公开的信息，违反规定，从事与该信息相关的证券、期货交易活动，或者明示、暗示他人从事相关交易活动，情节严重的行为。

本罪的犯罪对象是未公开信息。未公开信息，是指内幕信息以外的，与证券交易活动有关的，涉及公司的经营、财务或者对该公司证券的市场供求有重大影响的信息。

本罪的行为是违反规定，从事与该信息相关的证券、期货交易活动，或者明示、暗示他人从事相关交易活动。

本罪的主体是特殊主体的自然人，单位不构成本罪。本罪主体必须是证券交易所、期货交易所、证券公司、期货经纪公司、基金管理公司、商业银行、保险公司等金融机构的从业人员以及有关监管部门或者行业协会的工作人员。该类人员不限于内幕信息的知情人员，但应是能够利用职务便利获取其他未公开信息的人员。如果行为人并非相关机构的工作人员，其知晓其他为公开信息并未利用职务便利，不构成本罪。

构成本罪要求"情节严重"。根据《立案标准（二）》，本罪的"情节严重"与内幕交易、泄露内幕交易信息罪相同。

本罪主观方面是故意。

四 编造并传播证券、期货交易虚假信息罪

编造并传播证券、期货交易虚假信息罪是指编造并且传播影响证券、期货交易的虚假信息，扰乱证券、期货交易市场，造成严重后果

的行为。

本罪行为对象是证券、期货交易虚假信息。即足以影响证券、期货交易价格的不真实信息。有学者认为虚假信息"无论是影响一两个交易品种还是所有的交易，不影响判断。无论是国家宏观政策还是个别上市公司的经营状况也不受影响，但要与交易具有直接的相关性。如果编造的信息尽管在客观上对证券交易产生了影响，但这种影响是间接的，则不应该纳入本罪中的虚假信息范围"。① 本书认为，由于很难判断信息对证券市场产生的是直接影响还是间接影响，故只要足以对证券、期货市场价格产生影响的信息，均应属于本罪的犯罪对象范畴。

本罪的行为是编造并传播虚假信息。所谓编造，是指捏造根本不存在的信息，或者篡改、加工、隐瞒真实情况的信息。传播，指通过各种途径使信息为不特定的人或多数人所知悉。本罪要求行为人不仅编造虚假信息，还要传播虚假信息，只编造或只传播，不构成本罪。

构成本罪，要求行为造成严重后果。根据《立案标准（二）》的规定，所谓"严重后果"，包括：（1）获利或者避免损失数额累计在五万元以上的；（2）造成投资者直接经济损失数额在五万元以上的；（3）致使交易价格和交易量异常波动的；（4）虽未达到上述数额标准，但多次编造并且传播影响证券、期货交易的虚假信息的；（5）其他造成严重后果的情形。

本罪主体是一般主体，单位也可构成本罪。

本罪主观方面是故意。行为人明知道编造、传播虚假信息会造成严重后果，而编造并传播虚假信息。

五　诱骗投资者买卖证券、期货合约罪

邮票投资者买卖证券、期货合约罪，是指证券交易所、期货交易所、证券公司、期货经纪公司的从业人员，证券业协会、期货业协会或者证券期货监督管理部门的工作人员，故意提供虚假信息或者伪

---

① 薛瑞林主编：《金融犯罪再研究》，中国政法大学出版社 2007 年版，第 127 页。

造、变造、销毁交易记录，诱骗投资者买卖证券、期货合约，造成严重后果的行为。

本罪的犯罪对象是证券、期货投资者。投资者，可以是特定的一人或多人，也可以是不确定的人；可以是自然人，也可以是单位投资人；可以是已经投资并且又要投资的投资人，也可以是从未进行证券、期货投资而意欲进行证券、期货投资的人。

本罪的犯罪行为是诱骗投资者买卖证券、期货合约，行为方式是通过提供虚假信息或者伪造、变造、销毁交易记录的方法。

所谓诱骗投资者买卖、证券、期货合约，是指行为人采取虚构事实、隐瞒真相的方法，使投资者陷入认识错误，并进而在认识错误的基础上自由买卖证券、期货合约的。

提供虚假信息，指行为人向投资者提供可能影响证券、期货市场价格的不真实信息。提供虚假信息的方式没有限制，被提供虚假信息的投资者既可以是一人，也可以是多人。信息提供者可以自己编造虚假信息，也可以是将他人编造的虚假信息向投资人提供。有学者认为，该罪中的提供与传播不同，"提供"只是起到了告知、传达的作用，而"传播"则是积极主动地采用各种方式，意图使虚假信息在尽可能大的范围内扩散开来。[①] 本书不同意该观点，从实施行为的表现上看，提供信息与传播信息只是表述不同，二者很难区分。因此本书认为，如果行为人自己编造虚假信息并将该信息提供给投资人，则行为还符合了编造并传播证券、期货交易虚假信息罪的行为特征，与编造并传播证券、期货交易虚假信息罪构成法条竞合犯，依照处罚较重的犯罪处理。

伪造、变造、销毁记载证券、期货合约的原始情况数据以及其他与证券、期货交易有关的记录，等等。提供虚假信息的行为和伪造、变造、销毁交易记录等行为，行为人只要实施了其中以行为并造成严重后果，即可成立本罪。

构成本罪需要造成严重后果。根据《立案标准（二）》，"严重

---

① 李永升主编：《金融犯罪研究》，中国检察出版社2010年版，第271页。

后果"指具有下列情形之一的情况：(1)获利或者避免损失数额累计在五万元以上的；(2)造成投资者直接经济损失数额在五万元以上的；(3)致使交易价格和交易量异常波动的；(4)其他造成严重后果的情形。

单位犯罪。

本罪是特殊主体，即证券交易所、期货交易所、证券公司、期货经纪公司的从业人员，或者证券业协会、期货业协会或者证券、期货监督管理部门的工作人员。本罪主体包括自然人，也包括单位，证券交易所、期货交易所、证券公司、期货经纪公司、证券也协会、期货业协会或者证券、期货监督管理部门，作为单位，也可以构成本罪。

需要注意的是，本罪的主体为闭合的范围，只有上述特殊单位和其从业人员才能构成本罪。之所以如此规定，是因为上述单位和人员在证券、期货买卖中负有诚信义务和监管职责，并且其职责经常、专门接触投资人，其提供虚假信息的行为会严重损坏其职务行为的诚信和廉洁性，并且损害相关单位的信用。实践中，还存在投资咨询机构、会计师事务所、律师事务所等证券、期货市场服务机构及其从业人员提供误导投资者的信息，诱骗投资者买卖期货合约的情况。对此，本罪未将其列入犯罪主体的范围，因此不构成本罪。

但是，本条中对犯罪主体的规定，明显小于《证券法》以及相关法规的规定。《证券法》第78条规定："第七十八条 禁止国家工作人员、传播媒介从业人员和有关人员编造、传播虚假信息，扰乱证券市场。禁止证券交易所、证券公司、证券登记结算机构、证券服务机构及其从业人员，证券业协会、证券监督管理机构及其工作人员，在证券交易活动中作出虚假陈述或者信息误导。各种传播媒介传播证券市场信息必须真实、客观，禁止误导。"第231条规定："违反本法规定，构成犯罪的，依法追究刑事责任。"1997年11月30日国务院《证券、期货投资咨询管理暂行办法》第21条规定："证券、期货投资咨询机构及其投资咨询人员，不得以虚假信息、市场传言或者内幕信息为依据向投资人或者客户提供投资分析、预测或建议。"其第34条、第36条规定，证券、期货投资咨询机构和人员违反本办法第21

条和其他条文"构成犯罪的,依法追究刑事责任"。由此可见,《证券法》及相关法规中,所规定的证券、期货投资咨询机构和人员也可构成本罪,这些规定和刑法典第181条第二款的规定不一致。本书认为,证券、期货投资咨询机构和人员,在其工作中也负有诚信义务,违反该义务对证券、期货投资人和证券、期货管理秩序的损害,与本罪所规定的机构和人员,并无差别。因此,本罪应扩大对犯罪主体的规定,包括证券、期货投资咨询机构和人员,避免刑法和证券法等相关法律的不协调,也使本罪的打击主体更加周延。

本罪是故意犯罪,不以牟利等特定目的为要件。

六 操纵证券、期货市场罪

操纵证券、期货市场罪,指操纵证券、期货市场,情节严重的行为。

本罪的行为对象是证券、期货的价格和交易量。所谓证券,根据《证券法》第二条的规定,指资本证券,即包括股票、债券、投资基金、证券衍生品等,本罪的证券应为可自由交易,价格市场化形成、可被操纵的金融产品,因此不包括货币证券、商品证券和国家债券等。所谓期货,包括包括商品和金融期货合约、期权合约等《期货交易管理条例》所规定的情形。

本罪的行为对象不仅包括证券、期货的交易价格,也包括交易量。市场操纵行为往往最终表现为交易价格的变化。但由于交易价格受多种因素的影响,如果仅仅根据交易价格来判断是否存在操纵行为,往往难以认定因果关系;而且由于交易实践中经常出现虽然存在操纵行为,但最终交易价格变化不大的情况,也有通过控制交易量而非交易价格牟取利益的情况。因此,将交易量和交易价格都作为操纵行为的对象,符合证券、期货市场规律,更有利于打击操纵犯罪。

根据刑法典第182条的规定,本罪的行为方式有四种:

(1) 单独或者合谋,集中资金优势、持股或者持仓优势或者利用信息优势联合或者连续买卖,操纵证券、期货交易价格或者证券、期货交易量的。

这里包括了两种操纵行为，即联合买卖和连续买卖。两种操纵行为的本质和前提是操纵者具有实际的市场优势，即持股或持仓优势。这种市场优势指操纵者控制了一定数量的股票或期货，或者具有某种信息优势，可以对市场形成实际影响。联合买卖是指市场大户之间或者市场大户与机构之间互相联合，同时买进或卖出证券或期货，因而造成巨大的交易量，形成证券、期货市场虚假活跃的情况。连续买卖，是指操纵者本人或者联合，反复买进卖出某种证券或期货，以至于造成市场虚假活跃的情况。联合买卖和连续买卖都是真实买卖行为，不是联合者之间的互相买卖的虚假行为，更不是操纵者在自己控制的账户之间来回买卖的虚假行为。连续买卖的次数，法律没有明确规定，一般认为，行为人在时间限度内两次以上同方向的买进成交行为或卖出成交行为，即构成连续买卖。连续买卖的间隔时间，按照《立案标准（二）》指20个交易日，行为人在20个交易日内连续买卖的，成立本罪的连续买卖行为。

（2）与他人串通，以事先约定的时间、价格和方式相互进行证券、期货交易，影响证券、期货交易价格或者证券、期货交易量的。

这种情况又称相对委托。在相对委托的情况下，只要行为人彼此之间存在意思联络，并对证券、期货的交易时间、交易价格、交易方式达成一致，并且交易方向相反，即可成立。相对委托并不要求串通者之间彼此买卖成立，因为在现行以电脑竞价方式撮合成立的集中交易市场中，串通人要想实现彼此买卖的证券、期货合约的一致性，是极难实现的。①

（3）在自己实际控制的帐户之间进行证券交易，或者以自己为交易对象，自买自卖期货合约，影响证券、期货交易价格或者证券、期货交易量的。

实际控制的账户往往不是行为人以自己名称开立的账户，因为在证券市场账户实名制的情况下，不允许以同一名义同时开立多个账户。只要能够认定，行为人对该交易账户具有控制关系，即属于自己

---

① 刘宪权：《金融犯罪刑法理论与实践》，北京大学出版社2008年版，第377页。

实际控制的账户。

(4) 以其他方法操纵证券、期货市场的。

这是对操纵证券、期货市场行为的一种概括性规定，可以指任何违反法律或相关机构管理规定，操纵证券、期货市场的方法。按照《立案标准（二）》的规定，证券公司、证券投资咨询机构、专业中介机构或者从业人员，违背有关从业禁止的规定，买卖或者持有相关证券，通过对证券或者其发行人、上市公司公开作出评价、预测或者投资建议，在该证券的交易中谋取利益，情节严重的行为，属于本项中的"其他方法"。

另外，按照《期货交易管理条例》第74条的规定，所谓"其他方法"，指"国务院期货监督管理机构规定的其他操纵期货交易价格的行为"。

构成本罪，要求行为"情节严重"。按照《立案标准（二）》的规定，本罪的"情节严重"，是指具备下列情形之一：

（一）单独或者合谋，持有或者实际控制证券的流通股份数达到该证券的实际流通股份总量百分之三十以上，且在该证券连续二十个交易日内联合或者连续买卖股份数累计达到该证券同期总成交量百分之三十以上的；

（二）单独或者合谋，持有或者实际控制期货合约的数量超过期货交易所业务规则限定的持仓量百分之五十以上，且在该期货合约连续二十个交易日内联合或者连续买卖期货合约数累计达到该期货合约同期总成交量百分之三十以上的；

（三）与他人串通，以事先约定的时间、价格和方式相互进行证券或者期货合约交易，且在该证券或者期货合约连续二十个交易日内成交量累计达到该证券或者期货合约同期总成交量百分之二十以上的；

（四）在自己实际控制的账户之间进行证券交易，或者以自己为交易对象，自买自卖期货合约，且在该证券或者期货合约连续二十个交易日内成交量累计达到该证券或者期货合约同期总成交量百分之二十以上的；

（五）单独或者合谋，当日连续申报买入或者卖出同一证券、期货合约并在成交前撤回申报，撤回申报量占当日该种证券总申报量或者该种期货合约总申报量百分之五十以上的；

（六）上市公司及其董事、监事、高级管理人员、实际控制人、控股股东或者其他关联人单独或者合谋，利用信息优势，操纵该公司证券交易价格或者证券交易量的；

（七）证券公司、证券投资咨询机构、专业中介机构或者从业人员，违背有关从业禁止的规定，买卖或者持有相关证券，通过对证券或者其发行人、上市公司公开作出评价、预测或者投资建议，在该证券的交易中谋取利益，情节严重的；

（八）其他情节严重的情形。

本罪主体为一般主体，单位也可构成本罪。

本罪为故意犯罪，不要求存在牟利或规避风险等特定目的。

第六章 金融诈骗罪的刑法适用问题

第一节 概述

一 刑法典对金融诈骗罪的规定

金融诈骗犯罪是指我国刑法典第三章第五节所规定的一类犯罪，包括192条集资诈骗罪、193条贷款诈骗罪、194条票据诈骗罪、金融凭证诈骗罪、195条信用证诈骗罪、196条信用卡诈骗罪197条有价证券诈骗罪和198条保险诈骗罪，共9个条文8个罪名。可分为三种具体类型：一是融资诈骗犯罪，包括集资诈骗罪和贷款诈骗罪；二是有价证券诈骗犯罪，包括票据诈骗罪、金融凭证诈骗罪、信用证诈骗罪、信用卡诈骗罪、有价证券诈骗罪；三是保险诈骗罪。

刑法典对金融诈骗罪的具体规定是：

第一百九十二条 【集资诈骗罪】以非法占有为目的，使用诈骗方法非法集资，数额较大的，处五年以下有期徒刑或者拘役，并处二万元以上二十万元以下罚金；数额巨大或者有其他严重情节的，处五年以上十年以下有期徒刑，并处五万元以上五十万元以下罚金；数额特别巨大或者有其他特别严重情节的，处十年以上有期徒刑或者无期徒刑，并处五万元以上五十万元以下罚金或者没收财产。

第一百九十三条 【贷款诈骗罪】有下列情形之一，以非法占有为目的，诈骗银行或者其他金融机构的贷款，数额较大的，处五年以下有期徒刑或者拘役，并处二万元以上二十万元以下罚金；数额巨大或者有其他严重情节的，处五年以上十年以下有期徒刑，并处五万元以上五十万元以下罚金；数额特别巨大或者有其他特别严重情节的，处十年以上有期徒刑或者无期徒刑，并处五万元以上五十万元以下罚金或者没收财产：

（一）编造引进资金、项目等虚假理由的；

（二）使用虚假的经济合同的；

（三）使用虚假的证明文件的；

（四）使用虚假的产权证明作担保或者超出抵押物价值重复担保的；

（五）以其他方法诈骗贷款的。

第一百九十四条 【票据诈骗罪】有下列情形之一，进行金融票据诈骗活动，数额较大的，处五年以下有期徒刑或者拘役，并处二万元以上二十万元以下罚金；数额巨大或者有其他严重情节的，处五年以上十年以下有期徒刑，并处五万元以上五十万元以下罚金；数额特别巨大或者有其他特别严重情节的，处十年以上有期徒刑或者无期徒刑，并处五万元以上五十万元以下罚金或者没收财产：

（一）明知是伪造、变造的汇票、本票、支票而使用的；

（二）明知是作废的汇票、本票、支票而使用的；

（三）冒用他人的汇票、本票、支票的；

（四）签发空头支票或者与其预留印鉴不符的支票，骗取财物的；

（五）汇票、本票的出票人签发无资金保证的汇票、本票或者在出票时作虚假记载，骗取财物的。

【金融凭证诈骗罪】使用伪造、变造的委托收款凭证、汇款凭证、银行存单等其他银行结算凭证的，依照前款的规定处罚。

第一百九十五条 【信用证诈骗罪】有下列情形之一，进行信用证诈骗活动的，处五年以下有期徒刑或者拘役，并处二万元以上二十万元以下罚金；数额巨大或者有其他严重情节的，处五年以上十年以下有期徒刑，并处五万元以上五十万元以下罚金；

数额特别巨大或者有其他特别严重情节的,处十年以上有期徒刑或者无期徒刑,并处五万元以上五十万元以下罚金或者没收财产:

(一) 使用伪造、变造的信用证或者附随的单据、文件的;

(二) 使用作废的信用证的;

(三) 骗取信用证的;

(四) 以其他方法进行信用证诈骗活动的。

第一百九十六条 【信用卡诈骗罪、盗窃罪】有下列情形之一,进行信用卡诈骗活动,数额较大的,处五年以下有期徒刑或者拘役,并处二万元以上二十万元以下罚金;数额巨大或者有其他严重情节的,处五年以上十年以下有期徒刑,并处五万元以上五十万元以下罚金;数额特别巨大或者有其他特别严重情节的,处十年以上有期徒刑或者无期徒刑,并处五万元以上五十万元以下罚金或者没收财产:

(一) 使用伪造的信用卡,或者使用以虚假的身份证明骗领的信用卡的;

(二) 使用作废的信用卡的;

(三) 冒用他人信用卡的;

(四) 恶意透支的。

前款所称恶意透支,是指持卡人以非法占有为目的,超过规定限额或者规定期限透支,并且经发卡银行催收后仍不归还的行为。

盗窃信用卡并使用的,依照本法第二百六十四条的规定定罪处罚。"

第一百九十七条 【有价证券诈骗罪】使用伪造、变造的国库券或者国家发行的其他有价证券,进行诈骗活动,数额较大的,处五年以下有期徒刑或者拘役,并处二万元以上二十万元以下罚金;数额巨大或者有其他严重情节的,处五年以上十年以下有期徒刑,并处五万元以上五十万元以下罚金;数额特别巨大或者有其他特别严重情节的,处十年以上有期徒刑或者无期徒刑,并处五万元以上五十万元以下罚金或者没收财产。

第一百九十八条 【保险诈骗罪】有下列情形之一,进行保险诈骗活动,数额较大的,处五年以下有期徒刑或者拘役,并处一万元以上十万元以下罚金;数额巨大或者有其他严重情节的,处五年以上十年以下有期徒刑,并处二万元以上二十万元以下罚金;数额特别巨大或者有其他特别严重情节的,处十年以上有期徒刑,并处二万元以上二十万元以下罚金或者没收财产:

(一) 投保人故意虚构保险标的,骗取保险金的;

(二) 投保人、被保险人或者受益人对发生的保险事故编造虚假的原因或者夸大损失的程度,骗取保险金的;

(三) 投保人、被保险人或者受益人编造未曾发生的保险事故,骗取保险金的;

(四) 投保人、被保险人故意造成财产损失的保险事故,骗取保险金的;

(五) 投保人、受益人故意造成被保险人死亡、伤残或者疾病,骗取保险金的。

有前款第四项、第五项所列行为,同时构成其他犯罪的,依照数罪并罚的规定处罚。

单位犯第一款罪的,对单位判处罚金,并对其直接负责的主管人员和其他直接责任人员,处五年以下有期徒刑或者拘役;数额巨大或者有其他严重情节的,处五年以上十年以下有期徒刑;数额特别巨大或者有其他特别严重情节的,处十年以上有期徒刑。

保险事故的鉴定人、证明人、财产评估人故意提供虚假的证明文件,为他人诈骗提供条件的,以保险诈骗的共犯论处。

第一百九十九条 【部分金融诈骗罪的死刑规定】犯本节第一百九十二条规定之罪,数额特别巨大并且给国家和人民利益造成特别重大损失的,处无期徒刑或者死刑,并处没收财产。

第二百条 【单位犯金融诈骗罪的处罚规定】单位犯本节第一百九十二条、第一百九十四条、第一百九十五条规定之罪的,对单位判处罚金,并对其直接负责的主管人员和其他直接责任人员,处五年以下有期徒刑或者拘役,可以并处罚金;数额巨大或者有其他严重情节的,处五年以上十年以下有期徒刑,并处罚金;数额特别巨大或者有其他特别严重情节的,处十年以上有期徒刑或者无期徒刑,并处罚金。

金融诈骗罪虽然罪名不多,但是往往涉案金额巨大,涉及广大群众的财产安全和国家金融秩序的重大经济利益,因而是市场经济犯罪中的打击重点。金融诈骗犯罪,侵害金融秩序和公民财产权的复杂客体,其犯罪行为、主观方面等要素的界定以及共犯行为、罪数问题等均存在诸多争议,因而是刑法分则研究的重点和难点,本节从宏观方面,对该类犯罪加以探讨。

二 金融诈骗罪的客体是"金融秩序"还是"财产权利"?

犯罪客体,是征表某类犯罪社会危害性的类型和程度的概念,不管其是否应被作为构成要件,都有必要加以认识。一般认为金融诈骗罪的客体是特定的金融管理秩序和公、私财产所有权,是双重客体,其中金融管理秩序是主要客体,公、私财产所有权是次要客体,因此该类犯罪被作为破坏社会主义市场经济秩序罪之一节加以规定,而没有规定在侵犯财产罪中。

但近年来,不少学者逐渐提出,金融诈骗罪的客体是"金融信用"的观点。如有学者提出"金融诈骗罪侵害的对象比较复杂,处理银行或者其他金融机构的有形资产——货币资金外,还包括他们的无形资产——银行的信用和资信证明"。[①] 有学者认为"金融诈骗罪不仅侵犯了财产所有关系,更主要的是骗取了银行信用,破坏了金融管理秩序"。[②] 这里虽然仅仅提及"银行信用",但已经突破仅仅将金

[①] 王新:《危害金融犯罪的刑事立法及其评析》,《刑事法评论》1999 年第 3 卷,中国政法大学出版社 1999 年版,第 75 页。

[②] 刘宪权、卢勤忠:《金融犯罪理论专题研究》,复旦大学出版社 2002 年版,第 15 页。

融管理秩序和财产权利作为本罪客体的框架。有学者明确提出，当代金融业的主要功能是信用，在我国刑法将金融诈骗犯罪作为单独一节予以系统化规定的同时，却仍然沿袭了落后的客体理论，继续维护国家金融机构中心主义、静态财产所有权客体观，而忽视了此种犯罪对金融信用这一特殊而重要客体的侵犯。金融信用的受害甚至重于纯粹资金的损失。该论者因此认为"金融诈骗罪一个不可忽视的客体内容是信用，在不同犯罪中它的表现有所不同，但以银行信用为主，在表达上，考虑到与通说的融合。可将本罪主要客体界定为以金融信用为核心的经管理制度"。①

笔者认为，随着金融业的不断发展和其社会地位的不断扩张，金融活动日益成为联系企业经济行为和人们生活的重要基础，金融秩序成为日益重要的经济秩序，因而成为金融诈骗犯罪中的主要客体。但是，将金融诈骗犯罪客体或者将金融秩序的核心表述为"金融信用"并不准确，因为"信用"一词本来是一个非常模糊的概念。在现代汉语中，信用指：（1）诚实，说话算数；（2）按时偿还，不需提供物资保证的；（3）信任重用。② 在西方，信用一词源自拉丁文 credo，原意是相信、信任、声誉等。这些含义虽然与经济学、金融学中的"信用"有关，但并不准确。"信用"一词，在金融学中，"指借贷行为。这种借贷行为的特点是以收回为条件的付出，或者以归还为义务的取得；而且贷者之所以贷出，是因为有权取得利息，借者之所以可能介入，是因为承担了支付利息的义务"。③ 可见，在金融学中，信用是一种与货币借贷有关的行为范畴，而与我们大众日常用语中的"信誉"不同。"信用"一词，含义复杂而多元。金融诈骗犯罪，以"信用"的概念表述其客体，不具有法律语言所要求的准确性和唯一性。上述学者所说的"信用"，实际指的是一种"金融市场主体间的信任关系"，这种"信任关系"在金融行为中尤其重要，因为金融行

---

① 高艳东：《金融诈骗罪立法定位与价值取向探析》，《现代法学》2003 年第 3 期。
② 《新华词典》（修订版），商务印书馆 1996 年版，第 998 页。
③ 黄达主编：《货币银行学》，中国人民大学出版社 2000 年版，第 50 页。

为往往通过"金融工具"甚至"数字"作为主体间的交易凭证,而极少存在实物的转移占有,银行业务的开展,也是以社会对商业银行的信任关系为基础,所以"金融市场主体间的信任关系"是现代金融业得以展开的关键,因而应该成为刑法金融诈骗罪所保护的客体。现有通说所主张的"金融管理秩序",充分表达了金融市场中的管理关系,但是所谓"管理秩序",乃是不平等主体之间的一种秩序关系,而不包括平等主体之间的一种信任关系,不能涵盖"金融市场主体间的信任关系"这一含义。所以,本罪的客体可以表述为,金融管理秩序、金融主体之间的信任关系和公、私财产所有权。

三 金融诈骗各罪是否都以"非法占有"为目的?

由于金融诈骗犯罪中,只有集资诈骗罪、贷款诈骗罪和恶意透支型的信用卡诈骗罪明文规定"非法占有为目的",其他五个罪名都没有明文规定"非法占有目的"这一主观要件。那么,这五个罪名是否不以"非法占有目的"为要件呢?由于有关司法解释没有涉及,而在适用中由于对"目的"举证的困难,引发了司法实务界和学术界中对该五个犯罪是否以"非法占有目的"为要件的争议。对此,理论上有目的必要说、目的不要说两种主张。

目的必要说认为,金融诈骗罪都以非法占有为目的。[①] 理由在于:从历史来源看,金融诈骗罪是从诈骗罪分离而来,是立法当时,为了在数额特别巨大的金融诈骗罪中设立死刑,而将其从诈骗罪中分离出来单独系统规定,从其构成要件来看,金融诈骗罪的犯罪构成以诈骗罪的犯罪构成为基本内容;刑法中并非所有的目的犯都加以明文规定,我国刑法、日本刑法[②]等中的抢劫罪、盗窃罪、诈骗罪、抢夺罪

[①] 赵秉志主编:《金融诈骗罪新论》,人民法院出版社2001年版,第16页,第336页以下。

[②] "一般在刑罚法规中明确表示目的犯的目的,但是,我国的通说、判例认为,作为例外,关于盗窃罪(第235条)、诈骗罪(第246条)、横领罪(第252条)等所谓领得罪,解释论上也需要'不法领得的意思'这种目的。"[日]大冢仁:《刑法概说》(总论),冯军译,中国人民大学出版社2003年版,第124页。

等均未明文规定以"非法占有他人财产"为目的，但从未有人怀疑该目的性要件的存在；金融诈骗五罪中没有明文规定"非法占有目的"乃是立法语言的节俭。①

目的不要说认为，金融诈骗罪不以非法占有为目的。该说的理由是金融商品是一种特殊商品，信用是金融的核心，对金融业的法律规则，首先应当维护的是信用，因此，刑事法律不能仅从侵权法角度保障交易结果的公平性，而且应当从法律行为的角度保障交易过程的公平性。既然法条中并未明文限制要以"非法占有目的"为要件，而且金融欺诈行为应予刑法规制，就不应从历史解释的角度出发，认为金融诈骗犯罪系从诈骗罪分割而来，必须以非法占有为目的。②

本书支持目的必要说的主张，除支持上述学者的理由外，还认为：刑法典第194条、195条、196条、197条、198条的罪状描述中，虽然不像第192条、193条那样明文规定"以非法占有为目的"的字样，但是都明文规定了"进行××诈骗活动"，从刑法解释的协调性、系统性考虑，此处的"诈骗"一词当然和刑法典第266条诈骗罪中的"诈骗"意思一致，第266条规定"诈骗公私财物，数额较大的"为诈骗罪，司法解释和学说一致认为，266条的"诈骗"包含了"非法取得他人财物的目的"这一要件。那么第194、195、196、197、198条中明文规定的"诈骗"一词，也和第266条一样，包括"非法取得他人财产的目的"这一主观要件。

"非法占有目的"含义如何？一般认为，非法占有目的，即不法所有的目的，即永久性地剥夺原所有人的所有权，而使自己或第三者不法所有该财物。也有学者认为，由于金融活动所特有的风险性，导致我们在判断非法占有目的时无法向盗窃罪或抢劫罪那样，仅仅通过行为本身或者仅仅通过结果本身就能直接推导出行为的主

---

① 于改之：《金融诈骗罪争议问题探讨》，《法学评论》2004年第1期。
② 转引自牛克乾《金融诈骗犯罪案件法律适用的若干共性问题探讨》，《法律适用》2005年第8期。

观心理态度。金融诈骗罪的非法占有目的因此不是单纯地使自己控制财物或者使对方失去控制一个方面的内容，应该包括对非法控制或支配他人财物和对使该财物完全脱离权利人的控制两方面的追求。① 笔者认为，所谓的目的，即行为的最终目标，从非法取得类的全部犯罪来看，无不是以达到设立自己的非法所有的目的，但由于所有的唯一性，要达到该目的，必须先排除他人的合法所有，即首先使财物控制人失去对财物的控制，然后实现自己对财物的控制，并不再归还。所以，所谓控制和失控，只是一个状态的两个方面，从行为人来讲是控制，而从财产原控制人来讲是失控。金融诈骗的控制和失控，构成上与盗窃、抢劫等并无不同。从主观上来讲，目的一定是自己"控制"财物而不会止于对方"失控"；所以"控制说"和"失控说"的对立，不是"非法占有目的"中讨论的问题，而是犯罪的既遂和未遂标准问题。

"即使撒旦也不知道人的意图"②。"非法占有目的"如何认定是一个颇费周章的问题。学者主张："主观目的一般需要根据客观行为来认定，在此存在一个通过客观行为推定主观目的的问题。"③ 我国的司法解释也是采用了这样的方法。如 2010 年《关于审理非法集资刑事案件具体应用法律若干问题的解释》（以下简称《解释》2010）第四条规定："使用诈骗方法非法集资，具有下列情形之一的，可以认定为'以非法占有为目的'：（一）集资后不用于生产经营活动或者用于生产经营活动与筹集资金规模明显不成比例，致使集资款不能返还的；（二）肆意挥霍集资款，致使集资款不能返还的；（三）携带集资款逃匿的；（四）将集资款用于违法犯罪活动的；（五）抽逃、转移资金、隐匿财产，逃避返还资金的；（六）隐匿、销毁账目，或者搞假破产、假倒闭，逃避返还资金的；（七）拒不交代资金去向，

---

① 王占洲、林苇：《重构金融诈骗罪"非法占有目的"的法律内涵》，《贵州大学学报》（社会科学版）2007 年第 5 期。
② ［英］特纳：《肯尼刑法原理》，王国庆等译，华夏出版社 1989 年版，第 12 页。
③ 陈兴良：《金融诈骗罪主观目的的认定》，载《刑事司法指南》2000 年第 1 辑，法律出版社 2000 年版，第 63 页。

逃避返还资金的；（八）其他可以认定非法占有目的的情形。"在适用该解释时，应注意的是：该解释虽然指出了判断"非法占有目的"的客观表现，但不等于将"目的"这一主观要件，转换成了"行为"和"结果"的客观要件；更不等于将对集资诈骗罪的打击时间，从"非法占有目的"确定时推后到上述八种行为发生时。上述八种客观表现，虽然是推断非法占有目的存在的重要表现，但是，不必非要等到出现这八种情况，才能认定具有"非法占有目的"，如果出现这八种情况之前，可以判断行为人具有非法占有目的，应及时按照集资诈骗罪处理。也不能认为只要上述八种现象存在，就必定成立集资诈骗罪的"非法占有目的"，认定该目的要件，还需要参照其他情况，具体认定。对此，《解释》2010 的上述第四条中专门指出，存在上述八种情况时，"可以"认定为"非法占有目的"而不是"应当"，第四条第三款又规定"集资诈骗罪中的非法占有目的，应当区分情形进行具体认定"。这里给法官在具体案件中根据具体情况进行裁量留下了空间。另外，2001 年《全国法院审理金融犯罪案件工作座谈会纪要》也指出："但是，在处理具体案件的时候，对于有证据证明行为人不具有非法占有目的的，不能单纯以财产不能归还就按金融诈骗罪处罚。"

有学者提出金融诈骗犯罪的八个罪名中，集资诈骗罪、贷款诈骗罪和恶意透支型信用卡诈骗罪中明文规定"非法占有目的"的意义在于，这些情况下，控方的证明责任，大于没有明文规定"非法占有目的"的其他罪名，此时，控方处理必须证明行为人实施了法定客观行为外，还必须结合案件的具体情况，综合各种案件事实，从经验法则处罚，进行司法认定，只要不能完全排除行为人不具有非法占有的可能性，就不能认定诈骗罪的成立。而其他几个罪名，控方只要能够证明行为人实施了法定的客观行为，就可以认定行为人主观上具有非法占有的目的，行为人对于自己没有非法占有的目的承担举证责任。[①]

但是，有学者根据断绝的结果犯的理论，所论证的结果，与上述

---

① 肖中华：《论金融诈骗罪适用中的三个问题》，《法学杂志》2008 年第 4 期。

观点相左。在德日刑法中，按照目的和犯罪构成的关系，将目的犯区分为断绝的结果犯（被抑制的结果犯）和短缩的二行为犯（不完全的行为犯）。所谓断绝的结果犯，是指"构成要件行为由追求超越客观构成要件的外在结果来予以补充，该外在结果在行为发生之后，不要行为人再做什么就应当自动发生"。① 也就是说，行为与目的是原因与结果之间的关系，构成要件行为的实现就意味着目的可能实现，不需要其他条件。短缩的二行为犯是指，"行为人必须想在实现构成要件之后，以自己的行为促成超越客观构成要件的结果的发生"。② 也就是说，在构成要件之外，另外还需要成立特定目的时，犯罪才能成立的情况。在德国刑法中，前者的情况如投毒、盗窃后抢劫、勒索、诈骗等；后者的情况如诱拐、盗窃、抢劫、特别严重的纵火等。有学者认为金融诈骗罪为断绝的结果犯，即"非法占有目的"蕴含在构成要件行为之中，此外不需要行为人具备另外的目的。因此属于断绝的结果犯。该学者认为，断绝的结果犯与短缩的二行为犯区别的意义在于，前者只要证明相应的客观犯罪行为以及犯罪故意的存在，原则上就可以推定非法占有的目的的存在，非法占有目的不需要额外的、单独的特别证明。③ 上述两种观点虽然从不同角度论证，但论证的结论是互相矛盾的。矛盾点在于，对于集资诈骗罪、贷款诈骗罪、恶意透支的信用卡诈骗罪，控方是否需要在证明犯罪行为之后，另外证明"非法占有目的"的存在？如果用目的犯的分类的语言表述问题，就是这三种犯罪，到底属于断绝的结果犯还是短缩的二行为犯？本书认为，两种观点冲突的根源在于对这三种犯罪中"犯罪行为"的理解不同。这三种犯罪都属于取得他人资金的行为，行为实际上由两个环节构成：取得资金+不予返还，这和其他金融诈骗罪的行为不同，其他罪名的行为虽然实际上也由"取得资金+不予返还"这两个环节构成，但是，两个环节之间关系相对紧密，取得资金往往意味着

---

① 汉斯·海因里希·耶塞克、托马斯·魏根特：《德国刑法教科书》，徐久生译，中国法制出版社2001年版，第384页。
② 同上。
③ 付立庆：《论金融诈骗罪中的非法占有目的》，《法学杂志》2008年第4期。

不予返还，一般不存在取得资金后返还的情况，而这三个罪名不同，实践中大量存在虽然违反了法律法规甚至采取了欺骗的手段取资金但是最后返还资金的情况。如果认为该三个罪名属于断绝的结果犯，那么等于将三罪名的构成要件行为理解为"取得资金+不予返还"两个环节，此时，行为和"非法占有目的"一致，证明了行为存在这两个环节就可以推定"非法取得目的"存在。如果将该三个罪名理解为短缩的二行为犯，那么意味着将该三罪的构成要件行为仅仅理解为"不法取得"一个环节，而"非法占有目的"是需要在该行为之外另外证明的内容。从司法解释的规定来看，我国刑法中的集资诈骗罪属于短缩的二行为犯。① 这一点在2001年《全国法院审理金融犯罪案件工作座谈会纪要》中明确表达出来，该纪要规定："集资诈骗罪和欺诈发行股票、债券罪、非法吸收公众存款罪在客观上均表现为向社会公众非法募集资金。区别的关键在于行为人是否具有非法占有的目的。对于以非法占有为目的而非法集资，或者在非法集资过程中产生了非法占有他人资金的故意，均构成集资诈骗罪。"从该纪要来看，集资诈骗罪中的非法占有目的，乃是超出其行为的故意，从行为上看，集资诈骗罪和非法吸收公众存款罪的行为并无不同，不需要特别实施导致存款不能返还的行为。《解释》2010所列举的八种行为，并非成立集资诈骗罪的必备要件，而是充分要件，当这八种情况具备时，可以认定具备非法占有的目的，但是即使不存在上述八种情况，只要行为人表现出非法占有目的来，仍然构成集资诈骗罪。这一点，上文已经论述，此不赘述。而贷款诈骗罪刑法或司法解释都没有明确规定，但是第193条所规定的贷款诈骗罪的行为方式，其实和骗取贷款罪的行为并无不同，因此可以认为，贷款诈骗罪和骗取贷款罪之间

---

① 此处论及的断绝的结果犯、短缩的二行为犯，乃是对目的犯进行分类的概念，与"行为犯"、"结果犯"的概念不同，后者是对犯罪的既遂标准的分类。在短缩的二行为犯的情况下，仍然能够成立结果犯，以贷款诈骗罪为例，当行为人实施非法取得行为并取得对贷款的控制构成罪的既遂，但是，取得对贷款的控制仅仅是犯罪行为的实施完毕，并不代表行为人一定具有非法占有目的，因此仍需证明该控制乃是以非法占有为目的，才能认定构成该罪。

的差别，与集资诈骗罪和非法吸收公众存在罪之间的差别一样，都不在于行为方式的不同，而仅仅在于是否在行为之外另外存在非法占有他人财产的目的。而恶意透支型信用卡诈骗罪的行为本身就意味着该罪的非法占有目的存在于透支行为之外，实践中单纯根据透支行为完全无法判断是否存在非法占有的目的，该目的的认定还必须在构成要件行为之外另行证明。

四 金融诈骗犯罪行为的扩张

随着我国市场经济的不断繁荣发展和对外经济交流的不断深入，各种新型的金融工具被不断开发，金融业务的创新蓬勃发展。这不仅导致金融机构在资金运营中所面临的新情况、新挑战、新犯罪不断增多，而且金融机构实施的金融创新行为也有可能给社会带来危害。因此，有论者提出扩大金融诈骗犯罪范围的主张，并认为应将金融诈骗罪改为金融欺诈罪。[①] 面对不断产生的新型金融诈骗罪，笔者也主张扩大金融诈骗罪中的行为类型的范围，甚至扩大金融犯罪主体的范围，将现有的仅仅以社会成员为可能的犯罪主体的金融诈骗罪拓展到可以由金融机构构成。比如在金融凭证诈骗罪中，银行、信托基金组织等金融机构设计的新型金融工具，可能存在巨大的风险，会给购买者带来巨额的亏损，而金融机构在未充分履行风险告知义务的情况下，向客户销售给其带来巨大损失。如"累积认购期权案"中[②]，多为投资人因购买存在巨大风险的"累期认购期权"而几乎倾家荡产，而该金融工具所存在的巨大风险乃是销售者本身明知而且在销售时没有充分告知的，该案虽然发生在境外，但该类行为所引起的危害应该引起注意。本书主张，应追究金融机构的刑事责任，以适当约束金融机构的金融创新行为，并督促其对客户履行充分告知义务。

不过，在当前刑法未予修订的情况下，仍然可以追究新型金融工

[①] 徐澜波：《我国刑法应以金融欺诈罪代替金融诈骗罪》，《政治与法律》2007年第2期。

[②] 《从富翁到负翁 境外理财成黄粱一梦》，http://www.sina.com.cn 2009年06月07日 09：44。

具诈骗或者金融机构诈骗行为的刑事责任。因为我国刑法还存在诈骗罪、合同诈骗罪的规定，它和金融诈骗罪之间是法条竞合关系，对于金融诈骗罪不能包括的诈骗行为，完全可能符合合同诈骗罪或诈骗罪处理。

不作为行为可否构成金融诈骗罪？对此，有的学者主张不作为完全可以构成金融诈骗罪，认为这是由金融领域的风险性、专业性而定的，并且由于金融诈骗罪中存在特殊的事后故意，要求存在不作为的类型，尤其是保险诈骗罪中，投保人有最大诚信义务，违反该义务可能构成诈骗。① 也有的学者认为该类罪不存在不作为行为，否则违反刑法的谦抑性法理②。刑法的谦抑性当然是重要的，但是，刑法典对金融诈骗犯罪的规定，并没有限定作为还是不作为的行为样态，只要符合犯罪构成要件，不管是作为还是不作为，都应构成该类犯罪。

五　金融诈骗罪中的罪数问题如何界定

金融行为往往表现为一个历时性过程，该过程中，难免出现行为人主观意思的转化。比如，非法吸收公众存款后产生不予归还的故意，以合理使用后归还为目的采用非法手段骗取贷款后由于经营失败产生不归还贷款的故意等，并不罕见。该类行为的行为过程中犯意升高。理论上，也存在行为过程中犯意降低的情况，比如，以非法占有为目的非法集资后，由于经营得当收入颇丰有产生还款意图归还集资款的，或者诈骗银行贷款后又归还银行贷款的，该类在行为过程中发生的犯意转化，如何处理？

在上述犯意升高的情况下，司法解释的态度，是按照升高了的犯意一罪处理。如《纪要》2001规定："对于以非法占有为目的而非法集资，或者在非法集资过程中产生了非法占有他人资金的故意行为，均构成集资诈骗罪。"司法解释的态度是将该种情况作为一个犯罪行为，按照一个犯罪进程中犯意的转化进行处理，而不是按照数罪处

---

① 高艳东：《金融诈骗罪立法定位与价值取向探析》，《现代法学》2003年第3期。
② 赵秉志主编：《金融诈骗罪新论》，人民法院出版社2001年版，第28页。

理，或者说司法解释承认在实施了构成要件行为之后仍能产生非法占有目的的情况。其实按照常规的理解，犯罪目的应该是实施犯罪行为的目的，因此非法占有目的的产生时间，必须产生于实施诈骗行为之前，或者与诈骗行为同时存在。按照这种理解，如果非法占有目的产生于行为人自动处分财物之后，行为人可能构成侵占罪，不构成金融诈骗罪。[①] 那么《纪要》2001 的规定是正确的吗？答案是肯定的，该司法解释正好印证了本书上面的主张，即：集资诈骗罪、贷款诈骗罪和恶意透支型信用卡诈骗罪，并非断绝的结果犯，乃是短缩的二行为犯。在断绝的结果犯中，犯罪目的和构成要件行为同步，不可能存在先有行为后有目的的情况，而短缩的二行为犯则不同，在行为人实施了第一行为之后再具备实施第二行为的目的就成立犯罪，因此行为和目的并不同步，目的可以在行为之后产生。

对于犯意降低了的情况，司法实践中的处理方式是在计算诈骗数额时，将已经归还的数额刨除掉。如《解释》2010 第 5 条中规定："集资诈骗的数额以行为人实际骗取的数额计算，案发前已归还的数额应予扣除。"这种情况下，对于已经归还的数额实际上未予处罚。如此规定的依据是什么？有的学者可能将其解释为中止犯罪，但是，这与刑法典对该罪构成要件行为过程的规定并不相符，该罪是以行为人实际控制资金作为既遂标准的。如果将其理由解释为犯罪的中止，实际上人为拉长犯罪过程的时间，将非法取得资金即既遂拉长至无法返还资金时才既遂，这显然是不合理的。本书认为，解释的依据仍然是短缩的二行为犯理论，行为人虽然已经实施完毕构成要件行为，但是当行为人之后的行为表现出并不存在"非法占有目的"时，仍然不能认定为构成犯罪，所以对于已经退还的非法集资或者诈骗的贷款，不成立犯罪，不予处罚。

通说认为，金融诈骗犯罪与诈骗罪、合同诈骗罪存在法条竞合关系，其中金融诈骗罪与诈骗罪之间是包容竞合关系，而与合同诈骗罪多是交叉竞合关系，但保险诈骗罪与合同诈骗罪、贷款诈骗罪与合同

---

① 于改之：《金融诈骗罪争议问题探究》，《法学评论》2004 年第 1 期。

诈骗罪之间属于包容竞合关系。包容竞合关系的情况下，当行为不构成被包容的犯罪时，仍有可能构成包容之罪，比如，犯罪数额没有达到金融诈骗犯罪的要求时，如果达到了诈骗罪的要求，仍应按照诈骗罪处理，司法实践中不应将此类行为无罪化处理。有学者认为，由于金融诈骗罪是诈骗罪的特别法，特别法由于保护更加重要的法益，所以入罪标准不应该高于一般法，现行刑法中个人实施诈骗罪"数额较大"的标准是 2000 元，而集资诈骗罪"数额较大"的标准是 10 万元，金融凭证诈骗罪"数额较大"的标准是 5000 元，特别法的入罪标准均高于一般法，造成有的时候行为达到了一般法的标准却达不到特别法的标准，这和重点保护特别法法益的目的相矛盾。[①] 但是，特别法与一般法之间，并不存在前者入罪标准一定要低于后者的规则，二者仅仅是由于犯罪成立条件发生包容而产生的形式上的关系，在包容竞合的情况下，即使行为不符合特别法的入罪条件，也有可能符合一般法的入罪条件，因此并不会放纵罪犯。再有，保护重要的法益，并不以降低入罪门槛为必要，入罪门槛的高低，要看犯罪行为本身对法益侵害的严重程度。对于金融秩序和财产权利来讲，诈骗 2000 元足以侵害财产权利，但对金融秩序一般不产生影响，所以金融诈骗罪的入罪门槛明显高于普通诈骗罪。

伪造金融凭证诈骗犯罪中伪造行为实施完毕但诈骗未得逞的，如何处理？有三种处理意见：第一，根据既遂犯吸收未遂犯的原则，按伪造金融凭证罪处理；第二，根据牵连犯的规制，按照其中较重的犯罪处理；第三，分类处理，即如果金融诈骗罪属于预备犯，则按照伪造金融凭证罪处理，诈骗未遂的，按照牵连犯的规制处理，理由在于预备犯很难证明其存在意图，再有此时的主要矛盾是伪造金融凭证行为而不是诈骗的预备。[②] 本书认为，这种情况下，伪造金融凭证本身即金融诈骗行为的预备行为，如果行为人没有另外实施其他预备行为

---

① 隋军：《金融诈骗犯罪数额及犯罪形态问题研究》，《河北学刊》2006 年第 4 期。

② 牛克乾：《金融诈骗犯罪案件法律适用的若干共性问题探讨》，《法律适用》2005 年第 8 期。

或者其他预备行为不单独构成犯罪的,成立伪造金融票证罪和金融诈骗罪预备犯的想象竞合,此种情况下从理论上可以从一重处罚,但是一般按照伪造金融票证罪处罚,因为我国刑法司法实践除极其严重的犯罪外,很少处罚预备犯。当行为人伪造金融凭证后已经着手实行金融诈骗罪而未遂时,成立伪造金融票证罪和金融诈骗罪的牵连犯,为手段行为和目的行为的牵连,此时应该选择其中较重的犯罪定罪处罚。

第二节 融资诈骗罪

一 集资诈骗罪

集资诈骗罪指以非法占有为目的,使用诈骗方法非法集资,数额较大的行为。

本罪的对象是社会公众的资金。集资仅限于向社会公众募集资金,不包括资金以外的财物。资金必须来自社会公众,而不是特定的少数人。行为人仅以少数人为诈骗对象的,成立普通诈骗罪,不构成本罪。以社会公众为诈骗对象,不要求实际已经骗取到了多数人的资金,如果仅仅骗取到了少数人的资金,但数额较大的,也构成本罪。

本罪的行为表现为使用诈骗的方法非法集资。

所谓非法集资,指未经有关机关批准而向社会募集资金。按照2010年12月13日最高人民法院《关于审理非法集资刑事案件具体应用法律若干问题的解释》(下文中称为《集资案解释》)具有非法取得的目的,实施下列行为的,按照集资诈骗罪处罚:(1)不具有房产销售的真实内容或者不以房产销售为主要目的,以返本销售、售后包租、约定回购、销售房产份额等方式非法吸收资金的;(2)以转让林权并代为管护等方式非法吸收资金的;(3)以代种植(养殖)、租种植(养殖)、联合种植(养殖)等方式非法吸收资金的;(4)不具有销售商品、提供服务的真实内容或者不以销售商品、提供服务为主要目的,以商品回购、寄存代售等方式非法吸收资金的;

（5）不具有发行股票、债券的真实内容，以虚假转让股权、发售虚构债券等方式非法吸收资金的；（6）不具有募集基金的真实内容，以假借境外基金、发售虚构基金等方式非法吸收资金的；（7）不具有销售保险的真实内容，以假冒保险公司、伪造保险单据等方式非法吸收资金的；（8）以投资入股的方式非法吸收资金的；（9）以委托理财的方式非法吸收资金的；（10）利用民间"会"、"社"等组织非法吸收资金的；（11）其他非法吸收资金的行为。

当行为人以诈骗的方法实施上述非法集资行为时，构成本罪的危害行为。行为人仅仅实施非法集资行为，而没有以诈骗的方法实施的，不构成本罪；行为人以诈骗的方法，实施上述行为类型以外的集资行为的，也构成本罪。

所谓诈骗的方法，指虚构资金用途、虚构集资人的资信能力、以虚假的证明文件和高回报率为诱饵，或者以其他手段骗取出资人，使其陷入错误认识，误以为投资安全并且可以获得理想的回报，出资人基于该错误认识而处分财产，从而使行为人取得财产，被害人遭受财产损失。行为人虽然虚构事实、隐瞒真相，但并未使投资人陷入错误认识，投资人基于真实的意思表示进行风险投资的，不应以本罪处理。

构成本罪，要求达到"数额较大"的程度。按照《集资案解释》和《立案标准（二）》的规定，所谓数额较大，指个人集资诈骗数额在10万元以上、单位集资诈骗数额在50万元以上的情况。非法集资的数额应按案发时未归还的数额计算，案发前已经归还的数额应予扣除。行为人为事实集资诈骗活动而支付的广告费、中介费、手续费、回扣，或用于行贿、赠与等的费用，不予扣除。行为人实施集资诈骗活动而支付的利息，除本金未归还尚可予以折抵本金外，应当计入诈骗数额。

实施本罪，达到数额巨大或者有其他严重情节的，成立本罪的加重犯。数额特别巨大或者有其他特别严重情节的，构成本罪的再加重犯。按照《集资案解释》，"数额巨大"指个人集资诈骗数额在30万元以上，或者单位集资诈骗数额在150万元以上的。数额特别巨大，指个人集资诈骗数额在 100 万元以上，或者单位集资诈骗数额在 500 万元以上的。

什么是"严重情节"、"特别严重情节"，司法解释未予规定。本书认为，可以参考诈骗罪、贷款诈骗罪等相关犯罪加以解释。2011 年 2 月 21 日最高人民法院、最高人民检察院《关于办理诈骗刑事案件具体应用法律若干问题的解释》第二条对诈骗罪的解释规定："诈骗公私财物达到本解释第一条规定的数额标准，具有下列情形之一的，可以依照刑法第二百六十六条的规定酌情从严惩处：（一）通过发送短信、拨打电话或者利用互联网、广播电视、报刊杂志等发布虚假信息，对不特定多数人实施诈骗的；（二）诈骗救灾、抢险、防汛、优抚、扶贫、移民、救济、医疗款物的；（三）以赈灾募捐名义实施诈骗的；（四）诈骗残疾人、老年人或者丧失劳动能力人的财物的；（五）造成被害人自杀、精神失常或者其他严重后果的。诈骗数额接近本解释第一条规定的'数额巨大'、'数额特别巨大'的标准，并具有前款规定的情形之一或者属于诈骗集团首要分子的，应当分别认定为刑法第二百六十六条规定的'其他严重情节'、'其他特别严重情节'。"1996 年 12 月 24 日最高人民法院《关于审理诈骗案件具体应用法律的若干问题的解释》第一条对诈骗罪的解释规定："诈骗数额在 10 万元以上，又具有下列情形之一的，也应认定为'情节特别严重'：（1）诈骗集团的首要分子或者共同诈骗犯罪中情节严重的主犯；（2）惯犯或者流窜作案危害严重的；（3）诈骗法人、其他组织或者个人急需的生产资料，严重影响生产或者造成其他严重损失的；（4）诈骗救灾、抢险、防汛、优抚、救济、医疗款物，造成严重后果的；（5）挥霍诈骗的财物，致使诈骗的财物无法返还的；（6）使用诈骗的财物进行违法犯罪活动的；（7）曾因诈骗受过刑事处罚的；（8）导致被害人死亡、精神失常或者其他严重后果的；（9）具有其他严重情节的。"[①]

[①] 该条由于和 2011 年《诈骗案解释》相冲突，已经失效，但可作为确定集资诈骗罪犯罪情节的参考。

1996年12月24日最高人民法院《关于审理诈骗案件具体应用法律的若干问题的解释》第四条对贷款诈骗罪的解释规定：根据《决定》第十条规定，以非法占有为目的，诈骗银行或者其他金融机构的贷款，数额较大的，构成贷款诈骗罪。《决定》第十条规定的"其他严重情节"是指：（1）为骗取贷款，向银行或者金融机构的工作人员行贿，数额较大的；（2）挥霍贷款，或者用贷款进行违法活动，致使贷款到期无法偿还的；（3）隐匿贷款去向，贷款期限届满后，拒不偿还的；（4）提供虚假的担保申请贷款，贷款期限届满后，拒不偿还的；（5）假冒他人名义申请贷款，贷款期限届满后，拒不偿还的。《决定》第十条规定的"其他特别严重情节"是指：（1）为骗取贷款，向银行或者金融机构的工作人员行贿，数额巨大的；（2）携带贷款逃跑的；（3）使用贷款进行犯罪活动的。

根据上述司法解释，本书认为，集资诈骗罪中的"严重情节"可以包括：（1）集资诈骗使用暴力造成重伤、死亡（2）诈骗救灾、抢险、防汛、优抚、救济、医疗资金，造成严重后果的；（3）诈骗法人、其他组织或者个人急需的生产资金，严重影响生产或者造成其他严重损失的；（4）挥霍诈骗的资金，或携带诈骗的资金潜逃，致使诈骗的资金无法返还的；（5）使用诈骗的资金进行违法犯罪活动的；（6）导致被害人死亡、精神失常或者其他严重后果的（7）其他情节严重的情况。

当然，"情节严重"、"情节特别严重"作为本罪中的重要要件，司法解释应予充分解释说明。

本罪的主观要件是故意，并且要求行为人具有非法占有集资款的目的。行为人如果没有非法占有的目的，仅仅是想通过夸大集资回报取得集资并想事后归还，但是事后因市场风险或经营管理不善而未能归还集资的，不构成本罪。是否具有非法占有集资款的目的，应该综合案件的一切事实来认定，而不能仅因没能归还集资款的后果倒推具有非法占有目的。

根据《立案标准（二）》使用诈骗方法非法集资，具有下列情形之一的，可以认定为"以非法占有为目的"：（1）集资后不用于生产经营活动或者用于生产经营活动与筹集资金规模明显不成比例，致使集资款不能返还的；（2）肆意挥霍集资款，致使集资款不能返还的；（3）携带集资款逃匿的；（4）将集资款用于违法犯罪活动的；（5）抽逃、转移资金、隐匿财产，逃避返还资金的；（6）隐匿、销毁账目，或者搞假破产、假倒闭，逃避返还资金的；（7）拒不交代资金去向，逃避返还资金的；（8）其他可以认定非法占有目的的情形。

集资诈骗罪中的非法占有目的，应当区分情形进行具体认定。行为人部分非法集资行为具有非法占有目的的，对该部分非法集资行为所涉集资款以集资诈骗罪定罪处罚；非法集资共同犯罪中部分行为人具有非法占有目的，其他行为人没有非法占有集资款的共同故意和行为的，对具有非法占有目的的行为人以集资诈骗罪定罪处罚。

非法占有集资款的目的，是区分本罪和其他集资型犯罪的关键。如欺诈发行股票、债券罪，擅自发行股票、公司、企业债券罪，非法吸收公众存款罪，都具有非法集资的效果，但它们和本罪的差别在于，这三种罪均具有履行债务或回报的意思，不具有非法取得出资人资金的目的。

二　贷款诈骗罪

贷款诈骗罪指以非法占有为目的，诈骗银行或者其他金融机构的贷款，数额较大的行为。

本罪的对象是银行或者其他金融机构的贷款。银行指商业银行和政策性银行。由于我国的中央银行即中国人民银行除实施金融政策所需的再贴现、再贷款和公开市场业务外，不参与商业贷款业务，更不实行对个人贷款业务，不可能成为本罪的犯罪对象。银行包括中资银行也包括外资银行。根据我国刑法的管辖原则，中国公民对在外国的中资或外资银行实施贷款诈骗，或者外国公民在中国对在外国的外资或中资银行实施贷款诈骗，均构成本罪，因此本罪中的银行也包括在国外的中资或外资银行。其他金融机构，指依照中国人民银行《金融机构管理规定》有资格进行对自然人贷款业务的金融机构，包括城市信用社、农村信用社、信托投资公司、企业集团财务公司、金融租赁公司等。未取得中国银行业监督管理委员会颁发的从事个人贷款业务的经营许可证，而擅自对外贷款被诈骗的，不构成本罪，可构成合同诈骗罪或诈骗罪。贷款，是指贷款人对借款人提供的并按约定的利率和期限还本付息的货币资金。

本罪的行为是以诈骗的方式取得银行或其他金融机构贷款，根据刑法典第193条的规定，诈骗行为具体包括以下五种情况：

（1）编造引进资金、项目等虚假理由的。指凭空捏造并不存在的引进资金或引进项目，或者夸大引进资金或引进项目的规模，或者夸大引进资金或引进项目的经济效益前景等，从而提出需要贷款作为配套资金等虚假理由的。

（2）使用虚假的经济合同的。何谓"经济合同"？本书认为，本项规定的"经济合同"与现行合同法中的"合同"并不一致。由于本条来源于1995年6月30日全国人大常委会《关于惩治破坏金融秩序犯罪的决定》，当时《中华人民共和国经济合同法》尚未废止，按照该法第2条的规定，经济合同是指是法人之间为实现一定经济目的，明确相互权利义务关系的协议。本罪由于主体是自然人，该"经济合同"的主体不符合本罪的规定。因此，可以将本罪中的"经济合同"扩大解释为：法人、自然人之间为实现一定经济目的，明确相互权利义务关系的协议。按照《经济合同法》的规定，经济合同包括购销、建设工程承包、加工承揽、货物运输、供用电、仓储保管、财产租赁、借款、财产保险、科技协作以及其他经济合同。虚假的经济合同，包括伪造的并不存在的经济合同，篡改原合同标的变造的经济合同等合同形式虚假的合同。如果行为人采取欺诈、胁迫等方法使他人签订经济合同，然后又以该经济合同取得贷款的，是否构成本罪？有学者认为，无效（即以欺诈、胁迫订立的）的经济合同属于虚假的经济合同，因此构成本罪。[①] 本书认为，行为人为获取贷款而采用非法手段签订经济合同，然后将其用于诈骗贷款的，当然构成本

---

① 马克昌主编：《经济犯罪新论》，武汉大学出版社1998年版，第358页。

罪。行为人违法从事经济活动，签订无效经济合同，明知该合同无效而用其骗取贷款的，也构成本罪。但是，行为人在经济活动中违法签订无效的经济合同，但行为人真实履行该合同，并不知晓该合同无效，经营中又以该合同获取贷款的，缺乏诈骗贷款的目的，不应构成本罪。

（3）使用虚假的证明文件的。指行为人明知是伪造或者无效的项目批文、伪造或无效的担保文书、虚假的身份证明等各种申请贷款时所需要的证明材料骗取贷款的。

（4）使用虚假的产权证明作担保或者超出抵押物价值重复担保的。指明知是虚假的存款单、不动产产权证书、大型动产产权证书、专利权证书、商标权证书等而用来做担保进行贷款；或者采用重复抵押，虚假评估抵押物价值进行抵押，或者虚假评估抵押物价值重复抵押等。

（5）以其他方法诈骗贷款的。指伪造公文、证件、印章，伪造领导批示，或为贷款虚假设立有限公司等等，符合诈骗行为构成要素（欺骗行为——被害人陷入错误——被害人基于错误发放贷款——行为人获得贷款——被害人产生损失）的行为。

诈骗贷款数额较大的，才构成本罪。按照1996年最高人民法院《关于审理诈骗案件具体应用法律的若干问题的解释》（下文简称《诈骗案解释》）第四条规定，个人进行贷款诈骗数额在1万元以上的，属于"数额较大"；个人进行贷款诈骗数额在5万元以上的属于"数额巨大"；个人进行贷款诈骗数额在20万元以上的，属于"数额特别巨大"。但是按照2010年最高人民检察院、公安部《关于公安机关管辖的刑事案件立案追诉标准的规定（二）》第59条之规定，"数额较大"是指以非法占有为目的，诈骗银行或者其他金融机构的贷款，数额在2万元以上的情况。两个规定存在冲突，按照刑事诉讼中起诉权对审判权限制的原理，公安机关对贷款诈骗2万元以下的刑事案件，不予立案追诉时，审判机关无法判决，因此，"数额较大"指个人诈骗2万元以上的情况。而《立案标准（二）》对"数额巨大"、"数额特别巨大"未做规定，应当按照《诈骗案解释》的规定，

"数额巨大"指个人诈骗贷款 5 万元以上的,"数额特别巨大"指个人贷款诈骗数额在 20 万元以上的情况。

实施贷款诈骗,有其他严重情节的,构成本罪的加重犯;有其他特别严重情节的,构成本罪的再加重犯。所谓"其他严重情节"、"其他特别严重情节"如何理解?1996 年 12 月 24 日最高人民法院《关于审理诈骗案件具体应用法律的若干问题的解释》第四条规定:根据《决定》第十条规定,以非法占有为目的,诈骗银行或者其他金融机构的贷款,数额较大的,构成贷款诈骗罪。《决定》第十条规定的"其他严重情节"是指:(1)为骗取贷款,向银行或者金融机构的工作人员行贿,数额较大的;(2)挥霍贷款,或者用贷款进行违法活动,致使贷款到期无法偿还的;(3)隐匿贷款去向,贷款期限届满后,拒不偿还的;(4)提供虚假的担保申请贷款,贷款期限届满后,拒不偿还的;(5)假冒他人名义申请贷款,贷款期限届满后,拒不偿还的。《决定》第十条规定的"其他特别严重情节"是指:(1)为骗取贷款,向银行或者金融机构的工作人员行贿,数额巨大的;(2)携带贷款逃跑的;(3)使用贷款进行犯罪活动的。

本罪的主体是一般主体,只能是自然人,单位不构成本罪。单位实施贷款诈骗行为的,构成何罪?2001 年 1 月 21 日最高人民法院《全国法院审理金融犯罪案件工作座谈会纪要》规定可以以合同诈骗罪论处。但也有学者认为,单位实施贷款诈骗时,实际上仍然是单位中的自然人实施贷款诈骗,由于刑法未规定单位构成贷款诈骗罪,即应按照自然人实施的贷款诈骗罪定罪处罚。① 本书认为,单位实施贷款诈骗行为时,成立合同诈骗罪和贷款诈骗罪的想象竞合犯,按照想象竞合犯从一重处罚的原理,应该按照较重的罪,即贷款诈骗罪处罚。

本罪的主观方面是故意,并且要求具有非法占有贷款的目的。是否具有"非法占有贷款的目的"是区分本罪和贷款纠纷的关键。贷款人获得贷款后,到期不能还款的,不能简单认定为贷款诈骗罪,应

---

① 张明楷:《刑法学》(第 4 版),法律出版社 2011 年版,第 707 页。

该综合各种因素，判断行为人在贷款时是否具有非法占有贷款的目的。判断的因素包括但不限于申请贷款时的履约能力、是否使用了刑法规定的诈骗手段、取得贷款后是否按照原贷款合同约定的用途使用贷款、对贷款的使用是否慎重珍惜、贷款到期后是否积极设法偿还，等等。行为人取得贷款时不具有非法占有贷款的目的，取得后产生犯罪意图，实施转移、隐匿财产等行为，意欲不归还贷款的，应按侵占罪处理，不构成贷款诈骗罪或诈骗罪。行为人合法取得贷款后，产生非法占有贷款的意图，通过欺骗手段使贷款人陷入错误认识，免除其还款义务的，构成普通诈骗罪，不构成贷款诈骗罪。

第三节　金融工具诈骗罪

一　票据诈骗罪

票据诈骗罪指依非法占有为目的，使用金融票据进行诈骗活动，数额较大的行为。

本罪的犯罪对象是金融票据，即汇票、本票、支票。

本罪的行为包括以下五种方式：

（1）明知是伪造、变造的汇票、本票、支票而使用的。这里的使用，指将伪造、变造的票据作为真实票据而加以流通，如用来汇兑、付款、交换、抵押、结算等。实施本行为时，要求行为人对所使用的票据系伪造、变造的票据有明确的认识，即"明知"，如果行为人不知道他所使用的票据是伪造、变造的票据而使用的，不构成本罪。"明知"不要求行为人知道票据的具体来源和具体的伪造、变造者，只要求行为人知道票据系伪造、变造因而不真实即可。

（2）明知是作废的汇票、本票、支票而使用的。作废的汇票、本票、支票，指根据法律和有关规定不能使用的票据，包括过期的票据、无效的票据以及被依法宣布作废的票据。过期的票据指票据超过兑付期限的票据；无效的票据指票据金额、数额等重大记载事项不全的票据等；被依法宣布作废的票据指国家规定更换新的票据票样因而宣布旧的票样作废等。但是，使用作废的票据仅使自己的债权消灭，并未造成相对人财产损失的，不构成犯罪。本项也要求行为人对所使用的票据系已经作废具有明确的认识。

（3）冒用他人的汇票、本票、支票的。指行为人擅自以合法持票人的名义支配、使用自己本没有支配权利的他人票据的行为。如果以他人名义支配、使用票据已经得到了他人的同意，并且未给其他票据权利人造成损害的，不构成本罪。冒用他人的票据，已经得到被冒用人的同意，但给其他票据权利人带来损失的，仍然可能构成本罪。行为人冒用的票据必须是真实有效的票据。实践中，冒用他人票据往往表现为行为人使用通过犯罪方法获得的他人票据，或者超越授权范围以授权人的名义支配、使用票据，或者擅自使用他人委托保管的票据或检拾的他人票据等。重复使用支票提取现金的行为，应认定为冒用他人支票。

行为人使用盗窃、抢劫等犯罪方法取得票据后使用的，一般认为，按照《票据法》的规定，汇票、本票、支票均为可记名、可挂失的票据，因此盗窃、抢劫等犯罪方法取得相关的票据并不意味着取得了票据记载的财产权益，不应认定为盗窃罪和抢劫等罪的既遂，行为人利用盗窃、抢劫等犯罪方法取得的票据进行诈骗活动的，应当认定为票据诈骗罪。

（4）签发空头支票或者与其预留印鉴不符的支票，骗取财物的。空头支票是指出票人所签发的支票超过其付款时在付款人处实有的存款金额。签发，不是制作，而是指行为人将制作好的空头支票交付他人使其进入流通，因此，当行为人仅仅制作空头支票时不构成票据诈骗行为的着手，当行为人将制作好的空头支票交付他人使其流通时才构成本罪的着手。签发空头支票，不是为了骗取他人财物，而是为了延缓履行债务的，不构成本罪。支票需要出票人在付款人处预留印鉴，付款时，付款人需要核对支票上的印鉴与预留印鉴是否一致，不一致的不予付款。《票据法》第82条规定："开立支票存款账户，申请人应当预留其本名的签名式样和印鉴。"签发与预留印鉴不符的支票，指出票人明知出票时在支票上加盖的印鉴与其在银行的预留印鉴不符，而故意使其不符，从而是持票人无法获得付款的。预留印鉴，不仅应包括上述票据法 82 条所规定的"印鉴"，还包括该条所规定的"签名式样"，实践中，有的支票付款人要求出票人在开立支票账户时预留密码，本罪的"预留印鉴"也包括该预留密码。因此，本书认为，本罪的"预留印鉴"指包括在付款人处预留并需要在支票上加盖的印章和签名、密码等需要付款人核对并要求其一致的票据形式要件的总称。有学者认为，将支票的签名式样扩大解释为支票印鉴的一部分不违背公民的预测可能性。而将签发与预留的密码不符的行为解释为与预留的印鉴不符的行为从而以票据诈骗罪定罪处罚，则有类推解释之嫌。① 本书认为，从票据出票人角度，通过预留密码并使出票与密码不符，与通过预留印鉴并使出票与印鉴不符意义相同，出票人完全能够理解该行为的社会意义，因此将"预留印鉴"解释为包括预留密码以及其他预留付款票据形式要件，并不违反出票人的预测可能性。

与预留印鉴不符，指在持票人提示付款时与预留印鉴不符。出票人出票时签发的支票与预留印鉴不符，但事后经付款人同意变更预留印鉴，持票人提示付款时与预留印鉴相符的，不构成本罪。

（5）汇票、本票的出票人签发无资金保证的汇票、本票或者在出票时作虚假记载，骗取财物的。出票人是指制作票据，按照法定条件在票据上签章，并按照所记载的事项承担票据责任的人。资金保证，指出票人在承兑票据时，具有按照票据支付的能力。出票人签发汇票、本票时，必须具有可靠的资金保证。《票据法》第 21 条规定："票据的出票人必须与付款人具有真实的委托关系，并且具有支付汇票金额的可靠资金来源。"第 74 条规定："本票的出票人必须具有支付本票金额的可靠资金来源，并保证支付。"作虚假记载，指在汇票或本票上作不真实的记载行为。如在票据上记载根本不存在的付款人、保证人等。作虚假记载仅指出票环节的虚假记载，不包括背书、提示承兑、付款及保证环节做虚假记载的情况。

---

① 薛瑞麟主编：《金融犯罪再研究》，中国政法大学出版社 2007 年版，第 377 页。

构成本罪，要求诈骗数额较大，所谓数额较大，按照《立案标准（二）》指进行进入票据诈骗，个人诈骗数额在1万元以上的或者单位诈骗数额在10万元以上的。按照2001年最高人民法院《全国法院审理金融犯罪案件工作座谈会纪要》，个人进行票据诈骗数额在5万元以上，单位进行票据诈骗数额在30万元以上，属于"数额巨大"；个人进行票据诈骗数额在10万元以上，单位进行票据诈骗数额在100万元以上，属于"数额特别巨大"。票据诈骗"数额巨大"的，成立本罪的加重犯，"数额特别巨大"的成立本罪的再加重犯。

本罪的主体是一般主体，包括自然人和单位。

本罪的主观方面是故意。尽管刑法没有在条文中明文规定"以非法占有为目的"，但通说认为本罪要求行为人具有非法取占有他人财物的目的，这是诈骗行为的应有之义。2001年3月20日《全国法院审理金融犯罪案件工作会议纪要》也明确指出"金融诈骗犯罪都是以非法占有为目的的犯罪"。

二 金融凭证诈骗罪

金融凭证诈骗罪指以非法占有为目的，使用伪造、变造的委托收款凭证、汇款凭证、银行存单等其他银行结算凭证，骗取财物，数额较大的行为。

本罪的对象是票据、信用证、信用卡之外的银行结算凭证，包括委托收款凭证、汇款凭证、银行存单以及其他银行结算凭证。委托收款凭证，指收款人在委托银行向付款人收取款项时所填写的书面凭证。汇款凭证，指汇款人委托银行将款项汇给外地收款人时所填写的书面凭证。银行存单，指银行向存款人开具的结算凭证。

本罪的行为是行为人明知是伪造、变造的银行结算凭证而使用的行为。

构成本罪，也需要达到诈骗数额较大的程度。按照《立案标准（二）》，"数额较大"指进行金融票据诈骗，个人诈骗数额在1万元以上或者单位诈骗数额在10万元以上的情况。

本罪的主体是一般主体，包括自然人和单位。

本罪的主观方面是故意，并且要求行为人具有非法取得他人财物的目的。

三 信用证诈骗罪

信用证诈骗罪指以非法占有为目的，利用信用证进行诈骗的行为。

本罪的犯罪工具是信用证。信用证是指开证银行应申请人的要求并按其指示向第三方开立的载有一定金额的，在一定的期限内凭符合规定的单据付款的书面保证文件。信用证是国际贸易中最主要、最常用的支付方式。在国际贸易活动中，买卖双方可能互不信任，买方担心预付款后卖方不按合同要求发货；卖方也担心在发货或提交货运单据后买方不付款，因此需要两家银行作为买卖双方的保证人，代为收款交单，以银行信用代替商业信用。银行在这一活动中所使用的工具就是信用证。信用证的使用，遵守三个原则：一是独立性原则，即信用证是一项自足文件，其效力不依附于买卖合同，银行在审单时强调的是信用证与基础贸易相分离的书面形式上的认证；二是信用证严格相符原则，信用证是凭单付款，不以货物为准，只要单证严格相符，开证行就应无条件付款；三是银行责任原则，信用证是一种银行信用，它是银行的一种担保文件，开证银行对支付有首要付款的责任。

本罪的行为方式包括：

（1）使用伪造、变造的信用证或者附随的单据、文件的；

信用证作为开证行的结算凭证，具有凭证结算功能，行为人使用伪造、变造的信用证或者附随单据向开证行议付，可骗取开证行资金。

信用证作为独立于买卖合同的金融票据，具备可流通性，可以用来交易和抵押，使用伪造、变造的信用证，进行流通、抵押，可骗取接受信用证方的资金、货物。

信用证作为交付货款的担保，使用信用证交换提单的，可骗取卖方货物。

信用证使用中，有的需要附随单据、文件，使用伪造变造的信用证时，需要同时使用伪造、变造的附随单据、文件。

有时，也可伪造信用证所要求的单证，比如伪造提单，并使用真实的信用证和伪造的提单，达到信用证付款条件，从而要求付款行付款的。

（2）使用作废的信用证的；

作废的信用证指已过议付期限的信用证，无效的信用证，经人涂改的信用证，已经支付过的信用证，已经撤销的可撤销信用证等。

本项和第一项中的"使用"，指将信用证用来交换提单，向银行议付，以其抵押取得他人财产等使信用证进入流通的行为。单纯向他人展示信用证以示自己有债务偿还能力，不将信用证用来进入流通，不构成"使用"。

（3）骗取信用证的；

骗取信用证是指行为人通过提供虚假担保等方式，虚构事实、隐瞒真相，骗取银行向自己或他人开出信用证或者骗取他人已经开出的信用证的行为。骗取银行开出的信用证具有形式上的真实性。由于信用证具有独立性和银行责任原则，信用证一旦开出，开证行即具有无条件付款义务，持证人只要持有与信用证上的要求相符的单证，银行必须付款。因此骗取信用证行为虽然仅仅骗取了银行信用，但必将导致银行损失资金，即使不使用骗取的信用证，也构成犯罪。但是，单纯骗取信用证的行为，由于并未使用信用证，不构成伪造金融票证罪，构成诈骗罪或合同诈骗罪等。

有学者认为，单纯骗取信用证的行为，不构成信用证诈骗罪的既遂和未遂，只构成本罪的预备行为。同时构成伪造金融票证罪（间接正犯）的既遂犯。[1] 本书认为，单纯骗取行为证的行为，由于未使用信用证，因此不构成信用证诈骗罪的既遂，可以理解为信用证诈骗罪的预备犯。但是，由于骗取的信用证具备形式上的合法性，而依据信

---

[1] 张明楷：《刑法学》（第4版），法律出版社2011年版，第711页。

用证独立性的原理，该信用证可以脱离其产生原因而独立流通，其他信用证的持证人可以凭此证向银行议付，也可将该信用证用来担保、交易等。所以，即使骗开的信用证，也并非伪造的信用证。因此不构成伪造金融票证罪。

（4）以其他方法进行信用证诈骗活动的。

这是一个兜底性规定，由于司法实践中使用信用证诈骗的方式多样，不可能一一列举，因此作该规定。常见的方式使用软条款信用证。所谓软条款信用证，是指在开立信用证时，故意制造一些隐蔽性的条款，这些条款上赋予开证人或开证行单方面的主动权，从而使信用证随时因开证行或开证申请人单方面的行为而解除，以达到骗取财物的目的。软条款信用证主要有：①信用证开出后暂不生效，需要待开证行签发通知后生效；②限制性装运条款。如规定公司船名、目的港、起运港或验货人、装船时间须待开证申请人通知或须开证申请人同意，并以修改书形式通知；③限制性单据条款，如品质证书须由开证申请人出具，或须开证行核实或与开证行存档之样品相符；④收货收据须开证申请人签发或核实。由于这些条款的存在，使得表面为不可撤销的信用变成了变相的可撤销的信用证。

本罪是行为犯，犯罪的成立不以"数额较大"为要件。诈骗数额巨大的成立本罪的加重犯，数额特别巨大的成立本罪的再加重犯。关于本罪的"数额巨大"、"数额特别巨大"，没有专门的司法解释。《全国法院审理金融犯罪案件工作会议纪要》明确指出，在没有新的司法解释之前，可参照1996年《最高人民法院关于审理诈骗案件具体应用法律的若干问题的解释》的规定执行。根据《最高人民法院关于审理诈骗案件具体应用法律的若干问题的解释》，本罪的"数额巨大"指个人信用证诈骗在10万元以上，单位信用证诈骗在50万元以上的；"数额特别巨大"指个人信用证诈骗数额在50万元以上，或者单位信用证诈骗数额在250万元以上的。

本罪主体是一般主体，包括自然人和单位。

本罪主观方面是故意，并要求具有非法占有他人财物的目的。

四 信用卡诈骗罪

信用卡诈骗罪指以非法占有为目的，利用信用卡进行诈骗活动，数额较大的行为。

本罪的犯罪对象是信用卡。信用卡，根据 2004 年 12 月 29 日全国人大常委会《关于〈中华人民共和国刑法〉有关信用卡规定的解释》，指由商业银行或者其他金融机构发行的具有消费支付、信用贷款、转账结算、存取现金等全部功能或者部分功能的电子支付卡。

本罪的行为包括以下四种：

（1）使用伪造的信用卡，或者使用以虚假的身份证明骗领的信用卡的。

伪造的信用卡，指仿照信用卡的质地、版式、外观以及真信用卡所记载的有关资料，非法制作信用卡的行为。

以虚假的身份证明骗领信用卡，指行为人所持有、使用的信用卡并非伪造，而是发卡银行所发现的，但是行为人领取信用卡时是以虚假的身份证明骗领的。

使用，指用信用卡进行消费支付、信用贷款、转账结算等使信用卡使用人产生债务的行为。如果将信用卡用来进行存取现金等产生债权的行为，不构成本罪的"使用"，以下各项中的"使用"、"用"均应作此理解。

（2）使用作废的信用卡的。

作废的信用卡，指引法定原因失去效用的信用卡。包括由于超过有效使用期限而失效的信用卡，办理了退卡手续而失效的信用卡，由于挂失而失效的信用卡。使用作废的信用卡，包括使用自己名义的作废的信用卡，或者使用本来属于他人的信用卡但已经作废了的情况。

（3）冒用他人信用卡的。

指非持卡人擅自以持卡人的名义使用持卡人的信用卡。根据 2009 年 12 月 3 日最高院、最高检《关于办理妨害信用卡管理形式案件具体应用法律若干问题的解释》（下文简称《信用卡刑案解释》）第六十五条的规定，冒用他人信用卡包括以下情形：（1）拾得他人信用卡并使用的；（2）骗取他人信用卡并使用的；（3）窃取、收买、骗取或者以其他非法方式获取他人信用卡信息资料，并通过互联网、通讯终端等使用的；（4）其他冒用信用卡的情形。

冒用他人信用卡，以违反持卡人意志为前提，经持卡人同意而使用他人信用卡的，不构成冒用他人信用卡，不构成犯罪。

根据刑法第196条第3款之规定，盗窃他人信用卡并使用的，以盗窃罪定罪处罚。盗窃他人信用卡而未使用的，不构成犯罪。这里的信用卡为真卡，而非假卡。盗窃他人无效或者作废的信用卡后使用该卡取得他人钱财的，属于使用作废的信用卡或者使用伪造的信用卡的行为，可构成信用卡诈骗罪。

根据2008年4月18日最高人民检察院《关于拾得他人信用卡并在自动柜员机（ATM机）上使用的行为如何定性的批复》，拾得他人信用卡并在自动柜员机上使用的行为，属于本项"冒用他人信用卡"的情形。也有学者认为，诈骗罪以欺骗自然人为前提，对机器使用他人信用卡时，并没有对任何自然人实施欺骗行为，因此，在自动柜员机上使用伪造的信用卡、作废的信用卡或使用拾得的他人信用卡的，均构成盗窃罪，不构成信用卡诈骗罪。[①]

(4) 恶意透支的。

根据《信用卡刑案解释》第六条的规定，恶意透支是指持卡人以非法占有为目的，超过规定限额或者规定期限透支，并且经发卡银行两次催收后超过3个月仍不归还的行为。如果行为人透支，但发卡行没有催收，或者经催收后在期限内归还的，不能认定为恶意透支，不成立信用卡诈骗罪。催收包括书面催收、口头催收、电子催收等。催收以发卡行实施催收行为为要件，不以透支人收到催收信息为要件，发卡行有证据实施了催收行为，即使透支人没有接到发卡行催收，仍认定该催收成立。

[①] 张明楷：《诈骗罪与信用卡诈骗罪研究》，清华大学出版社2006年版，第89页以下。

善意透支的不构成本罪。善意透支与恶意透支的区别在于是否"以非法占有为目的"。根据2009年12月3日最高院、最高检《关于办理妨害信用卡管理形式案件具体应用法律若干问题的解释》（下文简称《信用卡刑案解释》）第六条的规定，有下列情形之一的，应当认定为本罪的"以非法占有为目的"：（1）明知没有还款能力而大量透支，无法归还的；（2）肆意挥霍透支的资金，无法归还的；（3）透支后逃匿、改变联系方式，逃避银行催收的；（4）抽逃、转移资金，隐匿财产，逃避还款的；（5）使用透支的资金进行违法犯罪活动的；（6）其他非法占有资金，拒不归还的行为。

恶意透支信用卡应予追究刑事责任。但是，如果恶意透支信用卡仅达到"数额较大"的程度，而且在公安机关立案前已经偿还全部透支款的本息，情节显著轻微的，可以依法不追究刑事责任。不管数额多大，在人民法院判决宣告之前已经偿还全部透支款息的，可以从轻处罚。

实施信用卡诈骗，数额较大的才构成犯罪。根据《信用卡解释》，本罪的"数额较大"指恶意透支信用卡数额在1万元以上不满10万元的情况，或者使用其他方法实施信用卡诈骗数额在5000元以上，不满5万元的情况。恶意透支信用卡数额在10万元以上不满100万元的，或者使用其他方式实施信用卡诈骗数额5万元以上不满50万元的，为"数额巨大"，成立本罪的加重犯。恶意透支信用卡数额在100万元以上的，或者使用其他方式实施信用卡诈骗数额50万元以上的，为"数额特别巨大"，成立本罪的再加重犯。

本罪的主体为一般主体的自然人，单位不构成本罪。

本罪的主观方面是故意，并且具有非法占有他人财物的目的。误用他人信用卡，主观上没有非法占有他人财物目的的，或者经持卡人同意后使用他人信用卡的，不构成本罪。

五　有价证券诈骗罪

有价证券诈骗罪指使用伪造、变造的国库券或者国家发行的其他有价证券，进行诈骗活动，数额较大的行为。

本罪的行为对象是国库券和国家发行的其他有价证券。国库券是指国家财政当局为弥补国库收支不平衡而发行的一种政府债券，其还款保证是国家财政收入，因而市场风险最小。其他有价证券如国家主管机关批准发行的财政债券（如目前的地方债券，由于以中央名义发行，属于国家证券），国家建设债券，国家浓重的建设债券等。股票、公司、企业债券等，以公司、企业名义发行，以公司、企业作为偿还主体，因而不属于国家证券。伪造股票、公司企业债券进行诈骗活动，数额较大的，不构成本罪，可以按照诈骗罪处理。

本罪的行为是使用伪造、变造的国家有价证券进行诈骗。行为人使用他人伪造、变造的国家有价证券进行诈骗的，构成本罪。自己首先伪造、变造国家有价证券，然后使用该证券实施诈骗行为的，成立伪造、变造国家有价证券罪和有价证券诈骗罪的牵连犯，应从一重处罚。

使用伪造、变造的国家有价证券，要求行为人明知是假的国家有价证券而使用，骗取他人财物的。如果行为人不知该有价证券是假的而用来交易、抵押的，不构成犯罪。

使用伪造、变造的国家有价证券诈骗，数额较大的，才构成本罪。按照《立案标准（二）》，"数额较大"，指诈骗数额在1万元以上的。

本罪是一般主体的自然人，单位不构成本罪。

本罪的主观方面是故意，并要求行为人具有非法取得他人财产的目的。

第四节　保险诈骗罪

保险诈骗罪指投保人、被保险人、收益人，以非法占有为目的，采取虚构事实、隐瞒真相的方法，骗取保险金，数额较大的行为。

本罪的对象是保险金。

本罪的行为是采用虚构保险标的、保险事故或者制造保险事故等方法骗取保险金。具体表现为以下五种行为：

(1) 投保人故意虚构保险标的，骗取保险金的；

保险标的，指作为保险对象的财产及其有关利益或者人的寿命和身体。

虚构保险标的有广义和狭义之分，狭义的虚构保险标的指行为人为了骗取保险金，虚构根本不存在的保险标的而与被保险人订立合同的。广义的虚构保险标的，除包括狭义的虚构保险标的外，还包括就与保险标的有关的重要事实、情况作不实表示。[1] 有学者认为，本罪中的虚构保险标的，应从广义上理解，即指就与保险标的有关的重要事实作不实表示。因此，恶意重复保险（指投保人对同一保险标的、同一保险利益、同一保险事故分别与两个以上保险人订立保险合同，且保险金额总和超过保险价值的保险）和事后投保（发生保险事故之后再投保），属于虚构保险标的的行为。[2]

本书认为，恶意复保险作为重复投保的一种，和事后投保在刑法上性质不同。《保险法》第56条规定："重复保险的投保人应当将重复保险的有关情况通知各保险人。重复保险的各保险人赔偿保险金的总和不得超过保险价值。除合同另有约定外，各保险人按照其保险金额与保险金额总和的比例承担赔偿保险金的责任。重复保险的投保人可以就保险金额总和超过保险价值的部分，请求各保险人按比例返还保险费。"根据该规定，重复保险的投保人虽然负有向保险人告知其重复保险情况的义务，但并未规定强制性责任。重复投保行为所产生的唯一后果是投保人保险赔偿金超出保险价值的部分不受《保险法》所保护，并无其他责任。因此，投保人重复保险并违反告知义务的并不违反保险法的强行性、禁止性规定，重复投保人的合法合同权利仍然受到保护。之所以如此，乃是因为，即使是复数保险，仍然符合保险事故发生和理赔的偶然性规律，其投保保险金和保险事故之间仍然符合一比一的比例，在保险事故乃低概率性事件的情况下，一人投多

---

[1] 赵秉志主编：《中国刑法案例与学理研究》（第3卷），法律出版社2004年版，第326页。

[2] 薛瑞麟主编：《金融犯罪再研究》，中国政法大学出版社2007年版，第401页；张明楷：《刑法学》（第4版），法律出版社2011年版，第717页。

份复保险与多人投保多份单保险在统计规律上并无二至。《保险法》之所以不保护复保险投保人的超出保险价值的利益,乃是为了避免赌博现象的出现,并非因为复保险投保人实际侵害了保险人利益。由于保险犯罪属于法定犯,行为的犯罪性来源于其严重违法性,对于不违反《保险法》强行性规定的行为,当然不构成保险犯罪。

而保险中的如实告知义务,乃保险法的强行性规范。《保险法》第16条规定:"投保人故意不履行如实告知义务的,保险人对于合同解除前发生的保险事故,不承担赔偿或者给付保险金的责任,并不退还保险费。"根据该项规定,保险人事后保险取得保险金,属于违法保险法的强行性规则非法取得他人财产的行为。该行为性质如何?是否构成保险诈骗罪?本书认为,所谓虚构保险标的,不仅指对保险标的有无的虚构,更是指虚构保险标的的价值、存在状况、危险程度、损失程度,引起保险人对保险标的的上述状况产生误解的情况。事后投保,即在保险标的损失后隐瞒其价值、危险程度和损失程度而进行的投保,因此属于虚构保险标的的范围。

因此,本书认为,重复投保不成立保险诈骗罪,而虚构保险标的可能构成保险诈骗罪。

(2) 投保人、被保险人或者受益人对发生的保险事故编造虚假的原因或者夸大损失的程度,骗取保险金的;

保险事故,根据《保险法》第16条第5款的规定,指保险合同约定的保险责任范围内的事故。

编造虚假原因,指对于发生的保险事故本来是保险责任以外的原因所致,但投保人、被保险人或受益人谎称由于保险责任范围内的原因所致,向保险人骗取保险金。

夸大损失的程度,指保险事故发生后,投保人、被保险人、受益人故意夸大保险标的损失的程度,骗取超出应得赔偿数额的保险金。

行为人通过自伤、自残等行为造成自身伤残,谎称保险事故骗取保险金的,属于编造虚假原因骗取保险金的行为,构成保险诈骗罪。

行为人通过自杀的方式骗取保险金，是否构成本罪，存在争议。①本书认为，自杀导致死亡的，当然无法追究刑事责任，不构成任何犯罪。行为人自杀造成伤残，编造虚假原因骗取保险金的，也构成本罪。

（3）投保人、被保险人或者受益人编造未曾发生的保险事故，骗取保险金的；

（4）投保人、被保险人故意造成财产损失的保险事故，骗取保险金的；

指投保人、被保险人或者受益人在保险合同有效期内，故意人为制造造成保险标的损失的保险事故，骗取保险金的行为。

（5）"投保人、受益人故意造成被保险人死亡、伤残或者疾病，骗取保险金的。"指投保人、收益人为了骗取保险金，故意采取杀害、伤害、虐待等方法制造保险事故，致使被保险人死亡、伤残或者疾病，进而骗取保险金的行为。

需要注意的是，上述五种行为，都以"骗取保险金"作为构成要素。"骗取保险金"即以非法取得保险金为目的，向保险人理赔的行为。行为人只实施该项前半句的行为，而未实施"骗取保险金"行为的，并未实质开始侵害保险人的财产权，因而仅成立保险诈骗罪的预备犯。如行为人仅实施了"虚构保险标的"行为，而未向保险人理赔的，仅成立保险诈骗罪的预备犯。行为人为了实施骗取保险金的行为，故意造成被保险人死亡、伤残或者疾病，但尚未向保险人理赔的，构成保险诈骗罪的预备犯，同时与故意杀人罪、故意伤害罪、虐待罪等发生想象竞合，此时应该按照想象竞合犯的处理原则，从一重罪处罚，即按照故意杀人罪、故意伤害罪、虐待罪等处理。如果已经实施理赔的，则属于实施了"骗取保险金"的行为。按照《刑法》第198条第2款的规定，"有前款第四项、第五项所列行为，同时构成其他犯罪的，依照数罪并罚的规定处罚"。

---

① 江礼华、周其华：《保险诈骗罪的几点研究》，载单长宗主编《新刑法研究与适用》，人民法院出版社2000年版，第437页；薛瑞麟主编：《金融犯罪再研究》，中国政法大学出版社2007年版，第404页。

构成本罪，还要求诈骗数额较大。按照《立案标准（二）》的规定，数额较大指个人进行保险诈骗数额在 1 万元以上，或者单位进行保险诈骗数额在 5 万元以上的。个人进行保险诈骗数额在 5 万元以上，或者单位进行保险诈骗数额在 25 万元以上的，为"数额巨大"，成立本罪的加重犯。个人进行保险诈骗数额在 20 万元以上，或者单位进行保险诈骗数额在 100 万元以上的，为"数额特别巨大"，成立本罪的再加重犯。

本罪的主体是特殊主体，即保险投保人、被保险人和受益人，但不同的保险诈骗方式犯罪主体性质不同，并非投保人、被保险人和收益人都可构成五种保险诈骗方式的行为。本罪主体包括自然人和单位。所谓投保人是指是与保险人订立保险合同并按照保险合同负有支付保险费义务的人。自然人与法人皆可成为投保人。所谓被保险人是指根据保险合同，其财产利益或人身受保险合同保障，在保险事故发生后，享有保险金请求权的人。投保人往往同时就是被保险人，但不绝对。所谓受益人又称为"保险金领取人"，是指由被保险人或者投保人指定，在保险事故发生或者约定的保险期限届满时，依照保险合同享有保险金请求权的人。

有学者认为，本罪的主体不是特殊主体，而是一般主体的自然人和单位，保险诈骗罪的主体不限于投保人、被保险人和收益人，其他人如保险代理人、保险经纪人、保险业务相关服务人员等均可构成该罪。[①] 本书认为，该学者的观点不符合刑法第 197 条的明确规定。该条不仅明确规定了可以构成本罪的保险诈骗行为，还明确规定了可以实施该行为的行为人，并且明确要求"有下列情形之一"的，才构成犯罪。该条文的字面解释很清楚，并不存在模糊之处，不能将本罪主体扩大到保险代理人、保险经纪人等，这些人单独实施保险诈骗行为的，可以构成合同诈骗罪或诈骗罪，不构成本罪。

另外，《刑法》第 198 条第 4 款还规定："保险事故的鉴定人、证

---

① 李邦友、高艳东：《保险诈骗罪研究》，人民法院出版社 2003 年版，第 455—457 页；薛瑞麟主编：《金融犯罪再研究》，中国政法大学出版社 2007 年版，第 409 页。

明人、财产评估人故意提供虚假的证明文件,为他人诈骗提供条件的,以保险诈骗的共犯论处。"该款规定的内容是共犯人成立的问题,正犯身份要件无关,因而不影响本罪主体要件是一般主体还是特殊主体的争论。

参考文献

著作

[1] 高铭暄、马克昌主编：《刑法学》（第五版），北京大学出版社、高等教育出版社2011年版。

[2] 储槐植：《美国刑法》（第三版），北京大学出版社2005年2月版。

[3] 何秉松主编：《刑法教科书》，中国法制出版社1997年版。

[4] 苏惠渔主编：《刑法学》，中国政法大学出版社1997年版。

[5] 赵长青主编：《新编刑法学》，西南师范大学出版社1997年版。

[6] 阮齐林：《刑法学》（第三版），中国政法大学出版社2001年版。

[7] 赵秉志主编：《新刑法全书》中国人民大学出版社1997年版。

[8] 张明楷：《刑法学》（第四版），法律出版社2011年版。

[9] 陈兴良：《刑法疏议》，中国人民公安大学出版社1997年版。

[10] 曲新久主编：《刑法学》，中国政法大学出版社2004年版。

[11] 于志刚：《刑法学总论》，中国法制出版社2010年版。

[12] 林山田：《刑法通论》上册（增订十版），台大法学院图书部2008年版。

[13] 高铭暄主编：《刑法学原理》，中国人民大学出版社1993年版。

[14] 王作富主编：《刑法分则实务研究》（第四版），中国方正出版社2010年版。

[15] 马克昌主编：《犯罪通论》，武汉大学出版社1999年版。

[16] 马克昌主编：《经济犯罪新论》，武汉大学出版社1998年版。

[17] 薛瑞麟主编：《金融犯罪研究》中国政法大学出版社2000年版。

[18] 薛瑞麟主编:《金融犯罪再研究》中国政法大学出版社 2007 年版。

[19] 王亚雄主编:《金融犯罪的认定与处罚》,中国金融出版社,1999 年版。

[20] 赵秉志主编:《金融诈骗罪新论》,人民法院出版社 2001 年版。

[21] 孙国祥、魏昌东:《经济刑法研究》,法律出版社 2005 年版。

[22] 谭秉学、王储祥主编:《金融犯罪学概论》,中国社会科学出版社 1993 年版。

[23] 许成磊:《金融犯罪的惩治与防范》,西苑出版社 2000 年版。

[24] 陈正云主编:《金融犯罪透视》,中国法制出版社 1995 年版。

[25] 李晓勇:《金融犯罪及其防范》,杭州大学出版社 1998 年版。

[26] 陈正云、俞善长:《危害金融管理秩序罪的认定与处理》,中国检察出版社 1998 年版。

[27] 周振想主编:《金融犯罪的理论与实务》,中国人民公安大学出版社 1998 年版。

[28] 刘宪权、卢勤忠:《金融犯罪理论专题研究》,复旦大学出版社,2002 年 10 月版。

[29] 刘宪权:《金融犯罪刑法理论与实践》,北京大学出版社 2008 年版。

[30] 卢勤忠:《中国金融刑法国际化研究》,中国人民公安出版社 2004 年版。

[31] 黄茂荣:《法学方法与现代民法》,中国政法大学出版社 2001 年版。

[32] 胡启忠:《金融刑法适用论》,中国检察出版社 2003 年版。

[33] 王文华:《欧洲金融犯罪比较研究》,外语教学与研究出版社 2006 年版。

[34] 林山田:《经济犯罪与经济刑法》(第 3 版),台湾三民书局 1981 年版。

[35] 张希坡:《中华人民共和国刑法史》,中国人民公安大学出版社 1998 年版。

[36] 屈学武：《金融刑法学研究》中国检察出版社 2004 年版。

[37] 周振想主编：《金融犯罪的理论与实务》，中国人民公安大学出版社 1998 年版。

[38] 林东茂：《危险犯与经济刑法》，五南图书出版公司 1996 年版。

[39] 陈兴良：《共同犯罪论》中国社会科学出版社 1992 年版。

[40] 王晨：《诈骗犯罪研究》，人民法院出版社 2003 年版。

[41] 张明楷：《诈骗罪与金融诈骗罪研究》，清华大学出版社 2006 年版。

[42] 孙际中主编：《新刑法与金融犯罪》，西苑出版社 1998 年版。

[43] 叶高峰主编：《金融犯罪论》，河南师范大学出版社 1999 年版。

[44] 李永升主编：《金融犯罪研究》，中国检察出版社 2010 年版。

[45] 顾肖荣主编：《证券违法犯罪》，上海人民出版社 1994 年版。

[46] 黄达主编：《货币银行学》，中国人民大学出版社 2000 年版。

[47] 李邦友、高艳东：《保险诈骗罪研究》，人民法院出版社 2003 年版。

[48] [日] 大谷实：《刑法讲义总论》新版第 2 版，黎宏译，中国人民大学出版社 2008 年版。

[49] [日] 山口厚：《刑法总论》（第 2 版），付立庆译，中国人民大学出版社 2011 年版。

[50] [日] 大冢仁：《刑法概说（总论）》（第三版），冯军译，中国人民大学出版社 2003 年版。

[51] [日] 木村龟二主编：《刑法学词典》，顾肖荣、郑树周等译，上海翻译出版公司 1991 年版。

[52] [日] 芝原邦尔：《经济刑法》，金光旭译，法律出版社 2002 年版。

[53] [意] 杜里奥·帕瓦多尼：《意大利刑法学原理》（注评版），陈忠林译评，中国人民大学出版社 2004 年版。

[54] [德] 汉斯·海因里希·耶塞克、托马斯·魏根特：《德国刑法教科书》，徐久生译，中国法制出版社 2001 年版，第 384 页。

[55] [日] 大冢仁：《刑法概说》（总论），冯军译，中国人民大学

出版社 2003 年版。

[56] [英] 特纳：《肯尼刑法原理》，王国庆等译，华夏出版社 1989 年版。

[57]《日本刑法典》（第 2 版），张明楷译，法律出版社 2006 年版。

[58]《意大利刑法典》，黄风译，中国政法大学出版社 1998 年版。

[59]《德国刑法典》，徐久生、庄敬华译，中国法制出版社 2000 年版。

[60]《法国新刑法典》，罗结珍译，中国法制出版社 2003 年版。

[61]《俄罗斯联邦刑法典》，黄道秀译，北京大学出版社 2008 年版。

[62]《瑞士联邦刑法典》，徐久生、庄敬华译，中国方正出版社 2004 年版。

[63]《奥地利联邦共和国刑法典》，徐久生译，中国方正出版社 2004 年版。

[64]《泰国刑法典》，吴光侠译，中国人民公安大学出版社 2004 年版。

论文集

[1] 姜伟主编：《刑事司法指南》（总第 19 集），法律出版社 2004 年版。

[2] 赵秉志主编：《新千年刑法热点问题研究与适用》（下），中国检察出版社 2001 年版。

[3] 单长宗主编：《新刑法研究与适用》，人民法院出版社 2000 年版。

[4] 张智辉、刘远主编：《金融犯罪与金融刑法新论》，山东大学出版社 2006 年版。

[5] 刘明祥、冯军主编：《金融犯罪的全球考察》，中国人民大学出版社 2008 年版。

[6] 赵秉志主编：《中国刑法案例与学理研究》（第 3 卷），法律出版社 2004 年版。

论文

[1] 陈金钊:《论法律概念》,《学习与探索》1995 年第 4 期。

[2] 刘远、赵玮:《论我国金融刑法的罪名体系》,《政治与法律》2005 年第 5 期。

[3] 胡启忠:《中国古代金融犯罪考》,《西南民族学院学报》(哲学社会科学版)1999 年第 9 期。

[4] 麦天骥:《中国古代的金融犯罪与立法》,《法学评论》1997 年第 4 期。

[5] 黄京平、彭辅顺:《刑法修正案的若干思考》,《政法论丛》2004 年第 3 期。

[6] 屈学武:《金融刑事立法改革构想》,《人民检察》2005 年 8 月 (上)。

[7] 胡启忠:《论金融犯罪的立法模式——金融犯罪立法研究(三)》,《西南民族学院学报》(哲学社会科学版)2002 年第 5 期。

[8] 桂亚胜:《我国金融刑法的立法进程与检讨》,《山东工商学院学报》2012 年第 6 期。

[9] 刘士心:《保险诈骗罪新探》,《当代法学》2002 年第 3 期。

[10] 刘宪权:《共同金融犯罪若干理论问题研究》,《华东政法大学学报》2007 年第 3 期。

[11] 杨月斌:《金融犯罪之罪数认定及其处罚原则刍议》,《现代财经》2006 年第 11 期。

[12] 林亚刚:《金融犯罪罪数形态的探讨》,《法商研究》2000 年第 4 期。

[13] 李娜:《金融犯罪罪数形态缕析》,《兰州学刊》2010 年第 11 期。

[14] 杨月斌:《金融犯罪之罪数认定及其处罚原则刍议》,《现代财经》2006 年第 11 期。

[15] 杜文俊:《货币犯罪的法律适用探析》,《政治与法律》2011 年第 4 期。

[16] 吴占英：《中德货币犯罪比较研究》，《刑法论丛》2012年第1卷。

[17] 刘宪权：《伪造、变造金融票证罪疑难问题刑法分析》，《法学》2008年第2期。

[18] 黄太云：《刑法修正案（五）的理解与适用》，《人民检察》2005年3月（下）

[19] 王建新：《对逃汇罪立法完善的思考》，《太原师范学院学报》（社会科学版）2005年第1期

[20] 钊作俊：《洗钱犯罪研究》，《法律科学》1997年第5期。

[21] 姜志刚：《洗钱罪比较研究》，《现代法学》1999年第1期。

[22] 袁爱华：《民间融资合法化趋势下的非法吸收公众存款罪的立法完善》，《云南大学学报》（法学版）2010年第1期。

[23] 刘新民：《非法吸收公众存款罪去罪论》，《浙江社会科学》2012年第3期。

[24] 黎四奇：《金融法的价值取向之定位》，《时代法学》2008年第1期。

[25] 王新：《危害金融犯罪的刑事立法及其评析》，《刑事法评论》1999年第3卷。

[26] 高艳东：《金融诈骗罪立法定位与价值取向探析》，《现代法学》2003年第3期。

[27] 肖晚祥：《非法吸收公众存款罪的司法认定研究》，《东方法学》2010年第5期。

[28] 李希慧：《论非法吸收公众存款罪的几个问题》，《中国刑事法杂志》2001年第4期。

[29] 刘仁文、田坤：《非法集资适用法律疑难委托探析》，《江苏行政学院学报》2012年第1期。

[30] 陈兴良：《目的犯的法理探究》，《法学研究》2004年第3期。

[31] 马克昌：《论内幕交易、泄露内幕信息罪》，《国刑事法杂志》1998年第1期。

[32] 程皓：《内幕交易、泄露内幕信息罪若干问题研究》，《法学评

论》2006年第4期。

[33] 李有星、范俊浩：《非法集资中的不特定对象标准探析——私募基金视角的全新解读》，《浙江大学学报》（人文社会科学版）2001年第5期。

[34] 于改之：《金融诈骗罪争议问题探讨》，《法学评论》2004年第1期。

[35] 牛克乾：《金融诈骗犯罪案件法律适用的若干共性问题探讨》，《法律适用》2005年第8期。

[36] 王占洲、林苇：《重构金融诈骗罪"非法占有目的"的法律内涵》，《贵州大学学报》（社会科学版）2007年第5期。

[37] 陈兴良：《金融诈骗罪主观目的的认定》，《刑事司法指南》2000年第1辑。

[38] 肖中华：《论金融诈骗罪适用中的三个问题》，《法学杂志》2008年第4期。

[39] 付立庆：《论金融诈骗罪中的非法占有目的》，《法学杂志》2008年第4期。

[40] 徐澜波：《我国刑法应以金融欺诈罪代替金融诈骗罪》，《政治与法律》2007年第2期。

[41] 《从富翁到负翁 境外理财成黄粱一梦》，http://www.sina.com.cn 2009年06月07日09：44。

[42] 高艳东：《金融诈骗罪立法定位与价值取向探析》，《现代法学》2003年第3期。

[43] 于改之：《金融诈骗罪争议问题探究》，《法学评论》2004年第1期。

[44] 隋军：《金融诈骗犯罪数额及犯罪形态问题研究》，《河北学刊》2006年第4期。

[45] 牛克乾：《金融诈骗犯罪案件法律适用的若干共性问题探讨》，《法律适用》2005年第8期。

[46] 乔大元：《论非法吸收公众存款罪》，中国政法大学硕士学位论文，2007年。